Klaus K. Urban

Kreativität

Hochbegabte:

Individuum – Schule – Gesellschaft

Band 7

LIT

Klaus K. Urban

KREATIVITÄT

Herausforderung für Schule, Wissenschaft und Gesellschaft

LIT

Umschlagbild: Für den Umschlag wurde eine Zeichnung von Julia Schlegel (7,3 Jahre) auf dem Titelblatt A des „Test zum Schöpferischen Denken – Zeichnerisch (TSD – Z)“ verwendet.

Bibliografische Information Der Deutschen Bibliothek
Die Deutsche Bibliothek verzeichnet diese Publikation in der Deutschen Nationalbibliografie; detaillierte bibliografische Daten sind im Internet über http://dnb.ddb.de abrufbar.

ISBN 3-8258-8244-6

Grevener Str./Fresnostr. 2 48159 Münster
Tel. 0251–62 03 20 Fax 0251–23 19 72
e-Mail: lit@lit-verlag.de http://www.lit-verlag.de

Inhalt

Einleitung

Kreativität ist für mich ein zentraler Aspekt des Menschseins; sie betrifft einerseits übergreifend gesehen die evolutionäre Weiterentwicklung der Gattung Mensch und ihre materielle und kulturelle Umwelt, sie betrifft andererseits die individuelle Entwicklung und Persönlichkeit, das Denken und Handeln jedes einzelnen Menschen. Die Forderung nach mehr Kreativität reicht in alle gesellschaftlichen, ökonomischen, sozialen, politischen Bereiche hinein, sie ist allgemein, global, um nicht zu sagen universell. Viele eingeschliffene Wege, auch manche vermeintlich progressive Entwicklungen haben sich als Sackgassen oder als Fortschrittsbumerang gezeigt. Menschen der Gegenwart und der Zukunft bedürfen zunehmend innovativer Ideen, verantwortlicher Produktion neuen Wissens, um mit den Herausforderungen der kommenden Jahre und Jahrzehnte nicht nur fertig zu werden, sondern sie auch positiv in einem humanen Sinne zu gestalten. Damit ist Kreativität nicht nur ein anthropologisches, gesellschaftliches, soziologisches und psychologisches Thema, sondern vor allem auch pädagogisch relevant.

Gegenwärtige Aussagen über die Begründung und Wichtigkeit von Kreativität in und für Erziehung und Schule sind zahllos und vielschichtig. Grob vereinfacht lassen sie sich drei Positionen zuordnen. Die eine hebt vor allem die allgemein gesellschaftliche Relevanz von Kreativität als Innovations- und Fortschrittspotential hervor, eine zweite betont demgegenüber Kreativität und kreatives Handeln als individuelle Kompetenz und als Möglichkeit der Selbstwerdung des einzelnen Individuums. Eine dritte, wohl häufigste Position, die mir aus pädagogischer Sicht am ehesten vertret- und begründbar scheint, verbindet beide, nur scheinbar separaten, widersprüchlichen Standpunkte, und mündet vermittelnd in eine sozialisationsorientierte Kreativitätserziehung, die die Dialektik der Beziehungen von Individuum und Gesellschaft oder, anders gesagt, die Einheit der Entwicklung von personaler und sozialer Identität berücksichtigt.

Trotz der immer wieder aus den verschiedensten Bereichen zu hörenden Forderung nach (mehr) Kreativität ist die wissenschaftliche Bearbeitung des Themas sowie die Umsetzung in Praxis und Schule immer noch stark vernachlässigt. Mit diesem Band, in dem Arbeiten aus den letzten fünfzehn Jahren versammelt sind, will ich versuchen, eine wichtige theoretisch-wissenschaftliche wie praxisorientierte Lücke schließen zu helfen. Dabei bemühe ich mich auch um die so oft misslungene oder gar nicht erst angestrebte Verbindung von Theorie und Praxis, indem beispielsweise eine eigene theoretische Modellierung von Kreativität entwickelt und begründet, diese danach aber gleich dazu verwendet wird, systematisch sinnvolle Fragen an die und in der Praxis beispielhaft zu formulieren.

Den einleitenden Beitrag bildet eine Literaturstudie, in der ich Ende der 80er Jahre versucht habe, die damaligen Trends in der Kreativitätsforschung und –theorie in Westeuropa zu ermitteln und zu beschreiben. Einiges davon wird im zweiten Beitrag aufgegriffen, der das theoretische Kernstück dieses Bandes darstellt. Nach einer klassifizierenden Übersicht über verschiedene theoretische Ansätze zur Kreativität wird der kreative Prozess im Lichte verschiedener Erklärungskonzepte diskutiert. Ergebnis eigener theoretisch-schöpferischer Bemühungen sind zwei Modellierungen: einmal wird Kreativität als spezifisches Person-Problem-Prozess-Produkt-Umwelt-Verhältnis beschrieben (4P-U-Modell), zum zweiten wird ein komplexes Komponentenmodell der Kreativität entwickelt und vorgestellt, das neben der theoretischen auch heuristische und praktische Relevanz haben soll, wie im vierten Aufsatz bei der Formulierung von konkreten Beobachtungsfragen zur Ermittlung von kreativitätshemmenden bzw. -förderlichen Bedingungen gezeigt wird.

Zuvor wird im dritten Beitrag das Verhältnis von Erziehung(swissenschaft) und Kreativität sowie ihre Bedeutung für Schule und Unterricht erörtert. Quintessenz sind 25 Anregungen für Erzieher und Lehrer zur Kreativitätsförderung. Im vierten Artikel werden auch Ergebnisse aus den in relativ geringer Anzahl vorhandenen empirischen Untersuchungen referiert, die den Einfluss formaler Bildung auf kreative Höchstleistungen, die Rolle, Ansichten und Einstellungen von Lehrern bezüglich Kreativität und kreativen Schülern sowie die Bedeutung von Kreativität in der Lehrerausbildung betreffen.

Die nächsten vier Texte fünf bis acht haben mehr oder weniger direkt etwas mit der „Messung" von Kreativität zu tun, zu der ich (zusammen mit meinem leider verstorbenen Kollegen Hans G. Jellen) einen eigenen konstruktiven – und wenn man so will: kreativen - Beitrag geleistet habe. Aufsatz vier und fünf diskutieren sowohl allgemeine Überlegungen zur Diagnostik von Kreativität und zu Kreativitätstests, stellen aber auch konkrete Aufgabenbeispiele und einzelne Verfahren kritisch vor. Aufsatz sieben berichtet über die Entwicklung und Konstruktion des schon angesprochenen eigenen „Test zum Schöpferischen Denken – Zeichnerisch (TSD-Z)" sowie über (empirische) Ergebnisse und Erfahrungen mit dem Instrument, das inzwischen in vielen Ländern der Welt Anwendung findet. Im achten Artikel werden die Resultate einer Untersuchung bei vier- bis achtjährigen Kindern mit dem TSD-Z dargestellt, die in einer Skizze von sechs Stufen der Entwicklung schöpferischen Denkens bzw. Zeichnens mündet.

Die eigene kreativ-künstlerische Praxis (http://members.aol.com/klausurban/) hat mir immer wieder die Bedeutung des Erlebens eigener Kreativität und ihrer Wertschätzung für die Persönlichkeitsentwicklung deutlich gemacht. Aus diesem Anliegen heraus hatte ich Mitte der 80er Jahre den ersten bundesweiten Schreibewettbewerb für Kinder und Jugendliche initiiert. Der neunte Aufsatz stellt die Ergebnisse einer Teilnehmerbefragung vor, die Informationen über die Situation, Motivationen, Bedürfnisse, Wünsche und Persönlichkeitscharakteristika der jungen kreativen Schreiber umfasst.

Der letzte und zehnte Beitrag schließlich greift das oben angesprochene Komponentenmodell der Kreativität auf und erweitert es zu einem Rahmenmodell der „Verantwortlichen Kreatelligenz", das Erziehungspostulate als auch Persönlichkeitskompetenzen beinhaltet, die mir für die verantwortliche Gestaltung von Zukunft unabdingbar scheinen.

Ich hoffe, dass das Buch zu einem besseren und tieferen Verständnis kreativen Denkens und Handelns beiträgt, dass es die Leserinnen und Leser ermutigt, selber kreativ(er) zu sein und schöpferisches Tun anderer wertzuschätzen – im Sinne eines Anagramms des englischen Wortes CREATIVITY, auch wenn es grammatikalisch nicht ganz korrekt ist:

I TRY ACTIVE.

Rodenberg, im Juni 2004
Klaus K. Urban

Trends in Kreativitätsforschung und -theorie in Westeuropa (1989)

Einführung

Bei dieser Studie handelt es sich um einen ersten Versuch in der durch die Überschrift angedeutete Richtung. Angesichts verschiedener Gründe, die insbesondere in der Schwierigkeit liegen, fremdsprachliche Literatur zu finden, zu erhalten und zu verarbeiten, scheint eine komplette, detaillierte Übersicht kaum möglich. Von daher bleibt diese Studie sicher selektiv und simplifizierend; die Hauptgedanken werden nur in grober Kontur skizziert. Gleichwohl scheint mir das Risiko der Vereinfachung akzeptierbar, da ich hoffe, Diskussionen anzuregen, ergänzende Rückmeldung zu erhalten und eine grobe Struktur für Diskussion und zukünftige Arbeit vorzugeben.

Die Geburtsstunde der so genannten "modernen" Kreativitätsforschung, so kann man es häufig in der Literatur lesen, war J. P. Guilford's Referat auf dem Kongress der amerikanischen Psychologenvereinigung (APA) im Jahre 1950. In den folgenden 10 – 20 Jahren war ein enormer Boom in Bezug auf Kreativitätsforschung und -literatur in den Vereinigten Staaten zu verzeichnen, der um 1967 einen Höhepunkt erreichte. So wie dies üblicherweise bei neuen amerikanischen Trends zu beobachten ist, schwappte diese mächtig schäumende Welle, wenn auch etwas "außer Atem", schwächer und verzögert schließlich nach Europa über. Trotzdem war und ist der Bereich der Kreativität ein relativ vernachlässigtes Arbeitsfeld. Im Vergleich zu anderen Ländern wurde in Großbritannien und der Bundesrepublik Deutschland dieses Thema etwas früher und intensiver aufgenommen, obwohl die absolute Zahl der Publikationen noch relativ klein blieb.

In Großbritannien z.B. stellten Freeman, Butcher & Christie (1971, 2. Aufl.) eine "selektive Forschungsübersicht" zusammen. In Italien publizierte Adreani-Orio (1972) über die psychologischen Wurzeln kreativer Talente, in den Niederlanden diskutierte Schachtel (1973) Kreativität aus einer Entwicklungsperspektive; zwei andere Bücher über Kreativität bzw. kreatives Denken wurden 1977 von Lee & Williams und von Wolters veröffentlicht. In der Bundesrepublik bzw. in deutscher Sprache erschien die erste zusammenfassende

Monographie über moderne Kreativitätsforschung von Ulmann im Jahre 1968; es folgten Landau (1971), Wollschläger (1971), Krause (1972), Heinelt (1974), Seiffge-Krenke (1974), Rohr (1975), Preiser (1976), Krause (1977), Cropley (1978, 1982), außerdem die Sammlungen von Beiträgen zur Kreativität, wie jene von Mühle & Schell (1973), Ulmann (1973) und Neff (1975).

Die relative Häufung von Artikeln und Büchern über Kreativität in den 70-iger Jahren kann als Ergebnis und Ausdruck des damaligen "Zeitgeistes" interpretiert werden, den Wandel im Denken und im Verhalten, der hervorgerufen worden war durch die Studentenunruhen am Ende der 60-iger Jahre und die Forderung nach persönlicher Freiheit und Selbstrealisierung, auch wenn die wissenschaftlichen Inhalte nicht immer diese allgemeinen, geistigen und gesellschaftlichen Trends jener Zeit reflektieren.

Wir können oft ein zyklisches Ansteigen und Abschwellen des Interesses in Bezug auf einen bestimmten Inhaltsbereich beobachten; das trifft insbesondere für die Sozialwissenschaften zu. Nachdem so das Thema Kreativität in der Literatur, insbesondere in der psychologischen Literatur, gegen Ende der 70-iger Jahre fast vergessen war, scheint es gegen Mitte der 80-iger Jahre "in die Szene" zurückzufinden und das Interesse in den letzten Jahren stetig anzusteigen.

Diese Beobachtungen betreffen insbesondere die deutschsprachige Literatur. Mit gewissen zeitlichen Verschiebungen dürften ähnliche Entwicklungen auch für andere europäische Länder zutreffen. Es mag Ausnahmen in Bezug auf diese Zyklen geben, aber oft sind diese einzig dem persönlichen Engagement eines einzelnen Forschers zuzuschreiben, wie z.B. Wolters in den Niederlanden, der zwischen 1974 und 1988 fast jedes Jahr ein oder zwei Publikationen über Kreativität veröffentlicht hat. In verschiedenen anderen Ländern ist die Zahl der Publikationen über Kreativität wahrscheinlich zu klein, um überhaupt einen Trend zu konstruieren.

Soweit es die Literatur in psychologischen (in einem weiten Sinne) Zeitschriften betrifft, wird offensichtlich, dass in Westeuropa, nach einem relativen Mangel an Publikationen zwischen 1977 und 1980, vom Beginn der 80er Jahre an die Anzahl der Veröffentlichungen langsam ansteigt (siehe Abb. 1).

Diese Beobachtung beruht auf der Basis von etwa 150 Artikeln, die von westeuropäischen Autoren (mit der Ausnahme westdeutscher Autoren) geschrieben wurden. Diese Titel sind dem bibliographischen Datenpool "psychinfo" des ZPID, Universität Trier, und einigen anderen kleinen Quellen für die Jahre 1977 bis 1988 entnommen.

Eine grobe Analyse der Literatur in Bezug auf psychoanalytische und/oder therapeutische und/oder künstlerische/kunstspezifische Aspekte der Kreativität zeigt, dass diese Bereiche relativ stark in Frankreich, der Schweiz und ins-

Abb. 1: Verteilung von Artikeln über Kreativität in psychologisch orientierten Zeitschriften (Hauptquelle: Bibliographischer Pool "psychinfo", ZPID, Universität Trier)

	1977	1978	1979	1980	1981	1982	1983	1984	1985	1986	1987	1988
Austria					#		#	#	#			
Belgium	#	#				*			####			
Denmark							#					
Finland				##		#	#		###			
France				##		*		#*	*	**		
Great Britain		#		#		##	##**	####	####**	#**	#####	
Greece								#				
Ireland				###								
Italy					*	##	*	#*	**	*		*
Netherlands	#	*		#					#		###	
Norway	#	#							*	*		
Spain						##	##**			#		
Sweden	#	##*	*	###		#	##*		#**	##*	#	
Switzerland	#		**	*		**		#		#	*	
Turkey				#								

* eher psychoabalytisch, therapeutisch orientierte oder auf Künste bezogene Artikel

besondere in Italien vertreten sind, und zwar im Vergleich zur Gesamtmenge der Kreativitätsliteratur. Ihr Anteil an der gesamten Literaturliste (Abb. 1) beträgt etwa ein Drittel. Für die Bundesrepublik, ausgenommen Bücher und Dissertationen, fand ich etwa 70 Artikel; 30 von ihnen betrafen psychoanalytische, therapeutische und künstlerische Aspekte. Obwohl eine psychoanalytische Sichtweise von Kreativität in ganz besonderer Weise ein bedeutsames europäisches Erbe darstellt, werde ich im Folgenden diesen Teil der Literatur in meiner Studie vernachlässigen. In diesem Zusammenhang möchte ich zum einen hinweisen auf einen Beitrag von Fossi (1985), in dem er versucht, die Krise der Psychoanalyse zu analysieren, soweit Kreativität betroffen ist, und zum anderen auf das Buch von Stein & Stein (1984), die Kreativität in ihrem Verhältnis oder im Gegensatz zu philosophischen Ansätzen diskutieren.

Der Blick nach Amerika

Möglicherweise ist es auf die Komplexität und die Heterogenität theoretischer, empirischer und praktischer Ansätze in Bezug auf Kreativität zurückzuführen, dass es sehr wenige Versuche gibt, retrospektive oder gegenwärtige Trendübersichten für das Feld der Kreativität zu erstellen. Eine solche Heterogenität spiegelt sich z.B. sehr deutlich in Inhalt, Stil und Format jener Artikel wider, die 1980 unter dem Titel "Kreativitätsforschung - internationale Perspektive" von Raina (1980) zusammengestellt und publiziert worden sind. Nur einige wenige Beiträge kamen aus westeuropäischen Ländern, nämlich aus Frankreich, Großbritannien, Holland, Irland und der Türkei. Die Mehrzahl der dort erwähnten Studien waren verhältnismäßig älteren Datums und zwischen 1965 und 1975 durchgeführt worden. Das Statement von Beaudot (1980) in jenem Werk, mit dem er die französische Situation beschreibt, mag für eine ganze Reihe westeuropäischer Länder zu jener Zeit zutreffend gewesen sein. Er schrieb:

> "Forschungsarbeit über Kreativität ist in der Tat recht neu in Frankreich; die erzielten Resultate haben sich bislang weder als sehr neu noch als original erwiesen und sind denen aus den Vereinigten Staaten sehr ähnlich" (S. 78).

Eine beträchtliche Anzahl von Arbeiten übernahmen amerikanische Ansätze und Instrumente oder waren mehr oder weniger erweiterte oder modifizierte Replikationen amerikanischer Untersuchungen. Dies kann z.B. an Studien gezeigt werden, die das Verhältnis von Kreativität und Intelligenz betreffen, das ja eine gewisse Zeit lang ein bedeutendes Forschungsthema für amerikanische Forscher gewesen war. Ähnliche Studien lassen sich in verschiedenen Ländern finden, z.B. die Replikation der Studie von Getzels & Jackson durch Butcher in Irland, Beaudot (1980) in Frankreich, Nijsse (1980) in den Niederlanden, Cristante (1982) in Italien, Moreno Albello & Alonso del Campo (1985) in Spanien.

Dieser Trend, zuerst danach zu schauen, was in Amerika geforscht und publiziert worden ist, ist ein internationales Phänomen und nicht nur beschränkt auf psychologische Arbeiten. Ich argumentiere hier nicht dagegen, über die Grenzen hinweg zu gehen oder Grenzen zu überschreiten; dies wäre insbesondere vom Standpunkt eines Kreativitätsforschers durchaus unangemessen, da ein solches Verhalten einer wesentlichen Inhaltskategorie dieses Forschungsbereiches widersprechen würde. Zu oft aber noch vergessen wir eigene Forschungstraditionen und Wissensbestände, die viele Jahre oder Jahrzehnte früher erarbeitet worden sind und nun, nach einer langen Zeit des Vergessens, in einer leicht modernisierten und angepassten Version wieder auftauchen. In der Geschichte der Sozialwissenschaften könnte man eine ganze Reihe von Bespielen für diese Art von "Entwicklung" finden. Darüber hinaus sollte nicht vergessen werden, dass es einen beträchtlichen europäischen Einfluss auf nordamerikanische Kreativitätsforschung gegeben hat, z.B. die Gedanken aus der "Gestaltpsychologie" von Duncker, Wertheimer u.a..

Zur Messung von Kreativität

Ein Bereich angewandter Kreativitätsforschung, der in ganz besonderer Weise von den durch amerikanische Forscher entwickelten Instrumenten zur gleichen Zeit stimuliert und beherrscht worden ist, ist der Bereich der Kreativitätsmessung. In den meisten europäischen empirischen Studien wurden Versionen des “Torrance Test of Creative Thinking” oder der Wallach-Kogan-Tests oder Items aus der Guilford-Batterie (die sehr oft Vorläufer für Items in anderen Tests waren) oder der Remote Association Test von Mednick verwendet. Als persönlich an diagnostischen Fragen selbst interessiert, habe ich versucht, europäische Messinstrumente in der Literatur zu finden. Es mag ein bisschen überraschend sein, diese Literaturübersicht zur Trendbestimmung mit praktischen Instrumenten für die psychologische Anwendung zu beginnen, bevor theoretische Konzepte und Wissensbestände präsentiert werden. Erstens aber wird insbesondere im Verlaufe der Anwendung der eigentliche Kern theoretischer Grundlagen, soweit vorhanden, offensichtlich und zweitens geben einige neuere Entwicklungen hierzulande eine gute Gelegenheit, einige damit zusammenhängende Trends zu formulieren, die sich für mich aus der Literatur ergeben.

Es hat relativ wenige unabhängige Testentwicklungen in europäischen Ländern in den letzten 25 Jahren gegeben. In Frankreich und Spanien gibt es nur eine französische bzw. spanische Adaption des Torrance-Tests (siehe Deltour, 1977; Doutriaux, 1980, oder Moreno Albello & Alonso des Campo, 1983). Für Großbritannien erwähnt Butcher (1980) drei Instrumente:

1. den “Abstract-Concret-Performance-Test”, eine Adaption des Wygotzki-Tests, der in Freeman, Butcher & Cristie (1971) besprochen worden war;
2. Pole’s (1969) “Hypothesis Test” und
3. den Kreativitätsteil der “British Intelligence Scale”.

Ein anderes Instrument, das hier von Interesse sein könnte, ist einige Male von internationalen Forschern verwendet worden (z.B. von Previde & Massimini, 1974, Italien), nämlich das Kirton Adaption-Innovation Inventury, KAII (Kirton, 1977, 1978).

Als Teil einer Testbatterie zur Identifizierung von hochbegabten Kindern im mittleren Schulalter entwickelten in Italien Calvi, Padovani & Spreafico (1965) vom Psychologischen Institut der Universität Mailand den Test “Espressoni”. Lynch (1967,1980) übertrug den Test ins Englische und adaptierte ihn für die Verwendung in Irland. Er besteht aus zwei verbalen und zwei nonverbalen Untertests. Die Grundidee ist nicht völlig neu, beinhaltet aber sehr interessante Aufgaben für den Bereich des divergenten Denkens; allerdings gestattet auch hier die Auswertungsprozedur nicht die Unterscheidung gewisser qualitativer Differenzen.

In Schweden entwickelte G. J. Smith, der seit vielen Jahren in diesem Feld arbeitet, zusammen mit Carlson und Danielson (siehe Smith et al., 1978, 1979,1980, 1983, 1985, und insbesondere 1987) den "Percept-Genetic-Test of Creative Functioning" (PGTCF). Die "Percept-Genetic-Technik" beinhaltet die wiederholte tachistoskopische Darbietung eines Still-Lebens oder menschlichen Motivs zu allmählich länger werdenden Darbietungszeiten, bis die korrekte Wahrnehmung eintritt (direkte Form), und danach zu allmählich kürzer werdenden Zeiten (invertierte Form). Ein umfangreicher direkter PGTCF, insbesondere wenn er menschliche Themen beinhaltet, hängt sehr eng mit der emotionalen Involvierung bei kreativen Aktivitäten zusammen. Die Rückkehr zu subjektiven Themen in der invertierten Testform korreliert mit Kreativität, die definiert werden kann als Reichhaltigkeit der Ideen, Originalität, als ein Drang, etwas zu schaffen, oder als kreatives Interesse.

In der Bundesrepublik Deutschland war der erste kommerziell publizierte Kreativitätstest der "Verbale Kreativitäts-Test"(VKT) von Schoppe (1975). In Übereinstimmung mit Jägers (1967) Intelligenzmodell betrachtet er Kreativität als eine Dimension intelligenten Handelns. Diese Sichtweise wurde gestützt durch die starke empirische Evidenz der faktorenanalytischen Studien der so genannten "Berliner Schule" (siehe z.B. König, 1981, 1986), die Kreativität als eine Grunddimension intellektuellen Verhaltens beschreibt. In allen neun Subtests des VKT, für die allesamt mit Ausnahme des Tests "Spitznamen erfinden" amerikanische Vorläufer zu finden sind, wird lediglich die Anzahl der Antworten gezählt. Von daher könnte der Test besser ein Test zur Messung verbaler Produktivität oder der Quantität von Assoziationen genannt werden.

1977 wurde der "Test zum Divergenten Denken, TDK (Kreativität)" von Mainberger publiziert. Auch hier messen die zwei figuralen und die drei verbalen Subtests mit Items, die von Guilford, Torrance und Wallach und Kogan adaptiert wurden, lediglich die Quantität der Antworten als einen Indikator für divergentes Denken, welches implizit mit Kreativität gleichgesetzt wird.

Neuere Tests und Trends

Mit Hilfe der Darstellung von fünf Messinstrumenten, die kürzlich in der Bundesrepublik entwickelt worden sind, will ich auf einige Trends hinweisen, die sich aus der Literatur ergeben, die ich für bemerkenswert halte und die meist nicht nur auf Westeuropa alleine beschränkt sind. Mit der Beschreibung dieser Trends möchte ich betonen, dass ich diese neueren Entwicklungen für wichtig halte und wert, in Zukunft weitere Berücksichtigung zu finden.

1. Eine komplexere, ganzheitlichere Sichtweise

Die oben angesprochene, begrenzte Sicht von Kreativität als divergentes Denken oder der noch eingeschränktere Ansatz, der lediglich quantitative Aspekte berücksichtigt, war ein Grund für Urban & Jellen (1985; 1986; Jellen & Urban, 1986) ein neues Instrument zu entwickeln, den "Test zum schöpferischen Denken -Zeichnerisch (TSD-Z)" (Urban & Jellen, 1995) bzw. in der englischen Version den "Test for Creative Thinking - Drawing-Production (TCT-DP)" (Urban & Jellen, 1996), der in einem der folgenden Beiträge ausführlich dargestellt ist. Wir wählten ganz bewusst den deutschen Terminus "schöpferisch", um das schöpferische Formen, die Produktion und letztendliche "Gestalt" als das kreative Endprodukt hervorzuheben. Die folgende Definition kann als allgemeines Rationale des Testdesigns gelten:

Kreativität ist

1. die Fähigkeit, ein neues, ungewöhnliches und überraschendes Produkt zu schaffen als Lösung eines sensitiv wahrgenommenen Problems oder eines gegebenen Problems, dessen Implikationen sensitiv wahrgenommen worden sind,
2. und zwar mit Hilfe einer sensitiven und breiten Wahrnehmung existierender und offen zugänglicher, aber auch gezielt gesuchter Daten und Informationen,
3. und zwar durch Analyse, durch lösungsgerechte, aber höchst flexible Verarbeitung, durch ungewöhnliche Assoziationen und neue Kombinationen von Daten und Informationen und mit der Hinzunahme von Daten aus der Erfahrung oder mit imaginativen Elementen,
4. durch Synthetisieren, Strukturieren und Kombinieren dieser Daten, Elemente und Strukturen zu einer neuen Lösungsgestalt (wobei die Prozesse in 3. und 4. teilweise simultan auf unterschiedlichen Verarbeitungs- und Bewusstheitsebenen ablaufen können),
5. durch Erarbeitung einer Lösungsgestalt, die als Produkt oder in einem Produkt, in welcher Form auch immer, ausgearbeitet wird,
6. und die schließlich durch Kommunikation von anderen sinnenhaft und als sinnhaft erfasst und erfahren werden kann (Urban, 1988a, S. 14).

Eine hervorgelockte zeichnerische Produktion, die mehr oder weniger auf sechs vorgegebenen, einfachen, figuralen Fragmenten basiert, wird mit Hilfe von 14 Kategorien eingeschätzt, die unser Kreativitätskonzept repräsentieren. Sie beinhalten z.B. quantitative und qualitative Aspekte, bewerten die Gestaltung von figuralen und thematischen Formen oder Kompositionen und berücksichtigen das Eingehen von Risikos durch Grenzenüberschreiten, Humor usw. Unser einfach einsetzbares, recht handhabbares und ökonomisches Instrument ist bislang in mehr als 20 Ländern in ersten Versuchen eingesetzt worden und hat sich als ein nützliches Screening-Verfahren zur Identifizierung kreativer Potentiale, aber auch zur Aufdeckung von kreativen Defiziten bewährt.

Dieser Ansatz mag eine Rückkehr zu oder eine Wiederbelebung einer mehr komplexen und ganzheitlichen Sicht des kreativen Produkts in seiner Abhängigkeit von der kreativen Person, dem kreativen Prozess und dem Problem signalisieren. Die kreative Person wird nicht nur als rein kognitiv handelnd gesehen, sondern als Person, die als ganze in den kreativen Prozess involviert ist. Der Prozess ist nicht eine einfache eindimensionale Abfolge von Stufen, sondern verläuft auf verschiedenen Ebenen der Informationsverarbeitung und Bewusstheit, beinhaltet unterschiedliche kognitive Aktivitäten, nicht ausschließlich nur divergenter Art. Das Problem ist mehr oder weniger offen, muss gefunden werden, mit unterschiedlichen Restriktionen und Zugangsmöglichkeiten; die gesamte "4P-Interaktion" (Problem-Person-Prozess-Produkt) wiederum wird beeinflusst, behindert oder stimuliert von Faktoren der Mikro- oder Makroumwelt. Dieses "4PU-Modell" wird im folgenden Beitrag ausführlicher dargestellt.

Ein bedeutsamer Motor für die Orientierung hin zu mehr komplexen Modellen ergibt sich aus der Entwicklung von Komponenten-Modellen in verschiedenen Bereichen der Psychologie. Unter Berücksichtigung der Ideen von Necka (1986), Polen, von Cropley u.a. habe ich versucht, ein Komponentenmodell der Kreativität zu entwickeln, das ausführlicher im folgenden Beitrag beschrieben ist. Es besteht aus drei Hauptkomponenten kognitiver (1-3) und drei Hauptkomponenten personaler Art (4-6), die jeweils nicht isoliert voneinander zu sehen sind, sondern sich überlappen und miteinander zusammenhängen:

1. Divergentes Denken & Handeln
2. Allgemeines Wissens- & Denkfähigkeit
3. Bereichsspezifisches Wissen & spezifische Fertigkeiten
4. Fokussierung & Anstrengungsbereitschaft
5. Motive & Antrieb
6. Offenheit & Ambiguitätstoleranz

Diese Hauptkomponenten beinhalten wiederum eine Reihe von spezifischen Unterkomponenten. Dabei ist es wichtig, die Komponenten in der Beziehung und auf dem Hintergrund unterschiedlicher Referenzebenen zu sehen, der individuellen, der gruppenbezogenen und der gesellschaftlich-historischen Dimension. Ich hoffe, dass dieses heuristische Modell sowohl auf verschiedene Forschungsfragen und theoretische Ansätze angewandt werden als auch neue Ideen generieren kann.

2. Die Integration konvergenten und divergenten Denkens

Die in der Folge vorzustellenden Testentwicklungen können mit mehreren Trends in Zusammenhang gebracht werden. Wie Wolters (1987) feststellt, hat sich die Opposition von kreativem versus intellektuellem Denken nicht als nützlich erwiesen. Die Überwindung dieser Position eines bloßen Gegensatzes von konvergentem und divergentem Denken wird offensichtlich in einer neuen Art von Test, in der beide Denkarten explizit berücksichtigt werden, oder mehr noch, in der eine vermittelte oder integrierte Art des Denkens gefordert ist. In Zusammenhang mit ihren Studien über Naturwissenschaftler und Ingenieure sowie der großen Münchener Studie über Hochbegabte (geleitet von K. A. Heller) hat Facaoaru (1985) zwei prozessanalytische, divergent-konvergente Tests entwickelt. Sie wollen bessere prognostische Informationen über die Fähigkeit, komplexe Probleme zu lösen, liefern, als dies traditionelle Intelligenz- oder konvergente Denktests und/oder Kreativitäts- oder divergente Denktests tun. Das erste dieser Instrumente ist der "Test des räumlichen Einrichtens" (TRE)", der andere ist der "Test der Zahlenreihen und Analogien (TZRA)". Unter Bezugnahme auf Dörners et al. (1983) Untersuchungen über das Lösen höchst komplexer Probleme, hebt Preiser (1987) hervor, dass es nicht nur notwendig ist, konvergent *und* divergent denken zu können, sondern diese beiden Prozesse zu einer neuen spezifischen Art problemlösenden Denkens zu integrieren. Hier sieht er sehr wesentliche Aspekte für zukünftiges Kreativitätstraining.

In der Tat scheint es nicht nur denkbar, sondern auch wünschenswert, dass Theorien und Forschung über komplexes Problemlösen eine Art von Mediatorenrolle zwischen der Intelligenz- und der Kreativitätsforschung spielen, zwischen der Psychologie der Intelligenz und der Psychologie des Denkens. Beide "Psychologien" waren noch zu Beginn dieses Jahrhunderts so gut wie nicht getrennt, zumindest nicht in der kontinental-europäischen Psychologie. Jene dann eingetretene langdauernde Separierung von historischen Dimensionen wurde in den 50er und 60er Jahren sehr verstärkt durch die Bemühungen, scharf zwischen Intelligenz- und Kreativitätstestleistungen zu unterscheiden; dieses wurde nur möglich durch die Verwendung von relativ einfach strukturierten Aufgaben als Untersuchungswerkzeugen.

3. Die Balance der Gegensätze oder die Dialektik im kreativen Prozess

Noch weitergehend und in Analogie zur Überwindung einer eher gegensätzlichen oder allenfalls additiven Beziehung von konvergentem und divergentem Denken wird in theoretischen Überlegungen zur Kreativität der Gedanke allgemein immer deutlicher, dass Denkstile und kognitive Fähigkeiten, Persönlichkeitsmerkmale und -dimensionen, die früher oder üblicherweise gegensätzlich schienen, integriert werden müssen. Das Prinzip der Dichotomie im kreativen Prozess (Jeffmar, 1980), die "Balance der Gegensätze" (Vaughan, 1985) oder die Dialektik der kreativen Person bzw. des Prozesses, wie sie auch in der obigen Definition durchscheint, erlangen mehr und mehr Aufmerksamkeit. Preiser (1987) z.B. betont das Bedürfnis nach Kontrolle und Einfluss gegenüber dem Bedürfnis nach Sicherheit und Geborgenheit, während Heller und Facaoaru (1987) in ihrem Beitrag über Selbst- und System-Wissen sowie auch Wolters (1987) in seiner Beschreibung einer Theorie des produktiven Denkens durch die Integration von Intuition und Analyse jeweils einen dialektischen Ansatz beschreiben. Die Verbindung von Widersprüchen als systemimmanente Dynamik wird im Zusammenhang mit der Chaostheorie im nächsten Beitrag noch einmal aufgegriffen.

4. Kreativität in den Naturwissenschaften, in der Technologie und Mathematik

Die Facaoaru-Tests wurden auch in einer deutsch-chinesischen Studie über technische Kreativität verwendet, die von Heller, München, und Zha, Bejing, China, geleitet wird. Kreativität wird hier eher als technisches Problemlösen verstanden denn als spontane assoziative Produktion. Während die Testprobleme meistens restriktiver Art sind, verlangen die Lösungen sowohl divergente als auch konvergente Problemlösefähigkeiten (Hany & Hany, 1988). Hier wird ein anderer Trend deutlich; während hohe Kreativität früher meistens mit den Künsten in Verbindung gebracht wurde, mit ihrer Rolle, Relevanz und Funktion in einem weiten Bereich menschlicher, sozialbezogener Aktivitäten, der Wissensproduktion, wird Kreativität nun auch hervorgehoben in den scheinbar so "rationalen" Disziplinen der Naturwissenschaften, Technologie, Ingenieurwissenschaft und Mathematik (siehe z.B. Bauer, 1979; Haylock, 1985, 1987, in England; Kießwetter, 1985, 1992/2003, in Bezug auf das Hamburger Projekt "Mathematische Talente"; Facaoaru, 1985).

5. Prozessanalysen des kreativen Problemlösens und Erfindens

Die Facaoaru-Tests wollen auch quantitative, prozessanalytische Daten liefern. Dies weist auf einen generellen Trend in der Psychologie, insbesondere der kognitiven Psychologie hin. So empfehlen Inhelder und de Caprona (1985) in der Schweiz das Studium der Prozesse, die in einem Subjekt bei Problemlösungssituationen ablaufen, um so zu einer Neuformulierung konstruktiver Prozesse zu gelangen. Jeffmar (1978) aus Schweden benutzte das so genannte "Ways of Cognitive Action"-Modell, um Unterschiede in Bezug auf die kognitiven Prozesse bei konvergenten, divergenten und "originalen" Denkern zu untersuchen.

In der Abkehr von traditionellen Intelligenzuntersuchungen, die sich in Bezug auf die Identifizierung kreativen oder innovativen Potentials als nicht sehr hilfreich erwiesen haben, kehrte Rüppell (Bonn/Köln) den Begriff IQ um zu QI, der die "Qualität der Informationsverarbeitung" meint (ich möchte das erweitern um "Quest for Information"). Er hat die Frage untersucht, welche kognitiven Stile und Operationen grundlegend und notwendig für Erfinder bzw. für das Erfinden sind. Das Ergebnis besteht in einem komplexen, voll computerisierten Testverfahren, das solche Qualitäten misst wie Sensitivität für Analogien oder das synergetische Funktionieren unterschiedlicher repräsentationaler Formate (d.h. die Kombination analogisch symbolhaft/verbaler und figural/piktoraler Information).

6. Das Adaptoren-Innovatoren-Paradigma

Obwohl Rüppels Ansatz hier als ein kognitiver zu bezeichnen ist, kann er ebenso wie die oben erwähnten Arbeiten von Jeffmar in Beziehung zum Adaptoren-Innovatoren-Paradigma gesehen werden (siehe Kirton's, 1977, 1978, Theorie und Instrument bzw. Previde & Massimini, 1984). Diese Theorie geht davon aus, dass Adaptoren und Innovatoren sich vor allem dahingehend unterscheiden, gleiche Tätigkeiten und Aufgaben auf unterschiedliche Art und Weise zu tun bzw. zu bearbeiten. Ein kritisches Problem liegt hier in der Frage der Angemessenheit adaptiver oder innovativer Aktivität in Bezug auf eine spezifische Aufgabe.

7. Kreativität in Management und Business

Innovative Fähigkeiten sind notwendig und kritisch für wirkliche Fortschritte auch in der Verwaltung, im Management und im Business. Holt (1977), vom Norwegischen Institut für Technologie, sieht in den kreativen Talenten von Angestellten bzw. Arbeitnehmern eine wesentliche, noch unausgeschöpfte Quelle, die genutzt werden könnte, um Probleme in Firmen und Gesellschaften zu lösen. Nütten und Sauermann (1985) haben ein Verfahren für die Bewertung innovativen Potentials bei Mitgliedern einer Arbeitsgruppe oder bei Arbeitnehmern entwickelt. Mit Hilfe von Preisers "KIK" (Kreativitätsförderung und innovationsfreundliches Klima, 1989) können kreativitätsrelevante Bedingungen in verschiedenen Settings (Firmen, Büro, Schule) erfasst werden.

Kreativität in Management und Business ist ein Bereich, der größere Aufmerksamkeit verdient und erhält, und zwar auch aus einer engeren psychologischen Sichtweise heraus, die die früheren Bemühungen um die Anwendung bloßer Kreativitäts- oder divergenter Denk*techniken* überwindet. Spezifische Themen sind z.B. das Arbeitsklima (Ekvall & Tangeberg-Andersson, 1986, Schweden; Rand & Rand, 1987, Norwegen, für die Schule), Agentur-Klient-Wahrnehmungen der Kreativität (Michell, 1984) oder kreative Stimulation und Problemlösen mit Hilfe von Computern (Rickards, 1987).

8. Kreativität in Alltagssituationen

Unter Berücksichtigung einer multi-komponentiellen Sicht von Kreativität, der Anwendung von Kreativitätskonzepten auf erweiterte Bereiche menschlicher Aktivitäten, erscheint der im folgenden genannte Trend logisch, obwohl es sich um einen relativ neuen Ansatz handelt, der im wesentlichen von Cropley (1988), Universität Hamburg, vertreten wird. Cropley und seine Mitarbeiter untersuchen Kreativität in Alltagssituationen, beobachten die kontextuellen, situationalen, aktivitätsimmanenten, sozialen und personalen Komponenten und versuchen dann, kreative Verhaltensweisen, Fähigkeiten und Ergebnisse innerhalb dieser "Settings" zu stimulieren und zu verbessern.

9. Inhalts- und handlungsorientierte Kreativitätserziehung und Trainings

Der eben erwähnte, eher "natürliche", realitäts-, aktivitäts- und inhaltsorientierte Ansatz kann auch in neueren Arbeiten und Ideen über Kreativitätserziehung und -training beobachtet werden; ich verwende den letzten Begriff, obwohl er eng verbunden ist mit mehr experimenteller Laboratoriumsarbeit und sich eher auf mehr oder weniger inhaltslose bzw. -neutrale und fragmentierte kreative/divergente Denktraining*stechniken* bezieht/bezog.

Boonman & Pennings (1987) aus Utrecht, Niederlande, verwendeten eine adaptierte Version des "Productive Thinking Program" (Covington et al., 1974), um die Kreativität von Fünft- und Sechsklässlern zu fördern. Sie berichten, dass die Kinder die neuen Denktechniken nicht in anderen Schulfächern außerhalb des Trainingsprogrammes anwendeten; als eine Konsequenz empfehlen sie die Verbesserung des Lehrertrainings. Dies Beispiel vermag auf die Gefahren oder Beschränkungen eines isolierten Trainings hinweisen, das nicht in reale Lebensaktivitäten integriert ist. Im letzteren Sinne hat Fudickar (1985) gezeigt, wie kreatives Denken und Handeln in der Schule durch gemeinsame, komplexe Projektarbeit, wie z.B. die Neugestaltung eines Schulhofs, von der Planung über die Ausarbeitung zur Realisierung, verbessert werden kann.

10. Die Perspektive der Entwicklung und Lebensspanne

Insbesondere, um angemessene Anregungsbedingungen in Sozialisation und Erziehung bereitzustellen, aber auch, um die Analyse des kreativen Prozesses selber und der notwendigen Bedingungen zu erleichtern, ist es wichtig, mehr über die Entwicklung von Kreativität und ihre Veränderungen im Verlaufe einer Lebensspanne zu wissen. Diesem Aspekt ist insbesondere in zwei skandinavischen Ländern verstärkte Aufmerksamkeit gewidmet worden. Komulainen (1985) von der Finnischen Akademie beschreibt eine Reihe von Kreativitätsstufen zwischen den Jahren 8 bis 61. Die Ergebnisse von Befragungen wiesen auf zwei Zyklen kreativer Produktivität hin, und zwar in den 30er und in den

50er Lebensjahren. Komulaines Ergebnisse bestätigen nicht frühere Theorien, nach denen Kreativität mit dem Alter abnimmt.

Im Gegensatz dazu fanden zur gleichen Zeit Ruth & Birren (1985), von einem Gerontologischen Institut in Finnland, eine Abnahme der Kreativität mit dem Alter, die auf eine verminderte Geschwindigkeit der Informationsverarbeitung zurückgeführt wurde sowie ein geringeres Niveau von Komplexität und eine abnehmende Bereitschaft, originelle Lösungen zu riskieren. In diesem Zusammenhang stellten Berg & Ruth (1982) die Angemessenheit und Validität sowohl von Intelligenz- als auch Kreativitätstests für alte Menschen in Frage und fordern Längsschnitt- oder sequentiell angelegte Studien. Eine Reihe von Untersuchungen durch Smith & Carlsson (1980; 1983a, b, c; 1985) erstrecken sich fast über die gesamte Lebensspanne, von vier bis zu 60 Jahren.

Die einzige Langzeitstudie, die ich auffinden konnte, war jene von Magnusson & Backteman (1978), Universität Stockholm, mit einer heterogenen Stichprobe von tausend Kindern, die im Alter von 10, 13 und 15/16 Jahren getestet worden waren. Die Korrelationen zwischen den Kreativitätsmesswerten, die in den Altersstufen 13 und 16 Jahren ermittelt worden waren, lagen bei .45 und .42 und damit sehr viel niedriger als die Koeffizienten für die Intelligenzmesswerte, die die Höhe von .75 für ein 5-Jahresintervall erreichten.

Drei andere entwicklungsorientierte Studien in anderen Ländern betreffen jüngere Kinder. Rieben & Mengal (1977) aus Genf verglichen sechs- und achtjährige Kinder in Bezug auf Unterschiede in den Zusammenhängen zwischen allgemeiner Intelligenz, Kreativität und kognitiven Operationen. In Paris untersuchte Bardon (1984) verbale Schöpfungen von 4- bis 6-jährigen Kindern, und Urban (1986b, c), Hannover, versuchte, ein Entwicklungsprofil auf der Grundlage des TSD-Z für Vier- bis Achtjährige zu erstellen (siehe den Beitrag in diesem Band).

11. Soziale und kollektive Kreativität

Das neue Interesse an Kreativität mag im Zusammenhang mit einem wesentlichen Aspekt des gegenwärtigen "Zeitgeistes" gesehen werden, nämlich dem Trend zur inneren Welt, der zunehmenden Bedeutung von Innengerichtetheit und Subjektivität. Hier sehe ich die Gefahr, dass soziale Komponenten und Funktionen von Kreativität an Wert verlieren könnten. Es sollte stärker über den lange Zeit vernachlässigten Gedanken einer sozialen Kreativität nachgedacht werden (Schier & Loddenkämper, 1980; Loddenkämper & Schier, 1980) und über die Rolle und Bedeutung kollektiver Bemühungen oder kreativer Gruppenprozesse (Tomberg, 1973; König, 1981).

Eine Trendübersicht

Ich möchte hier noch einmal die in der Literatur vorgefundenen und von mir beschriebenen Trends auflisten:

1. diagnostische und evaluative Instrumente;
2. eine komplexere, ganzheitliche Sicht ("4P-Interaktion");
3. Integration von konvergentem und divergentem Denken (via Forschung zum komplexen Problemlösen);
4. die Balance der Gegensätze oder die Dialektik im kreativen Prozess;
5. Kreativität in Naturwissenschaften, Technologie, Mathematik;
6. Prozessanalysen des kreativen Problemlösens und Erfindens;
7. das Adaptoren-Innovatoren-Paradigma;
8. Kreativität in Management und Business;
9. Kreativität in Alltagsituationen;
10. Inhalts- und handlungsorientierte Kreativitätserziehung und Training;
11. die Perspektive von Entwicklung und Lebensspanne;
12. soziale und kollektive Kreativität.

Spezifisch (west)europäische Fragen?

Mein letzter Punkt ist möglicherweise ein spezifisch (west)europäischer, und ich bin mir nicht sicher, ob dieser ein Trend ist oder ein Trend werden sollte. Um aber die Diskussion anzuregen, möchte ich einige Punkte und Fragen hervorheben. Die Länder Westeuropas wachsen, wenn auch schmerzhaft, zur Zeit immer enger zusammen. Hier erhebt sich die Frage, ob ein mehr oder weniger Vereinigtes Europa für uns Forscher und Wissenschaftler neue Herausforderungen, Chancen und Aufgaben stellt oder stellen sollte; das betrifft z.B. die Frage des Ethnozentrismus. In welchem Ausmaß sind kreative Produkte bzw. Kreativitätswerte abhängig von Kultur, Geschichte und der sozioökonomischen Situation? Macht es Sinn und in welcher Weise können wir dabei helfen, das Zusammenwachsen einer kreativen europäischen Gemeinschaft voranzubringen, die Möglichkeiten einer vollen Entwicklung kreativer Fähigkeiten für alle bereitstellt? Und schließlich denke ich, dass diese Fragen nicht auf Westeuropa oder Europa alleine beschränkt werden dürfen und können. Da wir in einer weltweiten Gemeinschaft leben und die Situation eines Landes nicht unabhängig von der anderer Länder ist, sollten wir auch in unseren wissenschaftlichen Bemühungen immer die Signifikanz, die Bedeutung und die Konsequenzen unserer Arbeit für alle Menschen bzw. die Menschheit insgesamt berücksichtigen und diskutieren.

Literatur

Adreani-Orio, O. (1972). *Le radici psicologiche del talento.* Bologna: II Mulino.

Bardon, N. (1984). Les creations verbales chez l'enfant de 4 a 6 ans. (Verbal creations in children aged 4 and 6 years). *Neuropsychiatrie de l'Enfance et de l'Adolescence, 32,* 331-339.

Bauer, L. (1979). Kreatives Denken im Mathematikunterricht. *Pädagogische Welt, 33,* 220-229.

Beaudot, A. (1980). Research on creativity in France. In M. K. Raina (Ed.), *Creativity research. International perspective* (pp. 93-109). New Delhi: National Council of Educational Research and Training.

Berg, S., & Ruth, J.-E. (1982). Psykogerontologisk forskning om intelligens och kreativitet. (Psychogerontological research on intelligence and creativity). *Nordisk Psikologi, 34,* 275-289.

Butcher, H. J. (1980). Recent research into creativity and divergent thinking in Great Britain. In M. K. Raina (Ed.), *Creativity research. International perspective* (pp. 10-14). New Delhi: National Council of Educational Research and Training.

Calvi, G., Padovani, F., & Spreafico, L. (1965). Ricerche per la fondazione teorica, la construzione e validazione del test Espressioni di pensiero creativo. *Contributi Dell Instituto Di Psicologia,* Milan, 27.

Carlsson, I., & Smith, G. J. (1986). Identification with an aggressor or a victim and its relation to creativity. *Scandinavian Journal of Psychology, 27,* 252-257.

Covington, M. V., Crutchfield, R. S., Davies, L., & Olton, R. M. (1974). *The productive thinking program: a course in learning to think.* Columbus, OH: Merrill.

Cristante, F. (1982). The effects of divergent thinking and convergent thinking upon creative abilities: A multivariate approach. *Archivio di Psicologia, Neurologia e Psichiatria; 43,* 202-211.

Cropley, A. J. (1966). Creativity and intelligence. *British Journal of Educational Psychology, 36,* 259-266.

Cropley, A. J. (1978). Unterricht ohne Schablone – Wege zur Kreativität. Ravensburg: O. Maier.

Cropley, A. J. (1982). *Kreativität und Erziehung.* München: Reinhardt.

Cropley, A. J. (1988). *Improving intelligence: Fostering "creativity" in everyday settings.* Paper presented at Symposium on Improving Intelligence, Melbourne, August, 1988.

Deltour, J. J. (1977). On tests of creativity: A study of synthesis and research in techniques applicable to the preschool period. *Bulletin de Psychologie Scolaire et d' Orientation, 26,* 1-23.

Deltour, J. J. (1978). Reflections on the possibilities for stimulating creativity. *Bulletin de Psychologie Scolaire et d' Orientation, 27,* 31-38.

Dörner, D., Kreuzig, H. W., Reither, F., & Saudel, T. (Hrsg.). (1983). *Lohausen. Vom Umgang mit Unbestimmtheit und Komplexität.* Bern: Huber.

Doutriaux, F. (1980). (The relationship between creativity, intelligence, school achievement, and sociocultural level in children). *Revue de Psychologie Appliqueé, 30,* 177-183.

Ekvall, G., & Tangeberg-Andersoon, Y. (1986). Working climate and creativity: A study of an innovative newspaper office. *Journal of Creative Behavior, 20,* 215-225.

Facaoaru, C. (1985). *Kreativität in Wissenschaft und Technik. Operationalisierung von Problemlösefähigkeiten und kognitiven Stilen.* Bern: Huber.

Fossi, G. (1985). Psychoanalytic theory and the problem of creativity. *International Journal of Psycho-Analysis, 66,* 215-230.

Freeman, J., Butcher, H. J., & Christie, T. (1971). *Creativity: A selective review of research* (2nd ed.). London: Society for Research into Higher Education, Monograph. No. 5.

Fudickar, M. (1985). *Kreativitätstraining und Schule. Erfolgreiche Methoden zur Steigerung der Kreativität am Beispiel eines Unterrichtsversuchs.* Essen: Die blaue Eule.

Goldsmith, R. E., & Matherly, T. A. (1987). Adaption-innovation and creativity: A replication and extension. *British Journal of Social Psychology, 26,* 79-82.

Hany, E. A., & Hany, G. W. (1988). *Technical reference book for the measurement instruments of the German-Chinese study on technical creativity.* Manuscript, Munic University, Inst. f. Emp. Pedagogic and Ed. Psychology.

Haylock, D. W. (1985). High mathematical creativity in a pair of identical twins. *Journal of Genetic Psychology, 146,* 557-560.

Haylock, D. W. (1987). Mathematical creativity in schoolchildren. *Journal of Creative Behavior, 21,* 48-59.

Heinelt, G. (1974). *Kreative Lehrer – Kreative Schüler.* Freiburg: Herder.

Heller, K., & Facaoaru, C. (1987). Selbst- und Systemerkenntnis. In DABEI Deutsche Aktionsgemeinschaft Bildung – Erfindung – Innovation e.V. (Hrsg.), *DABEI-Handbuch für Erfinder und Unternehmer* (S. 45-54). Düsseldorf: VDI Verlag.

Holt, K. (1977). Creativity: A new challenge to the industrial engineer. *International Journal of Production Research, 15,* 411-421.

Inhelder, B., & de Caprona, D. (1984). Introduction. Constructivisme et creation des nouveautes. (Introduction: Constructivism and the creation of novelty. Sixth Advanced Course of the Jean Piaget Archives Foundation: Constructivism today). *Archives de Psychologie, 53,* 7-17.

Jäger, A. O. (1967). *Dimensionen der Intelligenz.* Göttingen: Hogrefe.

Jeffmar, M. (1978). *Ways of cognitive action: A model of creative and intelligent functioning.* Studentlitteartur, U. Lund, Sweden.

Jeffmar, M. (1980). Den kreativa processen – pedagogiska implikationer. (The creative process: Pedagogical implications). *Nordisk Psikologi, 32,* 266-275.

Jellen, H. G., & Urban, K. K. (1986). The TCT-DP (Test for Creative Thinking – Drawing Production) an instrument that can be applied to most age and ability groups. *Creative Child and Adult Quarterly, 11,* 138-155.

Kießwetter, K. (1985). Die Förderung von mathematisch besonders begabten Schülern – ein bislang vernachlässigtes sonderpädagogisches Problem. *Der mathematische und naturwiss. Unterricht, 38,* 300-306.

Kießwetter, K. (1992/2003). Mathematisch besonders Begabte und ihr Umgehen mit größeren Informationseinheiten – bühnenreif und nicht publikumswirksam, jedoch das Thema für die Grundlagenforschung -. In K. K. Urban (Hrsg.), *Begabungen entwickeln, erkennen und fördern* (S. 287-300). Hannover: Universität Hannover, FB Erziehungswissenschaften I / Rodenberg: Klausur.

Kirton, M. (1978). Have adaptors and innovators equal levels of creativity? *Psychological Reports, 42,* 695-698.

König, F. (1981). *Kreativität als Grunddimension intelligenten Verhaltens.* Unveröff. Diss., Freie Universität Berlin, Fachbereich Erziehungs- und Unterrichtswissenschaften.

König, F. (1982). Intelligenz und Kreativität im Kontext der Gesamtpersönlichkeit. In A. O. Jäger (Hrsg.), *Berliner Beiträge zur Intelligenzforschung. Arbeitsbericht des Forschungsprojektschwerpunkts "Produktives Denken/Intelligentes Verhalten", Nr. 1.* Berlin: Freie Universität, Institut für Psychologie.

König, F. (1982). Intelligenz und Kreativität im Kontext der Gesamtpersönlichkeit. In G. Lueer (Hrsg.). (1983). *Bericht über den 33. Kongress der Deutschen Gesellschaft für Psychologie in Mainz 1982, Band 1* (472-476). Göttingen: Hogrefe.

König, F. (1986). Kreativitätsdiagnostik als essentieller Bestandteil der Intelligenzdiagnostik. *Diagnostica, 32,* (4) 345-357.

Komulainen, S. P. (1985). Creative abilities as a life-span phenomenon: A crosscut survey in Finland. *Creative Child and Adult Quarterly, 10,* 170-181.

Krause, R. (1972). *Kreativität. Untersuchungen zu einem problematischen Konzept.* München: Goldmann.

Krause, R. (1977). *Produktives Denken bei Kindern. Untersuchungen über Kreativität.* Weinheim: Beltz.

Landau, E. (1971). *Psychologie der Kreativität.* München: Reinhardt.

Landau, E. (1984). *Kreatives Erleben.* München: Reinhardt.

Lee, V., & Williams, Ph. (1977). *Creativiteit.* Groningen: Wolters-Noordhoff.

Loddenkemper, H., & Schier, N. (1980). Frühförderung sozialer Kreativität durch Spielerziehung. *Zeitschrift für Gruppenpädagogik, 6,* (3) 195-207.

Lynch, P. M. (1967). *Creativity: The concept and measurement of creativity. A cross cultural study.* Unpubl. master's thesis. University College, Cork, Ireland 1967.

Lynch, P. M. (1980). Creativity in Irish children. In M. K. Raina (Ed.), *Creativity research. International perspective* (pp. 93-109). New-Delhi: National Council of Educational Research and Training.

Magnusson, D., & Backteman, G. (1978). Longitudinal stability of person characteristics: Intelligence and creativity. *Applied Psychological Measurement, 2,* 481-490.

Mainberger, U. (1977). *Test zum Divergenten Denken. TDK (Kreativität).* Weinheim: Beltz.

Michell, P. C. (1984). Accord and discord in agency-client perceptions of creativity. *Journal of Advertising Research, 24,* 9-24.

Moreno, Albello, J. A., & Alonso del Campo, U. (1983). Relacion entre creatividad e intelligencia en E.G.B. (Relation between creativity and intelligence in the E.G.B.). *(Span) Psicologica, 4,* 85-95.

Mühle, G., & Schell, C. (Hrsg.). (1973, 3. Aufl.). *Kreativität und Schule.* München: Piper.

Necka, E. (1986). On the nature of creative talent. In A. J. Cropley, K. K. Urban, H. Wagner & W. Wieczerkowski (Eds.), *Giftedness: A continuing worldwide challenge* (pp. 131-140). New York: Trillium Press.

Necka, E. (1986). Überlegungen zur Struktur der Kreativität. In W. Wieczerkowski, H. Wagner, K. K. Urban & A. J. Cropley (Hrsg.), *Hochbegabung, Gesellschaft, Schule. Ausgewählte Beiträge von der 6. Weltkonferenz über Hochbegabte und Talentierte* (S. 136-146). Bad Honnef: Bock.

Neff, G. (Hrsg.). (1975). *Kreativität, Schule und Gesellschaft.* Ravensburg.

Nijsse, M. (1980). Creativity, intelligence annd personality in Holland. In M. K. Raina (Ed.), *Creativity research. International perspective* (pp. 93-109). New-Delhi: National Council of Educational Research and Training.

Nütten, I., & Sauermann, P. (1985). Die Beurteilung der Kreativität bei Mitarbeitern. *Personal, 37,* (8) 327-329.

Pole, K. E. (1969). *A study of techniques for measuring creative ability and the development and validation of creativity tests for highly intelligent subjects.* Bachelor of Literature thesis, University of Oxford, England.

Preiser, S. (1976; 1986). *Kreativitätsforschung.* Darmstadt: Wissenschaftliche Buchgesellschaft.

Preiser, S. (1987). *Kreativität und Kreativitätsförderung. Anmerkungen zum Stand der Kreativitätsforschung.* Unveröff. Vortragsmanuskript, Universität Frankfurt.

Previde, G. P., & Massimini, F. (1984). Adattatori e innovatori: una teoria ed una misura della creativita nelle organizzazioni. (Adaptors and innovators: A description and a measure of creativity in organizations). *Ricerche di Psicologia, 3,* 99-134.

Raina, M. K. (Ed.). (1980) *Creativity research. International perspective.* New-Delhi: National Council of Educational Research and Training.

Rand, G., & Rand, P. (1978). The effect of working atmospheres on creativity. *Scandinavian Journal of Educational Research, 22* (3), 91-106.

Rickards, T. (1987). Can computers help stimulate creativity? Training implications from a postgraduate MBA experience. *Management Education & Development, 18,* 129-139.

Rieben, L., & Mengal, P. (1977). Global intelligence, creativity and cognitive operations in children: Factorial and discriminant analyses. *Psychologie – Schweizerische Zeitschrift für Psychologie und ihre Anwendungen, 36,* 100-108.

Rohr, A. R. (1975). *Kreative Prozesse und Methoden der Problemlösung.* Weinheim: Beltz.

Ruth, J.-E. & Birren, J. E. (1985). Creativity in adulthood and old age: Relations to intelligence, sex and mode of testing. *International Journal of Behavioral Development, 8,* 99-109.

Schachtel, E. G. (1973). *Metamorfose. De ontwikkeling van de mens en de psychologie van de creativiteit.* Rotterdamm. Lemniscaat.

Schier, N., & Loddenkemper, H. (1980). *Schule als Instanz sozialer und kreativer Lernprozesse.* München: Reinhardt.

Schoppe, K.-J. (1975). *Verbaler Kreativitätstest. Ein Verfahren zur Erfassung verbalproduktiver Kreativitätsmerkmale.* Göttingen: Hogrefe.

Seiffge-Krenke, I. (1974). *Probleme und Ergebnisse der Kreativitätsforschung.* Bern: Huber.

Smith, G. J. (1980). Experimentella undersokningar av kreativitet. (Experimental studies a creativity). *Nordisk Psykologi, 32,* 251-265.

Smith, G. J., & Carlsson, I. (1980). Can preschool children be creative? An experimental study of 4-6-year-olds. *Psychological Research Bulletin,* Lund U., 20 (7-8).

Smith, G. J., & Carlsson, I. (1983a). Can preschool children be creative? A perceptgenetic study of 4-6-year-olds. *Archiv für Psychologie, 135,* 37-53.

Smith, G. J., & Carlsson, I. (1983b). Creativity and anxiety: An experimental study. *Scandinavian Journal of Psychology, 24,* 107-115.

Smith, G. J., & Carlsson, I. (1983c). Creativity in early and middle school years. *International Journal of Behavioral Development, 6,* 167-195.

Smith, G. J., & Carlsson, I. (1983d). Kreativität bei 4-12 Jahre alten Kindern. In G. Lüer (Hrsg.), *Bericht über den 33. Kongreß der Deutschen Gesellschaft für Psychologie in Mainz 1982,* Bd. 1 (S. 501-504). Göttingen: Hogrefe.

Smith, G. J., & Carlsson, I. (1986). Creativity and aggression. *Psychoanalytic Psychology, 3,* 159-172.

Smith, G. J., & Carlsson, I. (1985). Creativity in middle and late school years. *International Journal of Behavioral Development, 8,* 329-343.

Smith, G. J., & Carlsson, I. (1987). A new creativity test. *Journal of Creative Behavior, 21,* 7-14.

Smith, G. J., Carlsson, I., & Sandström, S. (1985). Artists and artistic creativity – elucidated by psychological experiments. *Psychological Research Bulletin* (Lund U.),25,26-32.

Smith, G. J., & Danielsson, A. (1978). Richness in ideas, ego-involvement and efficiency in a group of scientists and humanists: A study in creativity using a process-oriented technique. *Psychological Research Bulletin* (Lund U.), 18.

Smith, G. J., & Danielsson, A. (1979). The influence of anxiety on the urge for aesthetic creation: An experimental study utilizing subliminal stimulation and a percept-genetic technique. *Psychological Research Bulletin* (Lund U.), 19(3-4).

Stein, A., & Stein, H. (1984). *Kreativität. Psychoanalytische und philosophische Aspekte.* München: Johannes-Berchmans-Verlag.

Tomberg, F. (1973). *Politische Ästhetik.* Neuwied: Luchterhand.

Ulman, G. (1968). *Kreativität.* Weinheim: Beltz.

Ulman, G. (1973). (Hrsg.). *Kreativitätsforschung.* Köln: Kiepenheuer & Witsch.

Urban, K. K., & Jellen, H. G. (1986). *Der TSD – Z: Test zum schöpferischen Denken – zeichnerisch.* Arbeitsstelle HEFE, Universität Hannover, Paper 6.

Urban, K. K., & Jellen, H. G. (1986). Assessing creative potential via drawing production: The Test for Creative Thinking – Drawing Production (TCT-DP). In A. J. Cropley et al. (Ed.), *Giftedness: A continuing worldwide challenge* (pp. 163-169). New York: Trillium Press.

Urban, K. K. (1988a). *Kreativität – Konzepte und Diagnostik.* Paper presented at the Faculty of Education, University of Hannover, June 1988.

Urban, K. K. (1988b). *Zur Entwicklung von Kreativität bei vier- bis achtjährigen Kin-*

dern. Untersuchungen mit dem "Test zum schöpferischen Denken" (TSD-Z). Arbeitsstelle HEFE, Universität Hannover, Paper 12.

Urban, K. K. (1988c). Zur Entwicklung von Kreativität mit 4-8Jährigen – Untersuchungen mit dem neuen "Test zum schöpferischen Denken – Zeichnerisch" (TSD-Z). In W. Schönpflug (Hrsg.), *Bericht über den 36. Kongreß der Deutschen Gesellschaft für Psychologie in Berlin 1988.* Bd. 1. Kurzfassungen (S. 468-469). Göttingen: Hogrefe.

Urban, K. K., & Jellen, H.-G. (1995). *Test zum schöpferischen Denken - Zeichnerisch (TSD-Z).* Frankfurt/M.: Swets Test Services.

Urban, K. K., & Jellen, H. G. (1996). *Test for Creative Thinking – Drawing Production (TCT-DP).* Lisse, Netherlands: Swets & Zeitlinger.

Vaughan, T. (1985). The balance of opposites in the creative process. *Gifted Education International, 3,* 38-42.

Wollschläger, G. (1971). *Kreativität und Gesellschaft. Neue pädagogische Methoden am Beispiel der Jugendkunstschule Wuppertal.* Frankfurt: Fischer.

Wolters, B. J. (1977). *Creatief denken.* Groningen: Wolters-Noordhoff.

Wolters, B. J. (1987). Kann de impasse in het creativiteitsonderzoek doorbroken worden? Verwevenheid van intuitie en analyse. *Ped. Studien, 64,* 485-498.

Erschienen als

Neuere Trends in der Kreativitätsforschung und -theorie in Westeuropa.
Arbeitsstelle HEFE, Universität Hannover, Paper 14, 1989.

Recent trends in creativity research and theory in Western Europe.
European Journal for High Ability, 1 (1990) 0, 99-113.

Aspekte und Konzepte in der Kreativitätsforschung

Zusammenfassung: Das wissenschaftliche Interesse am Thema Kreativität und damit zusammenhängend die Qualität und Quantität von Forschung und Publikationen sind über die Jahrzehnte hinweg deutlichen Schwankungen unterworfen. Um die Vielzahl und Vielfältigkeit der theoretischen Ansätze überschaubar zu machen, wird ein Kategorisierungsversuch angeboten. Gegen Mitte bzw. Ende der 80er Jahre hatte u.a. hat Weisbergs Versuch, eine Reihe von "Mythen" in Bezug auf Kreativität bzw. den kreativen Prozess zu zerstören, dazu beigetragen, Forschung und kontroverse Diskussionen anzuregen. Neuere Entwicklungen von Kreativitätseinschätzungsinstrumenten insbesondere in Deutschland zeigen, dass Kreativität mehr umfasst als bloß divergentes Denken - und nicht nur im Zusammenspiel von konvergentem und divergentem Denken wird die "Balance der Gegensätze", die Dialektik (in) der Kreativität offensichtlich und wesentlich für kreatives Schaffen, und zwar in Bezug auf die Person ebenso wie auf den Prozess, auf dem ein starker Fokus dieses Beitrags liegt. Einige Neu- oder Reformulierungen theoretischer Ansätze werden ausführlicher diskutiert, so z.B. Martindale's "low arousal"-Ansatz und insbesondere die Anwendung der Chaostheorie; andere Ansätze werden nur kurz erwähnt, wie der psycho-ökonomische oder Investment-Ansatz, die Anwendung der Katastrophen- oder der Quantentheorie. Abschließend wird ein eigenes komplexes Komponentenmodell der Kreativität vorgeschlagen.

Einführung

Gegen Ende der "60er", Anfang der "70er" Jahre war die große amerikanische Kreativitätswelle, angestoßen durch J. P. Guilford's Referat auf dem Kongress der amerikanischen Psychologenvereinigung (APA) im Jahre 1950 und hoch aufgetürmt durch den Sputnik-Schock, auch nach Europa und Deutschland geschwappt. Nach der ersten in deutscher Sprache erschienenen, zusammenfassende Monographie über moderne Kreativitätsforschung von Ulmann im Jahre 1968 folgte eine Vielzahl von Publikationen in den 70er Jahren, wie sie im ersten Beitrag schon genannt sind.

Nachdem dann das Thema Kreativität in der Literatur, insbesondere in der psychologischen Literatur, gegen Ende der 70er Jahre fast vergessen war, schien es gegen Mitte/Ende der 80er Jahre wieder stärker in den Fokus der Aufmerksamkeit zu rücken. Auch international stieg das Interesse in den letzten 10/15 Jahren stetig an, was sich in Buch- und Artikelveröffentlichungen niederschlug. Neben dem "alten" *Journal of Creative Behavior* gibt es auch das *The Creative Child and Adult Quarterly* sowie seit 1988 das *Creativity Research Journal.* Außerdem wurde ein internationales *creativity-network* gegründet. Drei Reader Ende der 80er Jahre geben einen guten Einblick in den Diskussions- und Forschungsstand, nämlich Sternberg's *"The nature of creativity"* (1988), das *"Handbook of creativity"*, herausgegeben von Glover, Ronning & Reynolds (1989) sowie das 1990 erschienene Buch von Runco & Albert *"Theories of creativity"*.

Dieses neu entflammte Interesse muss nun allerdings nicht zwangsläufig bedeuten, dass es auch nur Neues zu sagen gäbe. Es könnte einfach sein, dass eine neue Forscher-/Wissenschaftlergeneration auf alte ungeklärte Fragen gestoßen ist und nun sozusagen alter Wein in neue Schläuche gefüllt wird; es könnte aber auch der Fall sein (was z.T. auch zutrifft), dass sich neue Sichtweisen und damit neue Fragen, dass sich unter neuen Paradigmen alte Probleme neu und anders formulieren lassen und so neue Antworten herausgefordert und stimuliert werden, womit wir schon mitten im Thema sind.

Zwei deutsche Buchpublikationen deuteten noch Mitte der 80er Jahre darauf hin, dass die Kreativitätsforschung möglicherweise stagniere. Erika Landau veröffentlichte 1984 ihr Werk "Kreatives Erleben", das im ersten Teil fast unverändert die Ausführungen ihrer *"Psychologie der Kreativität"* von 1971 enthält, und Preisers Buch von 1976, nämlich *"Kreativitätsforschung"*, wurde 1986 unverändert wieder neu aufgelegt.

Urban hatte 1988 anlässlich einer europäischen Konferenz versucht, neuere Trends in Kreativitätsforschung und -theorie in Westeuropa anhand westeuropäischer Literatur zwischen 1977 und 1988 festzustellen. Unter Vernachlässigung psychoanalytischer und (kreativitäts-)therapeutischer Ansätze, die auch in diesem Beitrag nicht berücksichtigt sind, hatte er darin die folgenden Punkte hervorgehoben (siehe erster Beitrag in diesem Band):

1. neuere diagnostische und evaluative Instrumente;
2. eine komplexere, ganzheitliche Sicht ("4P-U-Interaktion");
3. Integration von konvergentem und divergentem Denken (via Forschung zum komplexen Problemlösen);
4. die Balance der Gegensätze oder die Dialektik im kreativen Prozess;
5. Kreativität in Naturwissenschaften, Technologie, Mathematik;
6. Prozessanalysen des kreativen Problemlösens und Erfindens;
7. das Adaptoren-Innovatoren-Paradigma;
8. Kreativität in Management und Business;
9. Kreativität in Alltagssituationen;
10. Inhalts- und handlungsorientierte Kreativitätserziehung und Training;
11. die Perspektive von Entwicklung und Lebensspanne;

12. soziale und kollektive Kreativität (Urban, 1990).

Einige dieser Punkte, vor allem die ersten, werden auch hier eine Rolle spielen; allerdings in stark modifizierter Form, da vor allem auch auf außereuropäische Literatur Bezug genommen wird. Es wird dabei ein weiter Begriff von Forschung angewandt, der theoretische ebenso wie empirische Forschung meint. Es scheint bei einer Übersicht nicht sinnvoll, viele kleine empirische Resultate aufzulisten, ohne zugrundeliegende Paradigmen anzusprechen und zu diskutieren. Deshalb wird zunächst der Versuch gemacht, zum Zwecke einer Übersicht verschiedene (ältere) theoretische Ansätze zur Kreativität zu kategorisieren. Dann wird zum einen versucht, in erster Linie auf neue Sichtweisen oder die Anwendung von neuen Theorien auf den Bereich der Kreativität abzuheben, zum zweiten damit im Zusammenhang eigene Konzepte und Modelle zu entwerfen, die wiederum neue empirische Forschungen stimulieren können.

Kategorisierungsversuche

Bislang liegt kein allgemein akzeptiertes theoretisches Konstrukt von Kreativität vor, so es denn überhaupt je eines geben wird bzw. kann. Es finden sich einige Bemühungen, die unterschiedlichen Ansätze zusammenzufassen und zu kategorisieren. Ich wiederum habe versucht, einige dieser Klassifikationen zusammen- bzw. in einer, eine gewisse Ordnung stiftenden Weise nebeneinander zu stellen.

So finden sich im oberen Bereich der Tabelle 1 *kognitionsorientierte*, im unteren Teil *persönlichkeitstheoretisch* orientierte Ansätze. Eine ähnliche Einteilung, zumindest von der äußerlichen Etikettierung her hat Ulmann (1968), in ähnlicher Weise auch Arieti (1976) vorgenommen.

Gowans fünf Klassen sind auf einem Kontinuum von "rational" bis "irrational" angesiedelt. Es reicht von der Kognition als dem Ort von Kreativität bis zur Preisgabe von Kognition als Voraussetzung von Kreativität in der Bewusstseinserweiterung und -veränderung *psychedelischer* Ansätze. Die praktisch identischen Kategorien von Landau und Preiser habe ich ähnlich gereiht, von der objektbestimmten Seite der Person bis zur triebbestimmten Dimension. Der in allen Kategorisierungen vorkommende *psychoanalytische* Ansatz sieht Voraussetzung und Motivation für schöpferische Leistungen in der Verschiebung bzw. in der Sublimation libidinöser Energien. Die Kreativität des Individuums hat ihren Ursprung in Konflikten, die sich zwischen Spannungen und Widersprüchen des bewussten, realitätsgebundenen Prozesses mit unbefriedigten, unbewussten Primärtrieben ergeben. Festgehalten werden soll, dass die psychoanalytisch orientierte Kreativitätsliteratur die Bedeutung un- oder vorbewusster Prozesse und kontrollierter Regression für die Kreativität besonders betont hat (Preiser, 1976, S. 27).

Im Unterschied zu psychoanalytischen Theorien ist den *existenzialistischen, existenzpsychologischen, humanistischen bzw. "mental health and openness"*-Theorien (nahezu synonym verwandte Begriffe) gerade die "angemessene Befriedigung elementarer Bedürfnisse eine Voraussetzung für eine Höherentwicklung der Motivation" (Preiser, 1976, S. 77) in Richtung auf kreatives Schaffen. Kreativität wird als "Selbstverwirklichung einer psychisch gesunden Person gesehen, die ohne Triebunterdrückung und ohne neurotisch verzerrte Wahrnehmung in eine unreglementierte Interaktion mit ihrer Umwelt tritt" (Preiser, 1976, S. 27).

In *kulturtheoretischen* Ansätzen wird die Rolle der sozialen bzw. gesellschaftlichen Umwelt für die Entwicklung und Ermöglichung von Kreativität sowie die Akzeptierung oder Verwerfung kreativer Ideen (Preiser, 1976, S. 27) besonders betont.

Tabelle 1: Zusammenstellung von Versuchen zur Klassifizierung verschiedener Theorien oder Deskriptions- bzw. Erklärungsansätzen der Kreativität

Ulmann (1968)	Gowan (1972) Kreativität als:	Landau (1971, 1984) Preiser, 1976	Arieti (1976)	Busse & Mansfield (1980)
Denk-psychologische Theorien	kognitiv, rational und semantisch	(Intelligenz-) Strukturtheorien	Theorien der Allgemeinen Psychologie	kognitiv-genetischer Ansatz
		Mediations- und Übertragungs-theorien		zusammengesetzte Theorien
		Assoziations-theorien		Assoziations-Ansatz
		Gestaltpsychologie		Gestalt-Ansatz
(umweltbezogene Aspekte)	persönlich und umweltbezogen	Kultur-theoretische Ansätze	Wahrnehmungs-Ansatz	
Persönlichkeits-theorien	geistige Gesundheit und Offenheit	Existentialistische Theorien		Humanistischer Ansatz
	auf Freud und Neo-Freudianer bezogen	Psychoanalytische Theorie(n)	Psychoanalytische Theorie	Psychoanalytischer Ansatz
	psychedelisch			

Gestalttheoretische Ansätze entstanden aus der Kritik an Assoziations- bzw. an S-R-Theorien des Denkens und Lernens. Die Gestalttheorie betont die umformende, re-strukturierende Aktivität, die versucht, von einer widersprüchlichen oder unvollständigen Struktur zu einer neuen "guten" Gestalt zu kommen, die in ihrer komplexen Struktur mehr ist als die Summe der einzelnen Bestandteile.

In den *assoziationspsychologischen* Ansätzen wird die Auslösung von Denkprozessen mit “Prinzipien der inhaltlichen und räumlichen Gleichheit bzw. Verschiedenheit und der Kontiguität der Stimuli” (Ulmann, S. 28) erklärt. Das Ausmaß an Kreativität hängt vom Grade der Entferntheit oder Unüblichkeit der Assoziationen ab. Davon unterscheidet sich nicht sehr die *Übertragungstheorie* der Kreativität, die das Ausmaß von Originalität von der Größe des Transfers abhängig macht.

Mit *Strukturtheorien* sind bei Preiser, ohne dass er es nennt, Strukturmodelle kognitiver Fähigkeiten gemeint. Hier wurde vermutlich an Guilford gedacht. Dieser wird allerdings bei Landau im Abschnitt über Übertragungstheorien und bei Ulmann ausführlich im Abschnitt über intellektuelle Charakteristika im Kapitel Persönlichkeitstheorien abgehandelt.

Der Begriff der *perzeptuellen* Aspekte bei Busse & Mansfield (1980) soll einerseits auf bestimmte Wahrnehmungspräferenzen hinweisen, die Kreative in Bezug auf die Komplexität von Figuren haben, und zum anderen auf die Offenheit der Wahrnehmung, die besondere Bereitschaft zur Aufnahme und Verarbeitung von Information verschiedenster Modalitäten.

Verallgemeinernd lässt sich sagen, dass diese letzteren, etwas gröber bei Gowan unter *"cognitive-rational-semantic"* zusammengefassten Theorien neben der Analyse kreativer Produkte vor allem den kreativen Prozess mit seinen verschiedenen Phasen oder Stufen beschreiben; sie untersuchen außerdem die kognitiven Fähigkeiten, die Voraussetzung und Bedingung für kreatives Problemlösen sind. Im Unterschied dazu stehen bei den mit *"personal-and-environmental"* gekennzeichneten Ansätzen die besonderen oder besonders ausgeprägten Eigenschaften kreativer Persönlichkeiten und ihr Bezug zur Umwelt im Vordergrund.

Insgesamt gesehen bleiben natürlich bei den auch in sich nicht immer konsistenten Klassifikationen, trotz scheinbar griffiger Etikette z.T. erhebliche substantielle Überschneidungen zwischen den Kategorien.

Neue Testentwicklungen als Indikatoren für veränderte oder neue Sichtweisen

Kreatives Denken ist mehr als divergentes Denken

Die lange Dominanz amerikanischer Ansätze und ihre Adaptierung hatte insbesondere im Anwendungsbereich zu einer erheblichen Verkürzung des Kreativitätsbegriffs geführt, der in letzter Konsequenz schließlich mit dem “Divergenten Denken” gleichgesetzt wurde. Diese Verkürzung auf einige kognitive

Faktoren ging bei den sog. Kreativitätstests noch weiter. Schließlich wurde ein schlichtes quantitatives Datum zu einem Teilbereich des divergenten Denkens, nämlich nur den Faktor Flüssigkeit (fluency) betreffend, als Maß für Kreativität angesehen. Die auf amerikanischen Vorbildern beruhenden beiden deutschen Kreativitätstests, nämlich der "Verbale Kreativitäts-Test"/VKT von Schoppe (1975) und der "Test zum Divergenten Denken, TDK (Kreativität)" von Mainberger (1977), sind Beispiele dafür. Beide Verfahren werden ausführlicher in einem späteren Beitrag dargestellt.

Es ist zumindest interessant zu beobachten, dass neuere diagnostische Instrumente zur Kreativität in der letzten Zeit vor allem im deutschsprachigen Raum entstanden sind. Aus der o.g. Kritik an der angesprochenen, begrenzten Sicht von Kreativität als divergentem Denken heraus bzw. an dem noch eingeschränkteren Ansatz, der lediglich quantitative Aspekte berücksichtigt, entwickelten Urban & Jellen (1985; 1986; Jellen & Urban, 1986; Urban, 1991b) ein neues Instrument, den "Test zum schöpferischen Denken - Zeichnerisch (TSD-Z)" (Urban & Jellen, 1995) bzw. "Test for Creative Thinking - Drawing-Production (TCT-DP)" (Urban & Jellen, 1996). Eine hervorgelockte zeichnerische Produktion, die mehr oder weniger auf vorgegebenen, einfachen, figuralen Fragmenten basiert, wird mittels eines Sets von Kategorien eingeschätzt, die das Kreativitätskonzept repräsentieren. Sie beinhalten z.B. quantitative und qualitative Aspekte, bewerten die Gestaltung von figuralen und thematischen Formen oder Kompositionen und berücksichtigen das Eingehen von Risiken durch Grenzenüberschreiten, die Bevorzugung von stereotypischen Lösungen und Humor (siehe die ausführliche Darstellung in dem spezifischen späteren Beitrag). Eine gewisse Abkehr von eindimensionalen Instrumenten ist auch bei den von Krampen, Freilinger & Wilmes (1990) entwickelten Bemühungen um eine mehrdimensionale Kreativitätsdiagnostik festzustellen, die sich schließlich u.a. im "Kreativitätstest für Vorschul- und Schulkinder (KVS-P)" (Krampen, 1996) niedergeschlagen hat.

Zusammenspiel und Integration von divergentem und konvergentem Denken

Wie Wolters (1987) feststellt, hat sich die Gegenüberstellung von sog. kreativem versus sog. intellektuellem Denken nicht als nützlich erwiesen. Im kognitions- und wissenspsychologischen Paradigma wird die scheinbare Opposition von konvergentem und divergentem Denken zunehmend in Frage gestellt (Weisberg, 1986, 1989; Weinert 1990; Heller, 1992a). Die Überwindung dieser Position eines bloßen Gegensatzes wird offensichtlich in einer neuen Art von Test, in der beide Denkarten explizit berücksichtigt werden, oder mehr noch, in der eine vermittelte oder integrierte Art des Denkens gefordert ist. Facaoaru (1985) hat zwei prozessanalytische, divergent-konvergente Tests entwickelt, den "Test des räumlichen Einrichtens" (TRE)" und den "Test der Zahlenreihen und Analogien (TZRA)". Heller (1992b) stellt dazu fest, "erst der simultane Gebrauch dieser Komponenten auf der Grundlage umfangreicher Fachkenntnisse erhöht die Lösungsproduktivität, wobei am Anfang zur Hypothesengenerierung stärker divergentes Denken und dann zur Hypothesenprüfung bzw. -entscheidung zunehmend konvergentes Denken gefordert ist" (S. 137).

Die vor allem in Deutschland durchgeführten Studien zum komplexen Problemlösen (z. B. Dörner & Reither, 1978; Reither, 1981; Putz-Osterloh & Lüer, 1981; Hesse, 1982; Dörner, Kreuzig, Reither & Stäudel, 1983; Strohschneider, 1986) haben die Bedeutung allgemeiner und spezieller kognitiver Strategien sowie metakognitiver Fähigkeiten hervorgehoben, die über die in traditionellen Tests konvergenten und divergenten Denkens erhobenen Daten weit hinausgehen, wie z.B. zielorientiertes und kontrolliertes Handeln, Sammeln und Integrieren von Informationen, aktives Analysieren und Antizipieren, Hypothesenerstellen, Maßnahmenplanung und Entscheidungsverhalten, Selbstmanagement (Dörner, 1984; Dörner & Kreuzig, 1983).

Ebenfalls in der Abkehr von traditionellen Intelligenzuntersuchungen, die zur Identifizierung kreativen oder innovativen Potentials kaum etwas beitragen können (weil sie es eben auch nicht messen), kehrte Rüppell (o.J.) von der Universität Köln den Begriff IQ um zu QI, der die "Qualität der Informationsverarbeitung" bedeuten soll. Er war daran interessiert, welche kognitiven Stile und Operationen grundlegend und notwendig für Erfinder bzw. für das Erfinden sind. Er beschreibt fünf Denkparameter, die dann als Grundlage für die Entwicklung seines DANTE-Tests (*D*iagnose *A*ußergewöhlichen *N*aturwissenschaftlich-*T*echnischen *E*rfindungsgeistes) dienen, eines komplexen, voll computerisierten Testverfahrens:

1. Sensitivität für Analogien oder analogiegeleitetes Denken;
2. Selektive Elaboration;
3. Koordinationskapazität (z.B. logisch-deduktives Denkvermögen, schnelle Auffassungsgeschwindigkeit, wissenschaftliches Abstraktionsvermögen = konvergentes Denken);
4. (räumlich-topologische) Strukturierungsflexibilität;
5. Synergetisches Denken oder das synergetische Zusammenspiel unterschiedlicher repräsentationaler Formate (d.h. die Kombination analogisch symbolhaft/verbaler und figural/piktoraler Information).

Es schiene mir nützlich zu überlegen, ob und inwieweit Rüppells Überlegungen z.B. auch für Schöpfungen im künstlerischen Bereich nutzbar gemacht werden können.

Trotz guten Hinweisen auf Konstruktvalidität scheint auch bei den neueren Testentwicklungen die gerade bei Kreativitätstests so virulente Frage nach einer kriteriumsorientierten Validität (Was ist ein angemessenes Kriterium für Kreativität?) und damit zugleich das Problem der prognostischen Validität (noch) nicht ausreichend geklärt. Es bleibt zu fragen, ob die beklagten, im Sinne klassischer Testtheorie häufig unzureichenden Werte für die Reliabilität und Validität von Verfahren nicht auch ein Ausdruck des (möglicherweise eben nicht eingelösten) Postulats sind, allgemeine, bereichsunspezifische Potentiale messen zu wollen (vgl. Heller, 1992b, S. 143), während doch die neuere Kognitions- und Expertiseforschung die kritische Bedeutung grundlegenden Wissens und bereichsspezifischer Kenntnisse herausgearbeitet hat (Facaoaru, 1992a,b; Waldmann & Weinert, 1990; Weinert, 1990); siehe auch den Abschnitt über Komponentenmodelle.

[Dass die Notwendigkeit eines Zusammenspiels von Intelligenz und Kreativität immer deutlicher gesehen wird, zeigt schon der Titel eines neueren Buches, nämlich "Creative intelligence – toward theoretic integration (Ambrose, Cohen & Tannenbaum, 2003), in dem auch das später vorzustellende Komponentenmodell noch ausführlicher beschrieben und diskutiert ist (Urban, 2003). Außerdem möchte ich hinweisen auf den letzten Beitrag dieses Bandes, in dem die Integration von Intelligenz und Kreativität schließlich in dem Begriff der "Kreatelligenz®" mündet.]

Kreativität als spezifisches Person-Problem-Prozess-Produkt-Umwelt-Verhältnis

Solche oben genannten Ansätze mögen eine Rückkehr zu oder eine Wiederbelebung einer mehr komplexen und ganzheitlichen Sicht von Kreativität signalisieren, und zwar nicht nur in Bezug auf den kreativen Denkprozess und seine Komponenten, sondern auch auf den gesamten Interaktionsprozess im Zusammenhang der Entstehung eines kreativen Produkts in Abhängigkeit von dem Problem, den Personmerkmalen des kreativen Individuums, dem kreativen Prozess innerhalb der direkt und indirekt wirkenden Umweltbedingungen. Diese Zusammenhänge können mit Hilfe der folgenden Darstellung der sog. "4P-U-Interaktion" ("Person-Problem-Prozess-Produkt im Rahmen der Mikro- und Makro-Umwelt") illustriert werden (Abb. 1).

Faktoren der Makro-Umwelt, sozio-historische, kulturelle, ökonomische und politische, als auch Faktoren des Mikro-Environments, wie z.B. sozioökonomische Bedingungen der Familie, regionale und lokale Voraussetzungen, bestimmen die Reichweite/Breite und die Existenz bzw. die Erkennbarkeit möglicher, kreativ zu lösender Probleme.

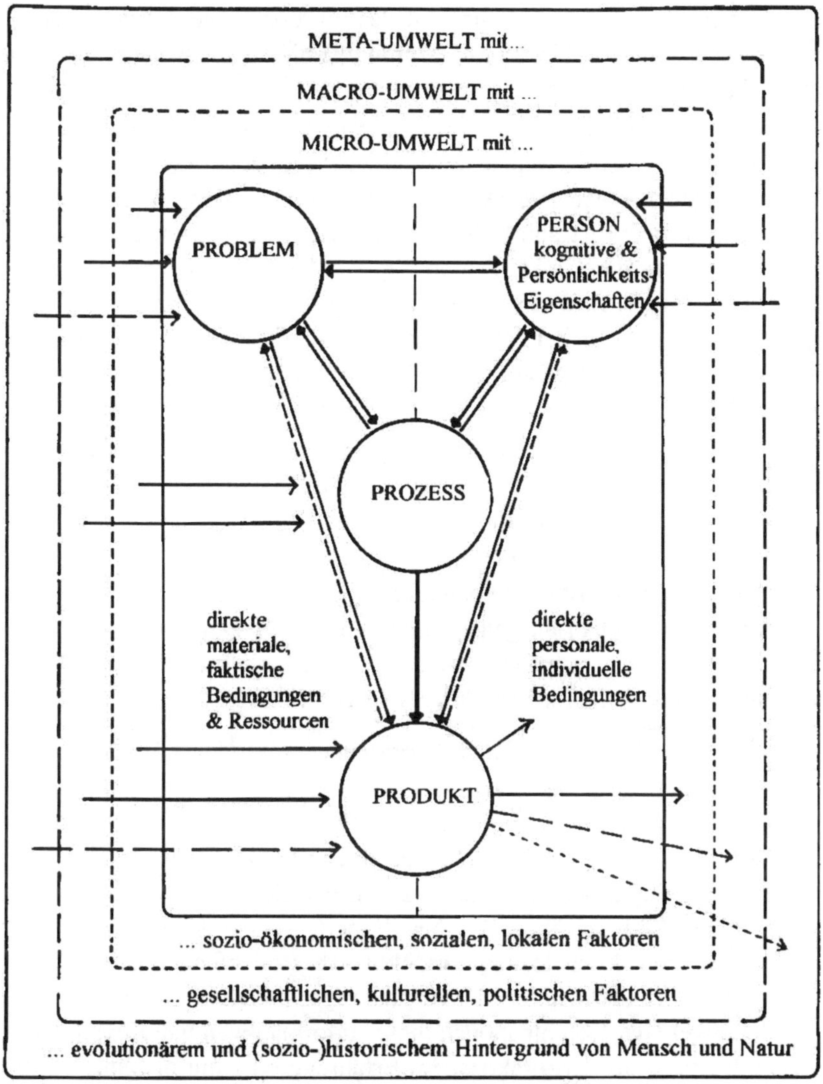

Abb. 1: "4P-U-Modell": Problem-Person-Prozess-Produkt-Umwelt-Faktoren beim kreativen Denken und Handeln

Zum Beispiel haben in einem bestimmten geschichtlichen Zeitraum bestimmte gesellschaftliche und historische Bedingungen mehr höchst kreative, wichtige und berühmte Komponisten in deutschsprachigen Ländern hervorgebracht als zu anderen Zeiten oder in anderen Ländern (zur gleichen Zeit).

Die Umweltfaktoren haben Einfluss auf die Persönlichkeit und ihre (kreative: personale und kognitive) Entwicklung, auf die (innere und äußere) Art des kreativen Prozesses sowie auch auf das Produkt, seine Art und Möglichkeit der Realisierung, Elaboration, Kommunikation bzw. Kommunikabilität, Nützlichkeit und Akzeptanz.

Die Sensitivität für und die Erkennung und Formulierung des Problems verändern sich mit der Persönlichkeit(sentwicklung) ebenso wie gegebene und selbst-entdeckte Probleme die Entwicklung herausfordern und unterstützen. Der kreative Prozess ist abhängig von problem- und persönlichkeitsspezifischen Merkmalen, die das angestrebte Produkt beeinflussen, wobei insbesondere bei hochkomplexen Problemen das flüssige "Hantieren" mit hoch strukturierten und umfassenden bereichsspezifischen Wissensbeständen wichtig wird. Prozessuale Lerneffekte geben Leistungs- und Verhaltensdispositionen Feedback und können auch zu einer Reformulierung des Problems führen.

Das Produkt wiederum, das sich im problem-persönlichkeitsspezifischen Prozess entwickelt, hat Rückwirkungen auf die Persönlichkeit, den Problembereich und nicht zuletzt auf die materielle und soziale Umwelt. Das könnte noch weiter ausgeführt werden.

In diesem Rahmen ist die folgende, eher kognitiv orientierte Definition zu sehen, die vom Problem ausgehend den Prozess bis zum kreativen Produkt beschreibt. Kreativität zeigt sich in einem neuen, überraschenden, auch für andere neuen Sinn stiftenden Produkt. Kreativität ist von daher die Fähigkeit,

1. ein neues, ungewöhnliches und überraschendes Produkt als Lösung eines sensitiv wahrgenommenen oder gegebenen Problems, dessen Implikationen sensitiv wahrgenommen werden, zu schaffen,
2. und zwar auf der Grundlage einer sensiblen und breit umfassenden Wahrnehmung vorhandener und offener sowie gezielt gesuchter Informationen und erarbeiteter bereichsspezifischer (Experten-)Kenntnisse,
3. durch Analyse, durch lösungsgerichtete, aber hochflexible Verarbeitung, ungewöhnliche Assoziationen und neuartige Umstrukturierungen, Reformulierungen oder Kombinationen dieser Informationen und Kenntnisse sowie mit Daten aus der (praktischen) Erfahrung oder mit imaginierten Elementen,
4. durch Synthetisierung, Strukturierung und Komposition dieser Daten, Elemente und Strukturen zu einer neuen Lösungsgestalt (wobei die Prozesse in #3 und #4 auch simultan und parallel und auf verschiedenen Verarbeitungs- und Bewusstheitsebenen ablaufen können),
5. die als Produkt bzw. in einem Produkt, in welcher Form auch immer, realisiert und elaboriert wird, und
6. das schließlich durch Kommunikation oder Mitteilung von anderen sinn(en)haft und als sinn-voll erfahren/erfasst werden kann (leicht modifiziert nach Urban, 1991a, S. 9-10).

Der Begriff "Problem" wird hier in einem sehr weiten Sinne verstanden. Nicht nur eine festgestellte und formulierte Frage ist in diesem Sinne ein Problem, sondern auch die Idee, eine musikalische Komposition zu schaffen, ein neues Kleidungsstück für einen bestimmten Zweck zu entwerfen, der Gedanke, etwas auf eine ganz neue Weise aufzuspüren usw.; auch ein Bedürfnis vermag ein Problem zu konstituieren. Aber nicht jedes Problem ist eines, das kreativ gelöst werden muss. Man kann hier differenzieren zwischen unterschiedlichen Graden von Offenheit vs. Geschlossenheit eines Problems, wenn man auf der einen Seite die Eingangsinformation oder Anfangsfrage und auf der anderen Seite die Lösung bzw. das Endprodukt berücksichtigt. So erhält man vier Klassen von Problem-Lösungs-Beziehungen:
- offenes Problem/offenes Produkt,
- offenes Problem/geschlossenes Produkt,
- geschlossenes Problem/offenes Produkt und
- geschlossenes Problem/geschlossenes Produkt.

Normalerweise wird für den letzten Typus am wenigsten Kreativität gefordert, er gibt allenfalls Raum für kreatives Denken und Handeln im Prozess, d.h. für den Weg vom Problem zum Produkt und wenn plötzlich unerwartete und ungewöhnliche Hindernisse auftreten.

Der Definitionsversuch impliziert weit mehr als bloßes divergentes Denken. Eine breite Wahrnehmung und ein tief strukturiertes, vieldimensionales Netzwerk an Wissen/Informationen ist Voraussetzung für divergentes und assoziatives Denken, das wiederum begleitet und unterstützt wird von konvergenten Formen des Denkens. Der offene, aber zielorientierte Prozess zielt auf eine Lösungsgestalt, die Sinn und Bedeutung in sich trägt und eine bedeutsame und angemessene Lösung für ein gegebenes, gefundenes, sensitiv wahrgenommenes Problem darstellt. Dies kann auf eine neue Art Autoreifen ebenso wie für eine Skulptur oder eine neue Verarbeitungsmethode für Hamburger zutreffen.

Schließlich muss die schöpferische Lösungsgestalt kommuniziert werden, sie muss von signifikanten anderen erkannt, anerkannt und gewürdigt werden, damit sie ihre inhärente kreative und stimulierende Kraft entfalten kann. Das "neue Produkt" ist in Bezug auf seine Akzeptanz und Wirkung abhängig von der Offenheit der Gesellschaft für Innovation und Veränderung sowie von deren Einschätzung über die persönliche, soziale und wirtschaftliche Verwert- und Nutzbarkeit. Ein schöpferisches Produkt hat Rückwirkungen auf nachfolgende Problemstellungen nicht nur im spezifischen Bereich, auf die materielle und soziale Umwelt. Ein neues, potentiell höchst kreatives Produkt, das im Verborgenen liegen bleibt, hat letztlich keinen Effekt oder Sinn; auf lange Sicht wahrscheinlich nicht einmal für den Produzenten/Schöpfer selber.

Die Balance der Gegensätze oder die Dialektik im kreativen Prozess

Noch weitergehend und in Analogie zur Überwindung einer eher gegensätzlichen oder allenfalls additiven Beziehung von konvergentem und divergentem Denken (Facaoaru, 1985) wird in theoretischen Überlegungen zur Kreativität der Gedanke allgemein immer deutlicher, dass Denkstile und kognitive Fähigkeiten, Persönlichkeitsmerkmale und -dimensionen, die früher oder üblicherweise gegensätzlich schienen, integriert werden müssen. Das Prinzip der Dichotomie im kreativen Prozess (Jeffmar, 1980), die "Balance der Gegensätze" (Vaughan, 1985) oder die Dialektik der kreativen Person bzw. des Prozesses, wie sie auch in der obigen Definition durchscheint, werden hervorgehoben (Urban, 1990, 1991a).

Preiser (1987) z.B. betont das Bedürfnis nach Kontrolle und Einfluss gegenüber dem Bedürfnis nach Sicherheit und Geborgenheit, während Heller und Facaoaru (1987) in ihrem Beitrag über Selbst- und System-Wissen sowie auch Wolters (1987) in seiner Beschreibung einer Theorie des produktiven Denkens durch die Integration von Intuition und Analyse jeweils einen dialektischen Ansatz beschreiben. Rothenberg (1979) spricht von "Janus-Denken" (Janusian thinking), das sich im kreativen Prozess abspielt; es ermöglicht das simultane Aufgreifen und Nutzen von zwei oder mehreren gegensätzlichen Ideen, Konzepten oder Vorstellungen. Die Verbindung von Widersprüchen als systemimmanente Dynamik wird im Zusammenhang mit der Chaosforschung noch einmal aufgegriffen.

Offensichtlich und substantiell für den kreativen Prozess und die kreative Person, wie schon oben angedeutet, ist das interaktionistische oder dialektische Prinzip, das auf unterschiedlichen Ebenen/Stufen gefunden werden kann, wenn man "durch den Kosmos der Kreativität gleitet". Um es noch einmal im Detail deutlich zu machen: Dichotomien, die in dialektischer Weise verknüpft werden müssen, tauchen z. B. auf in

- der breiten, umfassenden *und* der zielgerichteten Wahrnehmung;
- der offenen *und* selektiven Wahrnehmung;
- dem analysierenden *und* dem synthetisierenden Denken;
- dem freien, flüssigen *und* dem logisch beurteilenden Denken;
- dem kontinuierlichen *und* dem diskontinuierlichen Denken;
- dem logischen Kombinieren *und* dem freien assoziativen Denken;
- der Verwendung einer breiten und allgemeinen Wissensbasis *und* dem fachspezifischen Expertenwissen;
- der Verwendung von "Stücken der Realität" *und* imaginierten Elementen;
- der Verwendung von Intuition *und* Logik (Wonder & Blake, 1992);
- den primären *und* sekundären Denkprozessen;

- der Aktivität *und* der "Ruhe" (Heinelt, 1974, S. 31);
- den spannungssuchenden *und* spannungsreduzierenden Aktivitäten.

Kreativität umfasst beides, sie verläuft bewusst und intentional ebenso wie unbewusst und frei fließend; es handelt sich um einen "bottom-up-Prozess" ebenso wie auch um einen "top-down-Prozess". Die Integration der Unterschiedlichkeiten bezieht sich auch auf die neurophysiologischen Ebenen, die linke und die rechte Hirnhälfte, das vordere und das hintere Hirn (Elliott, 1986), das obere und untere Hirn. Um hier Einstein zu zitieren: "There comes a time, when the mind takes a higher plane of knowledge, but can never prove, how it got there. All great discoveries have involved such a leap. The important thing is not to stop questioning."

Diese "Dialektik im kreativen Prozess" (Urban, 1990) ist substantiell und charakteristisch nicht nur für die kognitive Seite des kreativen Problemlösers, sondern auch für die persönlichkeitsspezifische Seite. In diesem Sinne bedeutet Kreativität

- dynamische Balance des Unbalancierten,
- das Umgehen mit den Extremen,
- das Tätigsein bis zu den Extremen,
- das Separierte zu integrieren,
- Ausschließlichkeiten einzubeziehen,
- das Unvereinbare zu vereinen.

Torrance (1979) schreibt über die "unity of opposites", die in der Persönlichkeit kreativer Menschen integriert sei; diese Menschen scheinen beides zu sein, mehr maskulin und mehr feminin, unabhängiger in ihrem Denken, aber offener für Anregungen, mehr konformistisch und mehr non-konformistisch, spielerischer und ernsthafter zugleich.

Nach Barron (1969) gibt es im kreativen Prozess eine unaufhörliche Dialektik und eine essentielle Spannung zwischen zwei scheinbar entgegengesetzten dispositionellen Tendenzen: die Tendenz zur Strukturierung und Integration und die Tendenz zur (Zer)Störung von Struktur, von Verbreitung, von Energie und Aufmerksamkeit.

Die Kunst des Balancierens in diesem Sinne meint also nicht, vorsichtig in der Mitte zwischen den Extremen umherzutappen und zu vermeiden, zwischen den gegensätzlichen Polen hin- und herzuschwanken, sondern es bedeutet, beide voll zu nutzen, die Dimensionen in beiden Richtungen voll auszuschwingen und die Gegensätze im Dienste eines neuen Prozesses zu integrieren.

Der kreative Prozess

Weisbergs Entmythisierungsversuche

Unter anderem hat Weisbergs Buch "Creativity. Genius and other myths" (1986), das 1989 auch hierzulande unter dem Titel "Kreativität und Begabung. Was wir mit Mozart, Einstein und Picasso gemeinsam haben" erschienen ist, zu neueren Diskussionen und Arbeiten zur Kreativität angeregt. Er bemüht sich um die Entmythisierung der Kreativität, z.B. des Unbewussten, des Genies, der wissenschaftlichen und der künstlerischen Kreativität. Im Zusammenhang der Diskussion um die Mythen des divergenten Denkens und des "Aha"-Erlebnisses versucht er aufzuzeigen, dass scheinbar plötzliche Einsichten keine speziellen Prozesse seien, sondern eine Ausweitung gewöhnlicher Wahrnehmungs-, Gedächtnis- und Problemlöseprozesse.

Für ihn sind die "klassischen" Stufen der Inkubation und der Illumination nichts weiter als bislang nur unzureichend erforschte und beschriebene Schritte eines zwar hochkomplizierten, auf höchstem Denkniveau sich abspielenden, aber ganz normal schrittweise vor sich gehenden Problemlöseprozesses. U.a. zweifelt er die wissenschaftliche Brauchbarkeit von retrospektiven Selbstberichten von Erfindern, Dichtern, Künstlern über plötzliche Einsichten (aufgrund von Träumen, Bildern etc.) an, die die Besonderheiten des kreativen Prozesses belegen sollen. Nach Heller (1992a) konnte Weisbergs Kritik an landläufigen Vorstellungen über mehr oder weniger bewusst ablaufende kreative Denkakte bislang nicht überzeugend widerlegt werden.

Bei der Untersuchung dieser Frage muss man m. E. differenzieren

1. nach der Art des entstandenen kreativen Produkts,
2. nach der innovativen originalen Bedeutung und Stärke eines kreativen Produkts, das, je stärker/kreativer, um so weniger letztlich lediglich als Ergebnis eines rational-logischen step-by-step Prozesses beschrieben werden kann, und
3. dass, zumindest in Bezug auf Alltagskreativität, verschiedene Menschen, z.B. mit unterschiedlichen Kenntnissen und Potenzen in Bezug auf ein zu lösendes Problem, auf verschiedene Art und Weise zu einer gleichen Lösung kommen können.

Auf jeden Fall aber - und das stützt die Komponente der bereichsspezifischen Kenntnisse - zeigen Weisbergs Forschungsergebnisse, dass Einsichten sehr unwahrscheinlich sind, wenn aufgabenrelevantes Vorwissen fehlt, sondern dass sie abhängig sind von der Verfügbarkeit und Integration der Wissensrepräsentationen, die für eine gegebene Aufgabe nutzbar und nützlich sind. Ohne detailliertes Fachwissen wird kreatives Problemlösen nicht möglich sein und auf keinem Gebiet zu neuen Erkenntnissen führen (Greeno, 1980; Weisberg, 1989).

Einstein und der Fokuswechsel

Lesgold (1989) zeigt am Beispiel Einsteins einen wesentlichen Unterschied zu den vorher von ihm beschriebenen Problemlöseprozessen auf. Dieser liege vor allem in der offensichtlichen Bedeutung des Wechselns zwischen fokussierter, intensiver Aktivität und dem "Zurückdrehen" dieser Intensität.

Wenn man härter arbeitet, die "Erregung" (arousal) ansteigt, wendet man erhöhte Aufmerksamkeit den zentralen Merkmalen der momentanen Aufgabe/Situation zu und weniger der peripheren Merkmalen. Man wird schneller und effizienter, aber nur indem man dem deutlichsten, offensichtlichsten Pfad folgt. Indem Kreativität aber z.T. die Entdeckung neuer Pfade ist, muss sie einige Perioden herabgesetzter Intensität erfordern, der Relaxation, eher des müßigen Besinnens als des Kämpfens.

Eine Möglichkeit, diesen Fokuswechsel zu interpretieren, ist die, ihn als Veränderung in der Verfallsrate der Gedächtnistätigkeiten und -inhalte zu sehen. Wenn Aufmerksamkeit fokussiert, werden sehr viel stärker Repräsentationen des offensichtlichen aktiviert und das schwächer Präsente ignoriert. Anders gewendet, Gedächtnis- und Empfindungsmuster, die stark aktiviert sind, werden bemerkt - und schnellerer Verfall verhindert die weitere Verbreitung von Aktivität. In solchen Situationen werden Produktionen bevorzugt, die nur wenige Bedingungen haben; denn nur wenige Gedächtnisknoten werden gleichzeitig aktiviert sein.

Außerdem kann Aufmerksamkeitsfokussierung als die erhöhte Möglichkeit interpretiert werden, dass, auch wenn mehr als eine Produktion in einem bestimmten Gedächtniszustand gegenwärtig ist, nur die stärkste ausgeführt werden kann.

Einsteins Genie lag von daher z.T. zum einen in der richtigen Kombination von "mächtiger" fokussierter Denkfähigkeit und physikalischem Expertenwissen und z.T. in seiner Fähigkeit, sich davon zurückzuziehen und zeitweilig "müßig" zu sein (to muse). Also auch hier finden wir wieder die Balance der Oppositionen. Zum zweiten lag es in der Möglichkeit, Produktexekutionen zu hemmen/zu verhindern und schlicht zuzulassen, dass Aktivationsmuster und Aktivationsausbreitung das Denken dominieren. Diese Mechanismen, meint Lesgold, aber müssten noch erforscht werden; dazu wünscht er sich einige brillante kreative Psychologen.

Reformulierung früherer Ansätze in der Sicht neuerer Kognitionspsychologie und Neurophysiologie

Auch Mendelsohn (1976) vertritt eine solche Defokussierungshypothese, weist aber gleichzeitig auf die dabei notwendige große Aufmerksamkeitskapazität hin; je größer diese ist, "desto wahrscheinlicher ist der kombinatorische Sprung, der allgemein als Stempel der Kreativität beschrieben wird" (S. 363). Nach Martindale (1989) gibt es einige Evidenz dafür, dass unkreative Personen über eine sehr viel enger fokussierte Aufmerksamkeit verfügen als kreativere (Deving & Battye, 1971; Dykes & McGhie, 1976; Mendelsohn & Griswold, 1966).

Ein vergleichbares (wenn nicht gar gleiches; vgl. Mendelsohn & Griswold, 1966) Phänomen beschreibt Mednick (1962) in seinem Assoziationsansatz, wenn er ausführt, dass kreative Menschen über flachere Assoziations-Hierarchien verfügen als unkreative und von daher weiterauseinanderliegende Assoziationen herstellen können.

Mit wiederum anderem Vokabular hat schon 1952 Kris postuliert, dass kreative Individuen verstärkt in der Lage sind, zwischen dem primären und sekundären Modus des Denkens zu alternieren, wobei die beiden Modi als entgegengesetzte Pole eines Kontinuums gesehen werden. Primäre Kognitionsprozesse finden wir beim Träumen und Tagträumen, aber auch bei Psychosen und in Hypnose; sie sind autistisch, frei-assoziativ, analog und operieren eher mit konkreten (Vorstellungs-)Bildern als mit abstrakten Konzepten. Sekundärprozessdenken ist das abstrakte, logische, realitätsorientierte Denken des tagtäglichen wachen Bewusstseins. Nach Kris beinhaltet die kreative Inspiration eine "Regression" auf einen Primärstatus des Bewusstseins; die Elaboration und Verifikation erfordern eine Rückkehr zum Sekundärprozessstatus. Unkreative Menschen bleiben irgendwo auf dem Prozesskontinuum stecken.

Nach Martindale (1989) stützen eine Reihe von Untersuchungen Kris' These, dass kreative Menschen leichter Zugang zu diesen Primärprozessen des Denkens haben (siehe Suler, 1980, für einen Überblick, und Wild, 1965); sie zeigen mehr Fantasietätigkeit (Lynn & Rhüe, 1986; Singer & McCraven, 1961), erinnern ihre Nachtträume besser (Hudson, 1975) und sind leichter zu hypnotisieren als unkreative Personen (Aston & McDonald, 1985; Bowers & van der Meulen, 1970; Lynn & Rhüe, 1986).

Martindale (1981, 1989) betrachtet die genannten drei theoretischen Ansätze zum kreativen Prozess als im Kern identisch und versucht eine Neuformulierung in der Terminologie neuerer, der Neurophysiologie nahestehenden Kognitionspsychologie. Er geht davon aus, dass das Gehirn/Denken (mind/brain) als ein riesiger Satz von Knotenpunkten und Beziehungen zwischen diesen Knotenpunkten, also ein Netzwerk, repräsentiert werden kann.

Die Knoten sind in unterschiedlichem Maße aktivierbar, die Verbindungen zwischen ihnen sind entweder exzitatorisch/erregend oder hemmend. Ein aktivierter Knoten beeinflusst die Aktivierung anderer, mit ihm verbundener Knoten über die Ausbreitung von Aktivierung oder Hemmung. (Die Knoten können als Neuronen oder als Gruppen von Neuronen im Neokortex gesehen werden; die Verbindungen sind dann die axonalen und dendritischen Verbindungen zwischen diesen Neuronen).

Um kreativ sein zu können, müssen also so viele Knoten wie möglich simultan aktiviert sein; dies geschieht am ehesten in einem Status niedriger, aber allgemeiner kortikaler Erregung. Dann sind mehr und in einem gleichen Ausmaß erregte Knoten vorhanden als in einem Zustand höherer Erregung (Martindale, 1981), bei dem neuer multiplikativ wirkender Input die höher aktivierten die niedriger aktivierten Knoten hemmen lässt. Nach Martindale (1981, 1989) gibt es gute Belege dafür, dass Primärprozessdenken, defokussierte Aufmerksamkeit und flache Assoziationshierarchien mit Zuständen niedriger kortikaler Aktivierung verbunden sind.

Praktisch alles, was den Erregtheitsgrad erhöht, bedingt Ausfälle oder Minderleistungen in Kreativitätstests. Das betrifft Stress (Dentler & Mackler, 1964), die bloße Anwesenheit anderer Menschen (Lindgren & Lindgren, 1965), Lärm (Martindale & Greenough, 1973) und sogar Lob (Amabile, 1983a). Kreative Menschen zeigen natürlich nicht immer einen niedrigen kortikalen Aktivierungsgrad, wohl aber in Situationen kreativen Arbeitens (Martindale & Hins, 1975), und zwar hier sogar deutlich während der Phase der Inspiration und weniger während der Elaborationsphase (Martindale & Hasenfus, 1978). Biofeedbackuntersuchungen, bei denen Kreative schlechter als Nicht-Kreative abschnitten, zeigen, dass dies nicht etwa eine Auswirkung erhöhter Selbstkontrolle ist (Martindale & Armstrong, 1974; Martindale & Hins, 1975). Auch Jaušovic (1997) konnte anhand von EEG-Messungen zeigen, dass in der kreativen Lösungsphase von schwach-strukturierten Problemen im Unterschied zu hoch-strukturierten Problemen ein entspannter mentaler Status vorlag.

Neuere Übertragungsversuche von "Fremd"-Theorien auf Kreativität

Es ist immer wieder der kreative Prozess und das Finden der originellen kreativen Lösung, also die klassische Phase der Inkubation und der Illumination/Inspiration, die am meisten mysteriös und unerklärbar scheinen und die von daher den meisten Reiz auf Forscher und Theoretiker ausüben, sich um Erklärungen zu bemühen. In den vergangenen Jahrzehnten sind zumindest vier theoretische Ansätze zur Erklärung des kreativen Prozesses herangezogen worden, deren Ursprünge nicht aus der Psychologie oder den Sozialwissenschaften stammen.

Solch einen Versuch betreffen die psycho-ökonomische Theorie und den Investment-Ansatz, die beide, wie die Namen schon ausweisen, ökonomische Begrifflichkeiten, teilweise auch nur als Metaphern (Rubenson, 1991), verwenden. Sie wurden nahezu simultan von verschiedenen Forschern vorgetragen (Rubenson, 1989; Rubenson & Runco, 1992; Simon, 1988; Sternberg & Lubart, 1991a; Walberg, 1988). Sie versuchen u.a., die Produktion von kreativen Ergebnissen bzw. das Engagement von einzelnen Personen und von Gruppen in kreativen Problemlöseprozessen mit im- oder expliziten Kosten(investment)-Nutzen-Rechnungen zu erklären oder Investmentstrategien auf kreatives Schaffen zu übertragen. Für weitere Informationen verweise ich auf die engagierte Kontroverse zwischen Runco (1991a,b), Rubenson (1991) und Sternberg & Lubart (1991b) in einem der Hefte des Creativity Research Journal (Vol 4, No 2) sowie auf die Darstellung bei Heller (1992b, S. 142-143).

Die anderen drei theoretischen Ansätze stammen eher aus dem mathematisch-naturwissenschaftlichen Bereich und sind teilweise für Nicht-Mathematiker oder -physiker komplex und schwerer nachvollziehbar. Deshalb und aufgrund ihrer (von mir eingeschätzten) Erklärungsstärke werde ich nur auf den letzten Ansatz näher eingehen.

Die erste der eher naturwissenschaftlich-mathematischen Theorien ist die von Zeeman (1977) und Woodcock & Davis (1978) beschriebene "Catastrophe Theory" (Katastrophentheorie), die Boles (1990) verwendet, um kreatives Verhalten als eine besondere Form von Problemlöseverhalten zu zeigen, das unter bestimmten kontextuellen Faktoren einen zur kreativen Lösung führenden "Catastrophic jump" beinhaltet.

Ebenfalls von einem Sprung spricht der insbesondere von Goswami (1988, 1989, 1990a,b; auch McCarthy, 1990) vertretene Ansatz, der versucht, eine "idealistische Interpretation" der Quantentheorie auf Kreativität anzuwenden. Er will zeigen, dass der kreative Akt buchstäblich aus einem "quantum jump in the mechanism of the mind" (Goswami, 1990, S. 2) besteht (Goswami, 1988). Gleichzeitig versteht er den quantentheoretischen Ansatz in einem sehr viel weitergehenden Sinne, der die klassischerweise in eher mechanistische (Struktur/Wesen mit den bestimmenden Kategorien von kausaler Kontinuität, Lokalität und Determinismus) und in organismische (Funktion/Entwicklung mit den Kategorien der Diskontinuität, Akausalität und Zweck) einteilbaren Kreativitätstheorien zu integrieren vermag. Die Quantentheorie der Kreativität wird so auch zu einer Theorie des sich entwickelnden und verändernden Selbst.

Es ist das Bewusstsein, genauer die Bewusstheit, die den diskontinuierlichen, akausalen Quantumszustand sozusagen kollabieren lässt und aus dem transzendenten und superpositionalen Möglichkeitspool eine Auswahl trifft; aber das Ergebnis wird auch erst mit dem Auswahlakt bewusst und mit dieser neuen Möglichkeit ein neuer Bewusstseinszustand des Selbst herbeigeführt. Dies ist analog dem Akt des Messens in der Quanten-Physik, wenn etwas, z.B. Licht in uns unbekannten verschiedenen Zuständen, Superpositionen, zugleich existiert und erst das Messen selbst den Zustand des Objekts bestimmt bzw. die Beobachtung unvermeidlich das Beobachtete beeinflusst und ändert.

Wie und wann das Bewusstsein die neue kreative Idee aus einem Quantenzustand holt, ohne dass es bloßer Zufall bleibt, wird m.E. dabei aber nicht erklärt.

Der chaostheoretische Ansatz

Ein vierter theoretischer Ansatz und seine Anwendung auf Kreativität soll hier etwas ausführlicher und detaillierter dargestellt werden, da er in besonderer Weise nützlich erscheint: die Chaostheorie, wie sie grundsätzlich von Briggs & Peat (1989), Pagels (1988), Rasband (1990) beschrieben und als "complexity theory" von Kauffman (1995, 1996) und der Santa Fe-Gruppe zum Beispiel ausgebaut worden ist. Anwendungen auf Denken und Gehirnaktivität stammen von Babloyantz et al. (1985, 1986), Freeman (1991), Skarda & Freeman (1987); spezifisch auf Kreativität bezogen ist sie von Briggs (1990), Guntern (1995) und insbesondere von Sterling (1991a,b), der ich wesentliche Anfangsinformationen verdanke, diskutiert worden.

Schmidt-Denter (1992) und Höger (1992) haben die Chaostheorie aufgegriffen und nach Bezügen zur Psychologie bzw. Anwendungsmöglichkeiten auf psychologische Fragestellungen untersucht. Danach "scheint die Chaosforschung für die Psychologie innovatives Potential in sich zu bergen" (Höger, 1992, S. 230), auch wenn die (in Rahmen der Naturwissenschaften) immer wieder behauptete ganz neue Weltsicht so ganz neu nicht zu sein scheint; wie Schmidt-Denter (1992) ausführt, fügen sich ihre Aussagen "in die Kontinuität psychologischen Denkens ein" (S. 14), ohne eine neue psychologische Theorie darzustellen; sie vermag jedoch "Hinweise über grundlegende Systemprinzipien [zu vermitteln], mit denen man auch im psychischen Bereich zu rechnen hat" (S. 13).

Die Chaostheorie versucht, Phänomene in fast allen Bereichen der Wissenschaften, insbesondere auch den Naturwissenschaften, eben nicht nur - und unzulänglich - mechanistisch, monokausal und linear als Aggregate einfacher Komponenten zu beschreiben und zu erklären, sondern als komplexe nichtlineare dynamische Systeme zu re-interpretieren. Chaos ist dabei nicht mit Zufälligkeit gleichzusetzen, sondern ist eher hochdeterminiert, z.B. wenn man es von einer höheren oder tieferen Betrachtungs- oder Analyseebene sieht. Interessante Beispiele dafür sind die Fraktale, Mathematikern und Computerexperten u.a. auch in Form der "Apfelmännchen" bekannt, als geometrischer Ausdruck von Chaos. Sie sind bestimmt durch das Prinzip der Selbstähnlichkeit und das sog. Skalen-Phänomen.

Chaos wird ein "Verhalten" genannt, das in *komplexen, dynamischen, nicht-linearen Systemen* entsteht. Ein dynamisches System verändert sich ständig aufgrund interner und externer Einflüsse. In einem nicht-linearen System sind Ursache und Wirkung nicht in einer einfachen proportionalen Weise aufeinanderbezogen. Ein komplexes System liegt nach Pagels (1988) auf dem Kontinuum zwischen schlichten linearen Systemen (wie z.B. einem Diamantkristall) und "Systemen", die völliger Zu-fälligkeit unterworfen sind (wie z.B. Gasmoleküle in einer Wolke).

Nicht-lineare Systeme verhalten sich von Zeit zu Zeit in unvorhersagbarer Weise (daher der Name chaotisch); die Tendenz zu solchem Verhalten wird als die chaotische Dynamik bezeichnet. Nach Davies (1988), einem theoretischen Physiker, scheint in der natürlichen Sphäre "regelmäßiges", d.h. nichtchaotisches Verhalten eher die Ausnahme als die Regel zu sein.

Die dahinter stehende Kraft kommt aus der *hochsensiblen Abhängigkeit von den Eingangsbedingungen.* Diese chaotische Dynamik führt zu einer neuen Selbst-Organisation; damit wird von Chaologen der Prozess beschrieben, in dem ein System in einem erheblichen Ungleichgewichtszustand ("far-from-equilibrium-state") eine abrupte Veränderung ("transition") erfährt, und zwar in Richtung auf einen elaborierten und komplexeren Zustand hin, der zumindest bis zu einer neuen Ungleichgewichtskrise relativ stabil ist. "Jeder Organisationslevel bringt etwas fundamental Neues hervor, etwas, das in den konstituierenden Elementen oder Teilen des vorherigen Niveaus nicht vorhanden war" (Briggs & Peat, 1989, S. 149; Übers. v. mir).

Es sei dahingestellt, ob diese Wirkungsweise umfassend als "archetype of creativity", wie Sterling (o.J., S. 8) dies tut, bezeichnet werden kann; auf jeden Fall ähnelt sie Beschreibungen und Erklärungsversuchen des kreativen Denkprozesses in hohem Grade, wenn man nicht, wie Weisberg, von einem rein rational-logischen "step-by-step"-Prozess ausgeht.

Des Weiteren ist die Chaostheorie zur Erklärung des Entstehens einer schöpferischen Produktion attraktiv, weil es mit ihrer Hilfe möglich wird, die schon oben angesprochenen Oppositionen in den Systemzusammenhang zu integrieren. Offene dynamische Systeme vereinen in ihren Strukturen scheinbar logische Gegensätze wie Einfachheit vs. Komplexität, Abgrenzung vs. Öffnung. "Die Verbindung von Widersprüchen bzw. die Spannung zwischen ihnen ist Teil der Systemdynamik" (Schmidt-Denter, 1992, S. 14).

Zum dritten zeigen sich auch auf biologisch-physiologischer Ebene chaostheoretisch zu erklärende Vorgänge. Die neuere Neurophysiologie und kognitive Psychologie beschreiben das unendlich komplexe, parallel und simultan (also mit erregenden und hemmenden Impulsen zugleich) arbeitende neuronale Netzwerk des Gehirns als hochkomplexes, nicht-lineares dynamisches System, dem als solchem chaotische Dynamik eigen ist. Verschiedene Untersuchungen belegen dies. So ist Freeman (1991) überzeugt, dass Chaos und chaotische Fluktuationen für Gehirnfunktionen fundamental sind. Chaos, indem es das System in einem starken Ungleichgewichtszustand hält, ermöglicht so einen leichten und schnellen, direkten Zugang zu allen möglichen "attractors" (Knotenpunkten), die im Gehirn latent sind, und macht so die Durchforstung von Gedächtnisspeichern überflüssig. Der hier angesprochene Gedanke eines flexiblen und interaktiven Gedächtnissystems, das die starre Trennung von Langzeit-, Kurzzeitgedächtnis und Arbeitsspeicher überwindet, scheint mir gerade in Bezug auf kreatives Denken naheliegend und weiter diskussions- und untersuchungswürdig. Auch Rüppel (1990) nimmt insbesondere bei seinem Faktor des "Synergetischen Denkens" einen solchen speicherinteraktiven Modus an.

Besonders interessant an diesem chaotischen Zustand scheint mir die Ähnlichkeit zu dem von Martindale beschriebenen Zustand des niedrigen Erregungsniveaus zu sein, das ebenfalls den weit offenen potentiellen Zugang neuer zu alter Information, ein Höchstmaß an entfernten Assoziationen zuließ. Möglicherweise erscheint in Form der Chaostheorie der von Lesgold und von Martindale geforderte theoretische Ansatz.

Nach Freeman liegt in den Dynamiken nicht-linearer Systeme die Quelle für Neuheit. Obwohl er sich ausschließlich mit den sensorischen Systemen im Gehirn befasst hat, spekuliert er, dass "Chaos der Fähigkeit des Gehirns zugrunde liegt, flexibel auf die Außenwelt zu reagieren und neue Aktivitätsmuster zu generieren, einschließlich solcher, die als frische Ideen erfahren werden" (1991, S. 78).

Die Anwendung der Chaostheorie in Verbindung mit neuerer Neurophysiologie des Gehirns vermag möglicherweise einen wesentlichen Teilprozess des kreativen Schaffens zu erhellen; hilfreich wäre eine Art Verbindungstheorie zwischen mathematisch-naturwissenschaftlicher (biologischer, physikalischer) und psychologischer Theorie. Was weiterhin fehlt, ist die Berücksichtigung des bewussten kreativen Wollens des Schaffenden, das zwar als bewusster Akt in der Quantentheorie auftaucht, aber eben vom Zufall bestimmt schien. Indem Kreativität dort wie in der Chaostheorie eher als ein "bottom-up"-Prozess, denn als "top-down"-Prozess gesehen wird, bleibt die personale Seite des Kreativen noch weitgehend ausgeklammert, der ja solche chaotischen Zustände einerseits zulassen (können) und andererseits letztlich aber auch "nützen" (können) muss. Es stellt sich die Frage nach einer Verbindungsmöglichkeit von "Chaos und Kontrolle" (Safan-Gerard, 1985). Von daher erscheint es auch problematisch, den kreativen Prozess ausschließlich im Sinne eines autopoietischen, also eines sich selbst konstruierenden und autonomen Systems zu beschreiben. Gerade im Zusammenhang mit Kreativität kann Dynamik und Veränderung nicht lediglich systemimmanent gesteuert gesehen werden, sondern nur in Wechselwirkung mit anderen Systemen bzw. innerhalb größerer ökologischer Systeme.

Die Rolle von Chance, Zufall und Glück

In gewisser Nähe zur Chaostheorie und vor einem vergleichbaren Problem befindet sich die Chance-Configuration-Theorie von Simonton (1988a,b). Auch hier wird von einer großen Menge von Variationsmöglichkeiten gedanklicher Elemente, die das Merkmal der Unvorhersagbarkeit für das Auftreten bestimmter Kombinationen implizieren, ausgegangen. Allerdings ist in diesem stärker psychologischen Ansatz das Entstehen neuer Konfigurationen, wie Heller (1992b) in seiner kurzen, prägnanten Darstellung dieser Theorie schreibt, eher verständlich und nachvollziehbar. Ähnlich wie in der Chaostheorie ist "Chance" dabei nicht absolute Zufälligkeit, wohingegen in Feldman's (1986) Koinzidenztheorie gelegentlich schöpferische Produkte auch durch glückliche Zufälle oder gar Irrtümer entstehen können. Der Zusammenhang zwischen dem Faktor "Glück" und Kreativität wurde ausführlich auch von Austin (1978) expliziert, der vier Arten von "chance" unterscheidet, den reinen Zufall, "serendipity", das Glück des Sachkundigen und "hervorgerufenes Glück". Hier wie auch in Cropley's (1992) Formulierung vom Glück als der "Aufgeschlossenheit für den zündenden Gedanken" spielt die kreative Person mit ihren Motiven, ihrem Wissen und ihrem aktiven Bemühen wieder eine wesentliche Rolle.

Umfassende, integrative Komponentenmodelle und die Rolle personaler Komponenten

Wenn auch bislang stärker die kognitive Seite des kreativen Prozesses behandelt worden ist, so bleibt doch festzuhalten, dass, wie schon oben ausgeführt, inzwischen eine komplexe Sicht von Kreativität vorherrscht, die das prozessuale Interaktionsgefüge von kognitiven und personalen Komponenten des kreativen Individuums, die gegenseitigen Abhängigkeiten von Person und Umwelt im kreativen Schaffen in den Blick nimmt.

In Sternbergs "three-facet model of creativity" (1988) interagieren drei grundlegende Aspekte im kreativen Schaffen. Die erste, rein kognitive Facette übernimmt Sternberg aus seiner triarchischen Theorie der menschlichen Intelligenz; sie umfasst intellektuelle Merkmale mit Bezug zur Kreativität, wie z. B. einsichtiges Denken. Der zweite Aspekt beinhaltet Funktionen des intellektuellen Stiles als Selbstbestimmung geistiger Operationen ("mental self-government"). Der dritte Aspekt betrifft solche Persönlichkeitsmerkmale, die mit größerer Wahrscheinlichkeit als andere zu kreativer Leistung beitragen, wie z.B. hohe Ambiguitätstoleranz und die Bereitschaft, Hindernisse zu überwinden.

In ihrem von der Fachwelt (z.B. Brown, 1989) sehr geschätzten Beitrag (Amabile, 1983a, 1983b) zur "Sozialpsychologie der Kreativität" formuliert Amabile, dass "Kreativität am besten nicht als Persönlichkeitsmerkmal oder eine generelle Fähigkeit, sondern als ein Verhalten zu konzeptionalisieren sei, das aus bestimmten Konstellationen persönlicher Charakteristika, kognitiver Fähigkeiten und sozialer Umwelten resultiert" (1983b, S. 358; Übers. v. mir). Die drei von ihr vorgeschlagenen Hauptkomponenten, nämlich (1) bereichsrelevante Fertigkeiten, (2) kreativitätsrelevante Fertigkeiten und (3) Aufgabenmotivation interagieren nicht nur, sondern jede selbst entsteht wiederum aus einem Zusammenspiel von verschiedenen internen und externen Faktoren.

Unter Berücksichtigung sowohl kognitiver als auch personaler Aspekte habe ich ein Komponentenmodell der Kreativität entworfen, das wesentliche Bestandteile der bisherigen Ausführungen zu integrieren versucht (vgl. Urban, 1990b; modifiziert 1991a). Für beide, miteinander zusammenhängenden Bereiche wird nach jeweils drei Komponenten unterschieden, die jeweils noch in unterschiedlicher Weise detaillierter in Subkomponenten spezifiziert sind. Das sind für den kognitiven Bereich die Komponenten

1. Divergentes Denken,
2. die Allgemeine Wissens- und Denkfähigkeitsbasis sowie
3. (bereichs)spezifische Wissensbasis und Fertigkeiten,

für den personalen Bereich

4. Fokussierung und Anstrengungsbereitschaft,
5. Motivation und
6. Offenheit und Ambiguitätstoleranz.

Keine einzelne Komponente alleine kann für den gesamten kreativen Prozess genügen oder "verantwortlich" sein; in unterschiedlichem Maße und in je unterschiedlichen Kombinationen von Komponenten bzw. Subkomponenten wirken sie für und im kreativen Prozess als funktionales System.

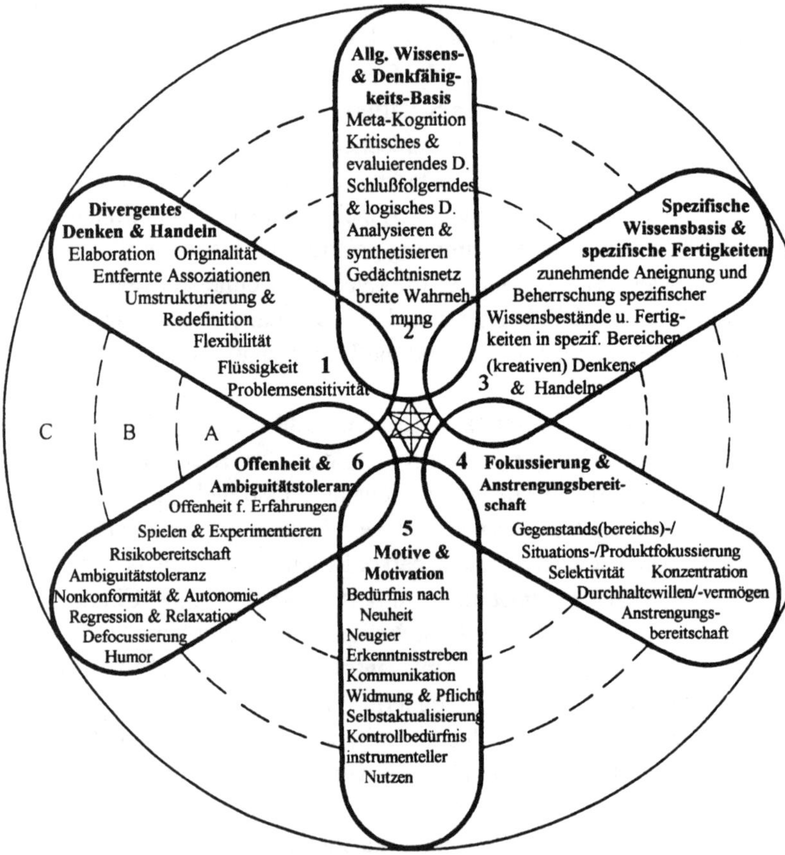

A: Individuelle Dimension
B: Gruppen- oder nah-umwelt-bezogene Dimension
C: Gesellschaftliche oder historische oder globale Dimension

Abb. 2: Urbans Komponentenmodell der Kreativität

Die jeweiligen komponentiellen Strukturen oder unterschiedlichen "Kreativitäten" sind dabei abhängig von mehreren Faktoren:

- der Art des Problems,
- der Stufe oder Phase des kreativen Prozesses,
- der Art des Prozesses in Abhängigkeit vom Problem,
- der Art des Prozesses in Bezug auf die Art der angestrebten Lösung,
- den jeweiligen Bedingungen der Mikro- bzw. der Makro-Umwelt.

Wiederum wird die Integration der Oppositionen wesentlich, wie sie sich ganz allgemein im Verhältnis der Komponenten 1 und 2, 2 und 3, 4 und 6 sowie im Detail differenziert in verschiedenen Subkomponenten ausdrückt.

Komponenten und Subkomponenten arbeiten zusammen als *funktionelles*

System, das sich selbst aufbaut, wobei jede (Sub-)Komponente ihre interdependente, funktional adäquate Rolle auf einer bestimmten Stufe, auf einem bestimmten Niveau, in einer bestimmten Situation spielt. Diese Interdependenzen können hier nur kurz ausgeführt werden.

Die Fähigkeiten und Prozesse, die unter der Komponente *Divergentes Denken* zusammengefasst wurden, bleiben natürlich trotz der obigen Bemerkungen wesentlich für den kreativen Prozess, können aber nur effektiv wirksam werden im Zusammenhang mit den anderen Komponenten. Voraussetzung z.B. für flüssiges und flexibles Denken, für ungewöhnliche Assoziationen ist eine allgemeine breite und spezifisch tiefe *Wahrnehmungsfähigkeit* und *Wissensbasis*. Umstrukturierungen z.B. müssen analysiert und auf ihre Brauchbarkeit hin bewertet werden, bevor sie sinnvoll elaboriert werden können.

Wie oben schon mehrfach angesprochen, treten *bereichsspezifisches Wissen und Kompetenz* als Voraussetzung für die Generierung kreativer Ideen und Produkte immer stärker in den Fokus der Aufmerksamkeit, insbesondere wenn es sich um herausragende kreative Leistungen handelt, die von historischer oder umwälzender Bedeutung sind. Für Brown (1989) im Anschluss an Amabile (1983) sind bereichsrelevante Fertigkeiten geradezu grundlegend. Eine ähnliche Position vertritt auch Hayes (1989), wenn er auf überzeugende Evidenz für die Aussage hinweist, dass für kreative Produktionen in vielen Bereichen Jahre der Vorbereitung und Einarbeitung wesentlich seien (S. 145). Ebenso stützen Weisbergs (1988) Ergebnisse, abgesehen von seinen "Kreativitäts-Entmythisierungs-Versuchen" die Komponente der bereichsspezifischen Kenntnisse. Ohne aufgabenrelevantes Vorwissen sind Einsichten sehr unwahrscheinlich, sie sind abhängig davon, ob die für eine gegebene Aufgabe notwendigen, nutzbaren und nützlichen Wissensrepräsentationen vorhanden, verfügbar und integrierbar sind.

Zur Aneignung umfassender und detaillierter bereichsspezifischer Kenntnisse und Fertigkeiten bedarf es eines hohen Maßes an *Anstrengungsbereitschaft* und Durchhaltevermögen. Das in Frage stehende Problem bzw. der mit ihm zusammenhängende thematische Bereich muss über einen längeren Zeitraum mit unterschiedlicher Intensität im *Fokus* der Aufmerksamkeit gehalten werden. Bei der Datenbeschaffung, Analyse, Auswertung und Elaboration sind Konzentration und Selektivität gefragt.

Voraussetzung dafür wiederum ist eine entsprechende *Motivation*, die letztlich intrinsischer Natur sein muss. Besonders Amabile (1983), in deren eigenem Forschungsfokus diese Komponente steht, betont die Rolle der intrinsischen Motivation, die durch die Reaktion des Individuums auf intrinsische Eigenschaften der Aufgabe entstehe. Ihre Forschungen zeigen die Wichtigkeit sozialer und kontextueller Faktoren für kreative Produktionen, die durch externe Einflüsse, wie z.B. schon die Erwartung von Evaluation oder sogar durch Lob, oder das Fehlen von Wahlmöglichkeiten in Bezug auf das eigene Engagement negativ beeinflusst werden können.

Auch Hayes (1989) hebt die wesentliche Rolle der Motivation für kreative Leistungen hervor. Nach ihm haben keine rein kognitiven Variablen gefunden werden können, die zwischen kreativen und nicht-kreativen Menschen unterscheiden könnten. Von daher hätten Unterschiede in der Kreativität ihren Ursprung in Unterschieden der Motivation. Diese bedingten dann kognitive Unterschiede, wie z.B. durch die unterschiedliche Intensität der Aneignung und den Umfang von notwendigem Wissen und Fertigkeiten, und erklärten zusammen die beobachteten Differenzen zwischen kreativen und nicht-kreativen Individuen. Necka (1986a,b) nimmt ein veränderbares und dynamisches Gefüge verschiedener Motive an, die z.B. auch das Bedürfnis nach Kontrolle, das Gefühl der Verpflichtung oder Berufung sowie Motive spielerischer oder instrumenteller Natur umfassen. Für herausragend kreative Leistungen dürfte allerdings auch hier das Maß an Intrinsität der Motivation wesentlich sein.

Schließlich, im dialektischen Zusammenhang mit Fokussierung und Anstrengungsbereitschaft, ist die Fähigkeit zu *Offenheit und Ambiguitätstoleranz* von substantieller Bedeutung, wie schon oben anhand Lesgold's (1988) Ausführungen zu Einstein gezeigt wurde, also die Möglichkeit und Fähigkeit des Wechselns zwischen fokussierter, intensiver Aktivität und defokussierten Phasen. Dazu gehören auch das Aushalten von Unsicherheit, das Eingehen von (denkerischen) Risiken, die Fähigkeit und der Wille zu Distanz und Nonkonformismus.

Von substantieller Bedeutung u.a. in Bezug auf das für Kreativität wesentliche Kriterium der Neuheit und damit zugleich für den Aspekt der Entwicklung von Kreativität in der Kindheit ist dabei, dass die Komponenten jeweils noch in dreierlei Hinsicht gesehen werden müssen, nämlich auf das einzelne Individuum bezogen, gruppenbezogen oder in gesellschaftlich-historischer Dimension.

Wurzelnd in dem Neugier- und Spielverhalten des jungen Kindes, wird angenommen, dass Kreativität sich in spiralförmigen Zirkeln, die mit wachsender kreativer Erfahrung breiter werden, in Richtung auf volle (erwachsene/reife) Kreativität hin entwickelt, die alle komponentiellen Dimensionen einschließen kann. Soweit es möglich schien, sind deshalb die jeweiligen Subkomponenten im Modell in einer hypothetischen entwicklungsbezogenen Reihung von innen nach außen angeordnet.

Die drei erwähnten, entsprechenden Bezugsdimensionen sind nicht nur wichtig und notwendig, um die jeweilige kreative Qualität des Produkts einzuschätzen oder aus den genannten entwicklungsbezogenen Gründen, sondern auch als wesentliche ökologische Bedingungs- und Wirkvariablen der Umwelt für den jeweiligen kreativen Prozess, wie weiter oben anhand des sog. "4P-U"-Modells schon gezeigt worden ist.

Das Komponentenmodell sollte zumindest von heuristischem Wert sein. Es lassen sich hier empirische Ergebnisse einordnen und Bereiche für diagnostische und empirische Fragestellungen benennen und vorübergehend isolieren, ohne einen Gesamtzusammenhang außer acht zu lassen. Das in unterschiedlichen Phasen des kreativen Prozesses unterschiedliche Zusammenwirken der Komponenten in funktionellen Teilsystemen könnte weitergedacht werden in Richtung auf ein Prozessmodell, das partiell chaotisch "funktioniert"; denkbar wäre eine Adaptation von Cohen's "developmental spiral model" (Cohen, 1990) oder ihres Stufenmodells (Cohen, 1989).

Die Perspektive der Entwicklung, Erziehung und Ausbildung

Vermutlich müsste ein Komponentenmodell, auf Entwicklung bzw. jüngere Kinder bezogen weniger ausdifferenziert und sozusagen "kompakter" komponiert werden. Urban (1988a,b; 1991b) hat versucht, sowohl ein quantitatives als auch ein qualitatives Entwicklungsprofil auf der Grundlage des TSD-Z für Vier- bis Achtjährige zu erstellen. Während der quantitative negative Einbruch der 6-Jährigen recht eindeutig auf den Schulbeginn zurückgeführt werden kann, werden die qualitativen Stufen wie generell die kreative Entwicklung in engem Zusammenhang mit der allgemeinen geistigen Entwicklung gesehen (siehe späterer Beitrag). Es wird vermutet, dass es nicht sinnvoll oder möglich ist, kreatives und intellektuelles Handeln bei sehr jungen Kindern voneinander zu unterscheiden.

Erst Sozialisation und Edukation scheinen die gemeinsame Entwicklungslinie zu trennen, weil eine bestimmte Art intelligenten Verhaltens favorisiert und stärker gefördert wird. Die Einführung von Ordnung in das "kreative kindliche Chaos" hemmt die kreative Entwicklung. Schulische Erziehung und Bildung ist immer noch (oder wieder) weit davon entfernt, kreative Verhaltensweisen von Schülern nicht zu bremsen oder zu verhindern, geschweige denn, kreativitätsfördernde Bedingungen bereitzustellen (Cropley, 1978, 1982, 1991), obwohl die Förderung der Kreativität eine explizite als auch implizite Bildungsaufgabe der Schule darstellt (Höhler et al., 1994; Serve, 1994). Einige wenige interessante Veröffentlichungen, wie Fudickars kreativitätsförderndes Schulprojekt (1985) oder Wermkes (1989) Förderung der Kreativität durch Literatur, täuschen nicht darüber hinweg, dass in Fragen bezüglich Förderungskonzepte und ihrer praktischen Umsetzung speziell in schulischer Erziehungs- und Bildungsarbeit ein großer Nachholbedarf besteht.

In Industrie und Management spielt Kreativität angesichts ansteigenden inner- und außerbetrieblichen Konkurrenzdrucks, limitierter Ressourcen und wachsender Absatzprobleme eine zunehmend wichtige Rolle, der u.a. durch entsprechende Ausbildungs- und Förderungsprogramme, durch spezielle Trainingskurse und neue Organisationsstrukturen Rechnung getragen werden soll. Auf das breite Angebot an Medien, Kursen und vor allem Literatur sehr unterschiedlicher Art und Qualität kann hier nicht eingegangen werden (siehe z.B. Hoffmann, 1992; Johansson, 1985; Krause, 1996; Ladensack, 1992; Meßner, 1987; Schlicksupp, 1992, 1999; Tanner, 1997). Zur Bedeutung spezieller Kreativitätstrainings verweise ich auf den gründlichen und kritischen Aufsatz von Hany (1992). Für den Bereich der Hochschulausbildung hat Heller (1992b, S. 144-146) einige m.E. fruchtbare und weiterführende Perspektiven formuliert.

Es wird abzuwarten sein, ob und inwieweit neuere Theorien der Kreativität sich irgendwann auch in der Erziehung, in der Ausbildung oder im Alltag niederschlagen. Dazu sei hier abschließend eine kreativ-imaginative Antizipation gestattet: Vielleicht antworten wir ja eines Tages auf die Frage: Na, wie geht es? mit: Danke bestens, bei mir ist alles im Chaos!

Literatur

Ambrose, D., Cohen, L. M., & Tannenbaum, A. J. (Eds.). (2003). *Creative intelligence. Toward theoretic integration.* Cresskill, NJ: Hampton.

Amabile, T. M. (1983a). *The social psychology of creativity.* New York: Springer.

Amabile, T. M. (1983b). The social psychology of creativity. A componential conceptualization. *Journal of Personality and Social Psychology, 45*, 357-376.

Arieti, S. (1976). *Creativity. The magic synthesis.* New York: Basic Books.

Aston, M. A., & McDonald, R. D. (1985). Effects of hypnosis on verbal and nonverbal creativity. *International Journal of Clinical and Experimental Hypnosis, 33,* 15-26.

Austin, J. H. (1978). *Chase, chance, and creativity.* New York: Columbia University Press.

Babloyantz, A., & Destexhe, A. (1986). Low-dimensional chaos in an instance of epilepsy. *Proceedings of the National Academy of Science of the United States of America, 83,* 3513-1517.

Babloyantz, A., & Salazar, J. M. (1985). Evidence of chaotic dynamics of brain activity during the sleep cycle. *Physics Letters,* 111A, 152-156.

Bardon, N. (1984). Les creations verbales chez l'enfant de 4 a 6 ans. (Verbal creations in children aged 4 and 6 years). *Neuropsychiatrie de l'Enfance et de l'Adolescence, 32,* 331-339.

Barron, F. (1969). *Creative person and creative process.* New York, NY: Holt, Rinehart & Winston.

Berg, S., & Ruth, J.-E. (1982). Psykogerontologisk forskning om intelligens och kreativitet. (Psychogerontological research on intelligence and creativity). *Nordisk Psikologi, 34*, 275-289.

Boles, S. (1990). *A model of routine and creative problem solving behavior.* In L. Cohen (Ed.), Theory summit conference on optimal development of mind. Working papers. Timberlind Lodge, Portland, Oregon, USA, Sept. 13 – 16, 1990 (37 p.).

Bowers, R. S., & van der Meulen, S. (1970). The effect of hypnotic susceptibility on creativity test performance. *Journal of Personality and Social Psychology, 14*, 247-256.

Briggs, J. (1990). *Fire in the crucible.* Los Angeles: Jeremy P. Tarcher.

Briggs, J., & Peat, F. D. (1989). *Turbulent mirror. An illustrated guide to chaos theory and the science of wholeness.* New York: Harper & Row, Publishers.

Brown, R. T. (1989). Creativity: What are we to measure? In J. A. Glover, R. R. Ronning & C. R. Reynolds (Eds.), *Handbook of creativity* (pp. 3-32). New York: Plenum.

Busse, T. V., & Mansfield, R. S. (1980). Theories of the creative process: A review and a perspective. *Journal of Creative Behavior, 14,* 91 – 103.

Claridge, G. (1987). Psychotism and arousal. In J. Strelau & H. J. Eysenck (Eds.), *Personality dimensions and arousal.* New York: Plenum Press.

Cohen, L. M. (1989). A continuum of adaptive creative behaviors. *Creativity Research Journal, 2,* 169-183.

Cohen, L. M. (1990). Towards a theory for gifted education. In L. M. Cohen (Ed.), *Theory summit conference on optimal development of mind, Sept. 13-16, 1990. Working papers.* Portland, Oregon.

Cropley, A. J. (1978). *Unterricht ohne Schablone - Wege zur Kreativität.* Ravensburg: O. Maier.

Cropley, A. J. (1982). *Kreativität und Erziehung.* München: Reinhardt.

Cropley, A. J. (1991). *Unterricht ohne Schablone - Wege zur Kreativität* (2. veränd. Aufl.). München: Ehrenwirth.

Cropley, A. J. (1992). Glück und Kreativität: Förderung von Aufgeschlossenheit für den zündenden Gedanken. In K. K. Urban (Hrsg.), *Begabungen entwickeln, erkennen und fördern* (S. 216-222). Hannover: Fb Erziehungswissenschaften I, Universität.

Davies, P. (1988). *The cosmic blueprint.* New York: Simon & Schuster.

Dentler, R. A., & Mackler, B. (1964). Originality: Some social and personal determinants. *Behavioral Science, 9,* 1-7.

Detterman, D. K. (1979). Detterman's laws of individual difference research. In R. J. Sternberg & D. K. Detterman (Eds.), *Human intelligence* (pp. 165-175). Norwood, NJ: Ablex.

Dewing, K., & Battye, G. (1971). Attention deployment and nonverbal fluency. *Journal of Personality and Social Psychology, 17,* 214-218.

Dörner, D. (1984). Der Zusammenhang von Intelligenz und Problemlösefähigkeit: Ein Stichprobenproblem? *Psychologische Rundschau, 35,* 154-155.

Dörner, D., & Kreuzig, H. W. (1983). Problemlösefähigkeit und Intelligenz. *Psychologische Rundschau, 34,* 185-192.

Dörner, D., Kreuzig, H. W., Reither, F., & Stäudel, T. (1983). *Lohausen. Vom Umgang mit Unbestimmtheit und Komplexität.* Bern: Huber.

Dörner, D., & Reither, F. (1978). Über das Problemlösen in sehr komplexen Realitätsbereichen. *Zeitschrift für Experimentelle und Angewandte Psychologie, 25,* 527-551.

Dykes, M., & McGhie, A. (1976). A comparative study of attentional strategies of schizophrenic and highly creative normal subjects. *British Journal of Psychiatry, 128,* 50-56.

Elliott, P. C. (1986). Right (or left) brain cognition, wrong metaphor for creative behavior: it is prefrontal lobe volition that makes the (human/humane) difference in the release of creative potential. *Journal of Creative Behavior, 20,* 202214.

Facaoaru, C. (1985). *Kreativität in Wissenschaft und Technik. Operationalisierung von Problemlösefähigkeiten und kognitiven Stilen.* Bern: Huber.

Facaoaru, C. (1992a). Entwicklung und Erprobung veränderungssensitiver Kenntnis- und Kreativitätstests zur Erfassung des technischen Wissens und der technischen Kreativität. In K. K. Urban (Hrsg.), *Begabungen entwickeln, erkennen und fördern* (S. 238-249). Hannover: Fb Erziehungswissenschaften I, Universität.

Facaoaru, C. (1992b). *Ergebnisse der Evaluationsstudie zum Förderkursprogramm "Technische Krativität". Abschlußbericht an das BMBW.* München: Universität München.

Feldman, D. H. (1986). *Nature's gambit. Child prodigies and the development of Human Potential.* New York: Plenum Press.

Freeman, W. F. (1991). The physiology of perception. *Scientific American, 2, 64* (2), 78-85.

Fudickar, M. (1985). *Kreativitätstraining und Schule. Erfolgreiche Methoden zur Steigerung der Kreativität am Beispiel eines Unterrichtsversuchs.* Essen: Die blaue Eule.

Glover, J. A., Ronning, R. R., & Reynolds, C. R. (Eds.). (1989). *Handbook of creativity.* New York: Plenum.

Goswami, A. (1988). Creativity and the quantum theory. *Journal of Creative Behavior, 22,* 9-31.

Goswami, A. (1989). The idealistic interpretation of quantum mechanics. *Physics Essays, 2,* 385-400.

Goswami, A. (1990). Consciousness in quantum physics and the mind-body problem. *Journal of Mind and Behavior, 11,* 75-96.

Goswami, A. (1990). Creativity theory: A quantum theoretic integration. In L. Cohen (Ed.), *Theory summit conference on optimal development of mind. Working papers.* Timberline Lodge, Portland, Oregon, USA, Sept. 13 – 16, 1990 (29 p.).

Gowan, J. C. (1972). *The development of the creative individual.* San Diego, Cal.: Knapp.

Greeno, J. G. (1980). Trends in the theory of knowledge. In D. T. Tuma & R. Reif (Eds.), *Problem solving and education: Issues in teaching and learning.* Hillsdale: Erlbaum.

Haensly, P. A., & Reynolds, C. R. (1989). Creativity and intelligence. In J. A. Glover, R. R. Ronning & C. R. Reynolds (Eds.), *Handbook of creativity* (pp. 111-134). New York: Plenum.

Hany, E. A. (1992). Kreativitätstraining: Positionen, Probleme, Perspektiven. In K. J. Klauer (Hrsg.), *Kognitives Training* (S. 189-216). Göttingen: Hogrefe.

Hayes, J. R. (1989). Cognitive processes in creativity. In J. A. Glover, R. R. Ronning & C. R. Reynolds (Eds.), *Handbook of creativity* (pp. 135-146). New York: Plenum.

Heinelt, G. (1974). *Kreative Lehrer - Kreative Schüler.* Freiburg: Herder.

Heller, K. A. (1992a). Kreativität. In A. Schorr (Hrsg.), *Handwörterbuch der Angewandten Psychologie.* Bonn: Deutscher Psychologen Verlag.

Heller, K. A. (1992b). Zur Rolle der Kreativität in Wissenschaft und Technik. *Psychologie in Erziehung und Unterricht, 39,* 133-148.

Heller, K., & Facaoaru, C. (1987). Selbst- und Systemerkenntnis. In DABEI Deutsche Aktionsgemeinschaft Bildung - Erfindung - Innovation e.V. (Hrsg.), *DABEI-Handbuch für Erfinder und Unternehmer* (S. 45-54). Düsseldorf: VDI Verlag.

Hesse, F. W. (1982). Effekte des semantischen Kontexts auf die Bearbeitung komplexer Probleme. *Zeitschrift für Experimentelle und Angewandte Psychologie, 30,* 400-424.

Höger, R. (1992). Chaos-Forschung und ihre Perspektiven für die Psychologie. *Psychologische Rundschau, 43,* 223-231.

Höhler, G. et al. (Hrsg.). (1994). *Kreativität in Schule und Gesellschaft.* Donauwörth: Auer.

Hoffmann, H. (1992). *Kreativitätstechniken für Manager.* Landsberg: Moderne Industrie.

Hudson, L. (1975). *Human beings: The psychology of human experience.* New York: Anchor.

Jellen, H. G., & Urban, K. K. (1986). The TCT-DP Test for Creative Thinking - Drawing Production) an instrument that can be applied to most age and ability groups. *Creative Child and Adult Quarterly, 11,* 138-155.

Johansson, B. (1985). *Kreativität und Marketing.* Bern: Lang.

Komulainen, S. P. (1985). Creative abilities as a life-span phenomenon: A crosscut survey in Finland. *Creative Child and Adult Quarterly, 10,* 170-181.

Krampen, G., Freilinger, J., & Wilmes, S. (1990). Mehrdimensionale Kreativitätsdiagnostik bei Kindern. *Zeitschrift für Differentielle und Diagnostische Psychologie, 11,* 1-15.

Krampen, G. (1996). *Kreativitätstest für Vorschul- und Schulkinder (KVS-P).* Göttingen: Hogrefe.

Krause, R. (1972). *Kreativität. Untersuchungen zu einem problematischen Konzept.* München: Goldmann.

Krause, R. (1977). *Produktives Denken bei Kindern. Untersuchungen über Kreativität.* Weinheim: Beltz.

Krause, R. (1996). *Unternehmensressource Kreativität.* Köln: Wirtschaftsverlag Bachem.

Kris, E. (1952). *Psychoanalytic explorations in art.* New York: International Universities Press.

Ladensack, K. (1992). *Kreativität im Management.* Heidelberg: Sauer.

Landau, E. (1971). *Psychologie der Kreativität.* München: Reinhardt.

Landau, E. (1984). *Kreatives Erleben.* München: Reinhardt.

Lesgold, A. (1989). Problem solving. In R. J. Sternberg & E. E. Smith (Eds.), *Psychology of human thought* (pp. 188-213). Cambridge: Cambridge University Press.

Lindgren, H. C., & Lindgren, F. (1965). Brainstorming and orneriness as facilitators of creativity. *Psychological Reports, 16,* 577-583.

Lynn, S. J., & Rhue, J. W. (1986). The fantasy-prone person: Hypnosis, imagination, and creativity. *Journal of Personality and Social Psychology, 51,* 404-408.

Magnusson, D., & Backteman, G. (1978). Longitudinal stability of person characteristics: Intelligence and creativity. *Applied Psychological Measurement, 2,* 481-490.

Mainberger, U. (1977). *Test zum Divergenten Denken. TDK (Kreativität).* Weinheim: Beltz.

Martindale, C. (1981). *Cognition and consciousness.* Homewood. Il.: Dorsey.

Martindale, C. (1989). Personality, situation, and creativity. In J. A. Glover, R. R. Ronning & C. R. Reynolds (Eds.), *Handbook of creativity* (pp. 211-232). New York: Plenum.

Martindale, C., & Armstrong, J. (1974). The relationship of creativity to cortical activation and its operant control. *Journal of Genetic Psychology, 124,* 311-320.

Martindale, C., & Greenough, J. (1973). The differential effect of increased arousal on creative and intellectual performance. *Journal of Genetic Psychology, 123,* 329-335.

Martindale, C., & Hasenfus, N. (1978). EEG differences as a function of creativity, stage of the creative process, and effort to be original. *Biological Psychology, 6,* 157-167.

Martindale, C., & Hines, D. (1975). Creativity and cortical activation during creative, intellectual, and EEG feedback tasks. *Biological Psychology, 3,* 71-80.

McCarthy, K. (1990). Creativity, consciousness and quantum physics: A new world view. In L. Cohen (Ed.), *Theory summit conference on optimal development of mind. Working papers.* Timberline Lodge, Portland, Oregon, USA, Sept. 13 – 16, 1990 (29 p.).

Mednick, S. A. (1962). The associative basis of the creative process. *Psychological Review, 69,* 220-232.

Mendelsohn, G. A. (1976). Associative and attentional processes in creative performance. *Journal of Personality, 44,* 341-369.

Mendelsohn, G. A., & Griswold, B. B. (1966). Assessed creative potential, vocabulary level, and sex as predictors of the use of incidental cues in verbal problem solving. *Journal of Personality and Social Psychology, 4,* 423-431.

Meßner, G. (1987). *Kreativitätsförderung im Rahmen betrieblicher Innovation.* Frankfurt: Springer.

Mühle, G., & Schell, C. (Hrsg.). (1973). *Kreativität und Schule* (3. Aufl.). München: Piper.

Necka, E. (1986a). On the nature of creative talent. In A. J. Cropley, K. K. Urban, H. Wagner & W. Wieczerkowski (Eds.), *Giftedness: A continuing worldwide challenge* (pp. 131-140). New York: Trillium.

Necka, E. (1986b). Überlegungen zur Struktur der Kreativität. In W. Wieczerkowski, H. Wagner, K. K. Urban & A. Cropley (Hrsg.), *Hochbegabung - Gesllschaft - Schule* (S. 136-146). Bad Honnef: Bock.

Neff, G. (Hrsg.). (1975). *Kreativität, Schule und Gesellschaft.* Ravensburg.

Pagels, H. R. (1988). *The dreams of reason: The computer and the rise of the sciences of complexity.* New York: Bantam Books.

Perkins, D. N. (1988). Creativity and the quest for mechanism. In R. J. Sternberg & E. E. Smith (Eds.), *Psychology of human thought* (pp. 309-336). Cambridge: University Press.

Preiser, S. (1976; 1986). *Kreativitätsforschung.* Darmstadt: Wissenschaftliche Buchgesellschaft.

Preiser, S. (1987). *Kreativität und Kreativitätsförderung. Anmerkungen zum Stand der Kreativitätsforschung.* Unveröff. Vortragsmanuskript, Universität Frankfurt.

Putz-Osterloh, W. (1985). Selbstreflexionen, Testintelligenz und interindividuelle Unterschiede bei der Bewältigung komplexer Probleme. *Sprache & Kognition, 4,* 203-216.

Putz-Osterloh, W., & Lüer, G. (1981). Über die Vorhersagbarkeit komplexer Problemlöseleistungen durch Ergebnisse in einem Intelligenztest. *Zeitschrift für Experimentelle und Angewandte Psychologie, 28,* 309-334.

Rasband, S. N. (1990). *Chaotic dynamics of nonlinear systems.* New York: John Wiley & Sons.

Rieben, L., & Mengal, P. (1977). Global intelligence, creativity and cognitive operations in children: Factorial and discriminant analyses. *Psychologie - Schweizerische Zeitschrift für Psychologie und ihre Anwendungen, 36,* 100-108.

Rothenberg, A. (1979). *The emerging goddess: The creative process in art, science, and other fields.* Chicago: University of Chicago Press.

Rubenson, D. L. (1991). On creativity, economics, and baseball. *Creativity Research Journal, 4,* 205-209.

Rubenson, D. L., & Runco, M. A. (1992). The psychoeconomic approach to creativity. *New Ideas in Psychology.*

Rüppell, (o.J.). *Der DANTE-Test. Diagnose Außergewöhlichen Naturwissenschaftlich-Technischen Erfindergeistes. QI - Qualität der Informationsverarbeitung.* Universität Köln: Philos. Fakultät.

Runco, M. A. (1991a). On economic theories of creativity. *Creativity Research Journal, 4,* 198-200.

Runco, M. A. (1991b). On investment and creativity: A response to Sternberg and Lubart. *Creativity Research Journal, 4,* 202-205.

Runco, M. A., & Albert, R. S. (Eds). (1990). *Theories of Creativity.* Newbury Park, CA: Sage Publications.

Ruth, J.-E. & Birren, J. E. (1985). Creativity in adulthood and old age: Relations to intelligence, sex and mode of testing. *International Journal of Behavioral Development, 8,* 99-109.

Safan-Gerard, D. (1985). Chaos and control in the creative process. *Journal of The American Academy of Psychoanalysis, 13,* 129-138.

Schlicksupp, H. (1992). *Ideenfindung.* Würzburg: Vogel.

Schlicksupp, H. (1999). *Innovation, Kreativität und Ideenfindung* (5., überarb. u. erw. Aufl.). Würzburg: Vogel.

Schmidt-Denter (1992). Chaosforschung: Eine neue physikalische Herausforderung an die Psychologie? *Psychologie in Erziehung und Unterricht, 39,* 1-16.

Schoppe, K.-J. (1975). *Verbaler Kreativitätstest. Ein Verfahren zur Erfassung verbal-produktiver Kreativitätsmerkmale.* Göttingen: Hogrefe.

Seiffge-Krenke, I. (1974). *Probleme und Ergebnisse der Kreativitätsforschung.* Bern: Huber.

Serve, H. J. (1994). *Förderung der Kreativitätsentfaltung als implizite Bildungsaufgabe der Schule.* München PimS-Verlag.

Simon, H. (1988). Understanding creativity and creative management. In R. L. Kuhn (Ed.), *Handbook for creative and innovative managers* (pp. 11-24). New York: McGraw-Hill.

Simonton, D. K. (1988a). Age and outstanding achievement: What do we know after a century of research? *Psychological Bulletin, 104,* 251-267.

Simonton, D. K. (1988b). *Scientific genius: A psychology of science.* Cambridge: Cambridge University Press.

Singer, J. L., & McCraven, V. G. (1961). Some characteristics of adult daydreaming. *Journal of Psychology, 51,* 151-164.

Skarda, C. A., & Freeman, W. J. (1987). How brains make chaos in order to make sense of the world. *Behavioral and Brain Sciences 10,* 161-195.

Smith, G. J., & Carlsson, I. (1980). Can preschool children be creative? An experimental study of 4-6-year-olds. *Psychological Research Bulletin, Lund U., 20* (7-8).

Smith, G. J., & Carlsson, I. (1983a). Can preschool children be creative? A percept-genetic study of 4-6-year-olds. *Archiv für Psychologie, 135,* 37-53.

Smith, G. J., & Carlsson, I. (1983b). Creativity and anxiety: An experimental study. *Scandinavian Journal of Psychology, 24,* 107-115.

Smith, G. J., & Carlsson, I. (1983c). Creativity in early and middle school years. *International Journal of Behavioral Development, 6,* 167-195.

Smith, G. J., & Carlsson, I. (1983d). Kreativität bei 4-12 Jahre alten Kindern. In G. Lüer (Hrsg.), *Bericht über den 33. Kongreß der Deutschen Gesellschaft für Psychologie in Mainz 1982,* Bd. 1 (S. 501-504). Göttingen: Hogrefe.

Smith, G. J., & Carlsson, I. (1985). Creativity in middle and late school years. *International Journal of Behavioral Development, 8,* 329-343.

Sterling, A. (1991a). *Creativity & chaos theory: A new integrative world view.* Paper presented at the 9th World Conference on Gifted and Talented Children, July 29 - August 2, 1991, The Hague, The Netherlands.

Sterling, A. (1991b). *Searching for chaos: A new view of brain function.* Unpubl. paper, Talented and Gifted Institute, College of Education, University of Oregon, Eugene, OR, USA.

Sternberg, R. J. (Ed.). (1988). *The nature of creativity.* Cambridge: Cambridge University Press.

Sternberg, R. J., & Lubart, T. I. (1991a). An investment theory of creativity and its development. *Human Development, 34,* 1-31.

Sternberg, R. J., & Lubart, T. I. (1991b). On short-selling the investment theory of creativity: A reply to Runco. *Creativity Research Journal, 4,* 200-202.

Strohschneider, S. (1986). Zur Stabilität und Validität von Handeln in komplexen Realitätsbereichen. *Sprache & Kognition, 1,* 42-48.

Suler, J. R. (1980). Primary process thinking and creativity. *Psychological Bulletin, 88,* 144-165.

Tanner, D. (1997). *Total creativity in business and industry. Road map to building a more innovative organization.* Des Moines, Iowa: Advanced Practical Thinking Training, Inc. Publishers.

Torrance, E. P. (1979). *The search for satori and creativity.* Buffalo, NY: Creative Education Foundation.

Ulmann, G. (1968). *Kreativität.* Weinheim: Beltz.

Ulmann, G. (1973). (Hrsg.). *Kreativitätsforschung.* Köln: Kiepenheuer & Witsch.

Urban, K. K. (1988a). *Zur Entwicklung von Kreativität bei vier- bis achtjährigen Kindern. Untersuchungen mit dem "Test zum schöpferischen Denken" (TSD-Z).* Arbeitsstelle HEFE, Universität Hannover, Paper 12.

Urban, K. K. (1988b). Zur Entwicklung von Kreativität mit 4-8Jährigen - Untersuchungen mit dem neuen "Test zum schöpferischen Denken - Zeichnerisch" (TSD-Z). In W. Schönpflug (Hrsg.), *Bericht über den 36. Kongress der Deutschen Gesellschaft für Psychologie in Berlin 1988. Bd. 1. Kurzfassungen* (S. 468-469). Göttingen: Hogrefe.

Urban, K. K. (1990). Recent trends in creativity research and theory in Western Europe. *European Journal for High Ability, 1,* 99-113.

Urban, K. K. (1991a). *Kreativität in der Schule.* Oldenburg: ZpB der Universität (Oldenburger Vor-Drucke, H. 139/91).

Urban, K. K. (1991b). On the development of creativity in children. *Creativity Research Journal, 4,* 177-191.

Urban, K. K. (2003). Toward a Componential Model of Creativity. In D. Ambrose, L. M. Cohen & A. J. Tannenbaum (Eds.), *Creative intelligence. Toward theoretic integration* (pp. 81-112). Cresskill, NJ: Hampton.

Urban, K. K., & Jellen, H. G. (1986a). Assessing creative potential via drawing production: The Test for Creative Thinking - Drawing Production (TCT-DP). In A. J. Cropley, K. K. Urban, H. Wagner & W. Wieczerkowski (Eds.), *Giftedness: A continuing worldwide challenge* (pp. 163-169). New York: Trillium Press.

Urban, K. K., & Jellen, H. G. (1986b). *Der TSD - Z: Test zum schöpferischen Denken -Zeichnerisch.* Arbeitsstelle HEFE, Universität Hannover, Paper 6.

Urban, K. K., & Jellen, H. G. (1995). *Der Test zum schöpferischen Denken - Zeichnerisch (TSD – Z).* Frankfurt/M: SwetsTest Services.

Urban, K. K., & Jellen, H. G. (1996). *Test for Creative Thinking – Drawing Production (TCT-DP).* Lisse, Netherlands: Swets & Zeitlinger.

Vaughan, T. (1985). The balance of opposites in the creative process. *Gifted Education International, 3,* 38-42.

Walberg, H. J. (1988). Creativity and talent as learning. In R. J. Sternberg (Ed.), *The nature of creativity* (pp. 340-361). New York: Cambridge University Press.

Waldmann, M. R., & Weinert, F. E. (1990). *Intelligenz und Denken - Perspektiven der Hochbegabungsforschung.* Göttingen: Hogrefe.

Weinert, F. E. (1990). Der aktuelle Stand der psychologischen Kreativitätsforschung (und einige daraus ableitbare Schlußfolgerungen für die Lösung praktischer Probleme). In P. H. Hofschneider & K. U. Mayer (Hrsg.), *Generationsdynamik und Innovation in der Grundlagenforschung* (S. 21-44). MPI-BErichte und Mitteilungen, Heft 3/90.

Weisberg, R. W. (1986). *Creativity. Genius and other myths.* New York: Freeman.

Weisberg, R. W. (1988). Problem solving and creativity. In R. J. Sternberg (Ed.), *The nature of creativity* (pp. 148-176). Cambridge: Cambridge University Press.

Weisberg, R. W. (1989). *Kreativität und Begabung.* Darmstadt: Spektrum der Wissenschaft.

Wermke, J. (1989). *"Hab a Talent, sei a Genie!" Kreativität als paradoxe Aufgabe.* Weinheim: Deutscher Studien Verlag.

Wild, C. (1965). Creativity and adaptive regression. *Journal of Personality and Social Psychology, 2,* 161-169.

Wollschläger, G. (1971). *Kreativität und Gesellschaft. Neue päd. Methoden am Beispiel der Jugendkunstschule Wuppertal.* Frankfurt: Fischer.

Wolters, B. J. (1987). Kan de impasse in het creativiteitsonderzoek doorbroken worden? Verwevenheid van intuitie en analyse. *Ped. Studien, 64,* 485-498.

Wonder, J., & Blake, J. (1992). Creativity east and west: Intuition vs. logic? *Journal of Creative Behavior, 26,* 172-185.

Woodcock, A. E. R., & Davis, M. (1978). *Catastrophe theory.* New York: E. P. Dutton.

Zeeman, E. C. (1977). *Catastrophe theory: Selected papers, 1972-1977.* Reading (MA): Addison-Wesley.

Zeeman, E. C., Hall, C. S. Harrison, P. J. Marriage, G. H., & Shapland, P. H. (1976). A model for institutional disturbances. *British Journal of Mathematical and Statistical Psychology, 29,* 66-80.

Leicht modifizierte Fassung von

Neuere Aspekte in der Kreativitätsforschung.
Psychologie in Erziehung und Unterricht, 40 (1993), 161-181.

Kreativität in der Schule: Vom Störfaktor zum Unterrichtsziel

Kreativität als modisches Motto

"Kreativität" ist ganz allgemein ein modisches Motto, Kreativität ist "in"; das wird z.B. schnell deutlich, wenn man die Werbung genauer betrachtet, die ja immer ein überzeichnetes Spiegelbild dessen bietet, was man, oberflächlich gesehen, gemeinhin Zeitgeist nennt. Dort findet sich "Kreativität" mit seinen verschiedensten Konnotationen als "Inbegriff" des Erstrebenswerten in einem modernen, progressiven oder progressiv gemeinten Sinne, der in der Darstellungsweise bzw. dem Design (der Anzeige z.B.) selber aber nicht immer oder nur selten realisiert wird.

Es dürfte kaum einen anderen Begriff geben, der im täglichen (Verbraucher-)Leben ebenso häufig und vielfarbig schimmernd Verwendung findet wie in den Künsten, in verschiedenen Wissenschaftsdisziplinen, hier insbesondere in der Psychologie und der Pädagogik, in beruflichen Ausbildungsbereichen und im industriellen Management. Natürlich wird der Begriff nicht nur unter einer werbeträchtigen Prämisse und als ein Modernität signalisierendes Etikett benutzt, sondern seiner Verwendung liegen mehr oder weniger gut belegte oder belegbare Annahmen, Erkenntnisse, liegen Zielvorstellungen und Hoffnungen zugrunde.

Die evolutionäre Sicht

Sehr allgemein formuliert hängt nach Kubie jede Aussicht auf eine wirkliche Fortentwicklung der menschlichen Natur davon ab, "ob wir Mittel und Wege zur Bewahrung des Schöpferischen finden" (zitiert nach Köppel, 1988, S. 2). Csikszentmihályi (1990, S. 204) spricht von Kreativität als "einem Spezialfall kultureller Evolution". Ich möchte noch weiter gehen: Aus evolutionärer Sicht ist Kreativität der spezifisch menschliche Beitrag allgemein zur Weiterentwicklung des Planeten Erde mit all seinen materiellen und organismischen Ressourcen und Möglichkeiten und speziell der menschlichen Evolution. Kreativität bewirkt also Evolution und gleichzeitig ist Kreativität die

Des Drudels Kern
oder ungewöhnliche Lösungen
Creativ Backen
Mit Neckermann
und KAISER Backform
originals
KAISER
Backform
Erstklassige Produkteigenschaften –
Das Rezeptbuch "Torte Surprise"
19.95
Creativ Wohnen.
Machen, was man will
und kann.
Die Zukunft gehört der Phantasie.
Ein ausgezeichnetes Design
Ideen Studio
PARADOR
Individualität statt Uniformität. Freiheit für kreative Entfaltung. Das ist ArtMade – das vielseitige und individuelle Möbelsystem mit der Intelligenz im Detail. Zum Aufbauen, Anbauen, Umbauen. ArtMade ist Wohnen mal garantiert nicht „von der Stange". Mehr von ArtMade sehen Sie in unserem PARADOR Ideen-Studio.
CREATIVITÄT
WÄCHST MIT
CHINON.
CHINON
Es lebe
die Flexibilität
179.-
348.- 419.- 328.-
198.-
Kreativität
mit System!
KREATIVITÄT AUF NORDDEUTSCHE ART.
Das Außergewöhnliche von heute ist das Selbstverständliche von morgen, sagt man in Norddeutschland. Um zu neuen Ideen zu kommen, muß man das Alte in Frage stellen, das Überholte von Bewährtem trennen. Auch wir sehen unsere Aufgabe kreativ. Als die Herausforderung, aus Gutem Besseres zu machen und unterschiedlichen Anforderungen individuell zu begegnen.
FANTASY
The world's most intelligent, most creative autofocus SLR.
DAS KREATIVE PLUS DER DYNAX
Unternehmen ihr Vertrauen. Dies brachte uns in die Spitze der Investitionsberater und Investoren. Wir haben schon manchen mutigen Plan verwirklicht – mit Wissen, Finanzkraft, Sicherheit und nicht zuletzt mit Phantasie. Rufen Sie uns an.

höchste Form menschlicher Evolution. Dem Thema angemessen, nämlich in eine Metapher gekleidet, könnte das heißen, dass Kreativität zur gleichen Zeit den Motor und das Benzin des spezifisch menschlichen Teils der Evolution darstellt. Von daher ist aus evolutionärer Sicht Kreativität eine höchst kritische und wertvolle menschliche Ressource. Gleichwohl wird immer stärker offensichtlich, dass nicht alle neuen (kreativen) Ideen und Produkte positiv in einem evolutionären Sinne zu bewerten sind. Moderne Technologien, Naturwissenschaft, Medizin, Biologie z.B. eröffnen ständig neue Entwicklungsrichtungen, die ernsthaft auf ihre Implikationen und Auswirkungen für die Zukunft des einzelnen Menschen als auch für die des gesamten Globus hin überprüft werden müssen. Es ist nicht länger möglich, weder für die angewandten Disziplinen noch für die Grundlagenwissenschaften, sich in dem sogenannten elfenbeinernen Turm zu verkriechen und für einen "wissenschaftlichen Fortschritt" zu arbeiten, ohne über den Mauerrand hinauszusehen, ohne mögliche Konsequenzen und Folgeerscheinungen zu antizipieren, ohne Verantwortlichkeiten anzunehmen. Menschliche und humane Evolution, die nicht auf hohen ethischen Standards und humanistischen Grundlagen aufruht, ist immer in der Gefahr, nicht zu weiterer Evolution, sondern zu DEvolution zu führen - oder, um das Wortspiel in englischer Sprache weiterzuführen, zu DEVILution. Eine kritische Frage und Aufgabe ist es, ob ein Konzept von Kreativität nicht immer auch kritische und humanistische Aspekte beinhalten müsste. Auch die Entwicklung, Einschätzung und Förderung kreativer Potentiale muss solche Überlegungen mit berücksichtigen.

Die anthropologische Sicht

Aus anthropologischer Sichtweise wird im kreativen Schaffen eine der höchsten Formen des Menschseins verwirklicht; um C. W. Taylor (1988, S. 99) zu zitieren, "one of the highest-level performances and accomplishments to which humankind can aspire". Zweck und Ziel menschlicher/humaner Tätigkeit ist es, Bedeutung und Sinn zu finden und zu erkennen, die Welt verstehbar zu machen. Der Mensch hat das Potential, Bedeutung und Sinn zu erkennen, Sinnhaftigkeiten zu entdecken und Einsichten zu haben, die nicht nur an die physische und biologische Natur menschlicher Wesen gebunden sind, sondern sich auf menschliches Denken, Reflektivität, auf Geschichte, Vergangenheit und Zukunft, auf Imagination und Fantasie, auf Zivilisation und Kultur beziehen. Kreativität gibt darüber hinaus die Chance, Sinn zu machen, Sinn und Bedeutung neu zu schaffen. Hier treffen die gleichen ethischen Überlegungen zu, wie sie oben schon geäußert wurden.

Diesem Ansatz steht eine humanistische Sicht nahe, aus der heraus Kreativität die Möglichkeit gibt, sich selber zu entdecken und zu verwirklichen, für Selbstaktualisierung und -Realisierung.

Kreativität -Erziehung -Erziehungswissenschaft

Gegenwärtige Aussagen über die Begründung und Wichtigkeit von Kreativität in und für Erziehung und Schule sind zahllos und vielschichtig. Grob vereinfacht lassen sie sich drei Positionen zuordnen. Die eine hebt vor allem die allgemein gesellschaftliche Relevanz von Kreativität als Innovations- und Fortschrittspotential hervor, eine zweite betont demgegenüber Kreativität und kreatives Handeln als individuelle Kompetenz und als Möglichkeit der Selbstwerdung des einzelnen Individuums. Eine dritte, wohl häufigste Position, die mir aus pädagogischer Sicht am ehesten vertret- und begründbar scheint, verbindet beide, nur scheinbar separaten, widersprüchlichen Standpunkte und mündet vermittelnd in eine sozialisationsorientierte Kreativitätserziehung, die die Dialektik der Beziehungen von Individuum und Gesellschaft oder, anders gesagt, die Einheit der Entwicklung von personaler und sozialer Identität berücksichtigt.

Aus der Vielzahl der Stimmen soll hier stellvertretend Erika Landau wiedergegeben werden, deren Standpunkt vor allem der dritten Position zugeschrieben werden kann.

Landau (1990) konstatiert nach ihren langjährigen Erfahrungen mit Kreativität in Erziehung und Psychotherapie ihre tiefgehende Überzeugung, dass Kreativität die bedeutendste Möglichkeit sei, "jeden Menschen ... auf das Leben vorzubereiten" (S. 9).

In Übereinstimmung mit Carl Rogers (1959), für den kreative Anpassung (adaptation) den einzig möglichen Weg darstellt, mit den kaleidospischen Veränderungen (in) der Welt Schritt zu halten, schreibt sie:

"Eine kreative Lebenseinstellung hilft uns, wechselnde Umstände zu meistern, anstatt zuzulassen, dass sie uns beherrschen. Erziehung zur Kreativität vermittelt die Eigenschaften und Fähigkeiten, die ein Mensch braucht, um sich ungewissen Situationen und Wandlungen aussetzen zu können und sie bewusst zu bewältigen ... Er passt sich nicht nur neuen Gegebenheiten an, sondern ist auch in der Lage, sich bei Planungen und Veränderungen der Umwelt zu engagieren"(S. 9).

Kreativität als die höchste Stufe seelischer Gesundheit, intellektueller und künstlerischer Funktion wie auch jeder zwischenmenschlichen Beziehung ist für sie das Ziel jeder Erziehung. Wie weit das Individuum es aber wagt, seine kreativen Fähigkeiten zu verwirklichen, ist von seiner Umwelt abhängig.

Trotz unterschiedlicher Begriffsinhalte und Bedeutungsnuancen besteht also weitgehende Übereinstimmung dahingehend, dass Kreativität etwas Positives sei, das gefördert werden müsse, das in der Erziehung und nicht zuletzt auch in der Schule berücksichtigt werden solle. Damit wird Kreativität auch zentrales Thema für die Erziehungswissenschaft, denn sie ist eine Wissenschaft von der und für die Erziehung. Sie geht einerseits von der Erziehungswirklichkeit aus, die einen wesentlichen Teil der Lebenswirklichkeit der Menschen darstellt, die historisch angebunden in der Gegenwart für die Zukunft arbeiten. Andererseits und gleichzeitig soll sie auch handlungsorientierende Funktion für die Erziehungswirklichkeit haben

Ich möchte zum Zwecke der weiteren Diskussionsführung Kreativität vorläufig und immer noch recht allgemein als die Fähigkeit zum selbstbestimmten schöpferischen Denken und Handeln beschreiben. In dem Terminus "selbstbestimmt" finden wir einen alten zentralen Begriff der allgemeinen Pädagogik wieder, der auf dem Prinzip der Bildsamkeit des Menschen, häufig verbunden mit der Aufforderung zur Selbsttätigkeit, aufruht. Die allgemeine Erziehungswissenschaft bejaht (wie z. B. bei Benner, 1987) "die Möglichkeit der Menschen, zur Selbstbestimmung zu gelangen", und zwar durch Verneinung der absoluten Determiniertheit durch Anlage oder Umwelt (Schulz, 1990, S. 37).

In der Verbindung mit Phantasie sieht Schmitt (1983) eine schon in den pädagogischen Theorien Rousseaus, der Romantik und der pädagogischen Reformbewegung wiederzufindende anthropologisch-hermeneutische Grundlegung für Kreativitätserziehung. Dort wurde mit theoretischem Anspruch der Gedanke formuliert, "dass der Mensch und gerade auch das Kind über ein Vermögen verfügen, über das historisch-empirisch Gegebene hinaus eine *mögliche* Wirklichkeit seiner selbst zu entwerfen, dass diese eine der Gattung zugehörige Kraft sei (Selbsttätigkeit), die durch historisch institutionelle Bedingungen zwar beschränkt werden könne, auf deren Entfaltung aber es in der Erziehung wesentlich ankomme, und dass diese an die Sinne gebundene, durch die Vernunft in ihrer Richtung zu klärende Kraft einerseits die Eigentümlichkeit (Individualität) des einzelnen ausmache, andererseits dem wissenschaftlichen Verstehen und Erklären Grenzen setze." Danach haben es Kreativität und Phantasie also mit dem "Kernbestand pädagogischer Hermeneutik" zu tun (Schmitt, 1983, S. 481).

Trotz solcher in Erziehungsphilosophien oder Theorien der Pädagogik schon früh vorfindbaren Prinzipien wurden in Erziehungslehren der Schule die Möglichkeit, Fruchtbarkeit und die Notwendigkeit einer Erziehung zum selbständigen Denken und ihre Voraussetzungen lange nicht und nur vereinzelt gesehen. In einer eher fachdidaktischen Sicht nennt Metzger (1978, S. 191) aus dem vorigen Jahrhundert lediglich Rudolph Hildebrand mit dessen Bemerkung, dass der Lehrer des Deutschen nichts lehren solle, was die Schüler selbst aus sich finden könnten, sowie später Johannes Wittmann mit seiner allgemeinen Grundausbildung des lebendigen Denkens, wie er sie in seinem "Plan des ersten Rechenunterrichts" (1929) entwickelt hat.

Aus der ersten Hälfte dieses Jahrhunderts sind Ansätze zu nennen bei Maria Montessori und vor allem in der Reformpädagogik. Dort z. B. durch "Verlagerung der Lehrerautorität vom persönlichen Machtanspruch auf die sachliche Kompetenz, Spielraum für individuelle Leistungen, Beteiligung des Schülers an der Unterrichtsplanung, Kooperation in Arbeitsgruppen, 'entdeckende' Unterrichtsverfahren, ... Berücksichtigung emotionaler Momente, Erhöhung der Ausdrucksfähigkeit und die Einsicht, dass das Sozialklima ein Methodenfaktor ist" (Flechsig, 1978, S. 203).

Allerdings weist Flechsig (1978) auf die Tendenz der Reformpädagogik hin, den intellektuellen und sozialen Bereich vom Risiko der Kreativität freizuhalten und die Entfaltung der schöpferischen Kräfte ins Getto der Musischen Bildung abzudrängen oder sie im Arbeitsgedanken der Arbeitsschulbewegung einzufangen und so zu neutralisieren.

Bis in die 60er Jahre führte dann die Idee des schöpferischen Denkens und die Erziehung zur Kreativität zumindest im deutschsprachigen Raum ein Schattendasein, wenn man von eher psychologischen, vor allem gestaltpsychologischen oder psychologisch orientierten Arbeiten absieht, wie die von Wertheimer (1929, Über Schlussprozesse im produktiven Denken; 1945, Productive Thinking; 1964 dt., Produktives Denken), Duncker (1935, Zur Psychologie des Produktiven Denkens; 1963, Neudruck), Metzgers "Grundlagen der Erziehung zu schöpferischer Freiheit" (1949) oder Süllwold (1960, Bedingungen und Gesetzlichkeiten des Problemlösungsverhaltens).

Anhand der von den verschiedenen Kreativitätsforschern hervorgehobenen Merkmale einer kreativen Persönlichkeit lassen sich im Kontext erziehungswissenschaftlicher Theorie Erziehungszielvorstellungen ableiten, die die Notwendigkeit einer Kreativitätserziehung deutlich machen. Solche Merkmale sind (vgl. auch Ulmann, 1968, 42ff; Mühle, 1980; Urban, 1991a) z. B. die Offenheit in der Wahrnehmung und für neue Erfahrungen und die Spielfreude bzw. das Neugierverhalten, die Vorliebe für Neues, Spontaneität und Risikobereitschaft, die Freude an (kognitiver) Komplexität, die Bereitschaft zur aktiven Auseinandersetzung mit der Umwelt, psychische Gesundheit, emotionale Stabilität und Ichstärke, der Antrieb zu expressiver Selbstaktualisierung, hohes Maß an Ambiguitätstoleranz sowie die Toleranz für Frustrationen und Konflikte sowie deren Aufarbeitung, die schwächere Ausbildung von Stereotypen und dominierenden Gewohnheiten, Nonkonformismus. Allerdings darf keines dieser Merkmale alleine bestehen, gesehen oder verabsolutiert werden. Zum

Beispiel, nur weil jemand etwas anders macht, als es üblich ist, muss es sich nicht schon um kreatives Handeln handeln. Es geht auch darum, ob und dass die Lösung dem Problem entspricht, dass sie angemessen, sinnvoll, brauchbar, befriedigend ist. Besonders hohe schöpferische Potentiale sind essentielle Merkmale für Hochbegabung, gleichzeitig ist ihre allgemeine, individuelle Entwicklung ein zentrales Ziel von Schul- und Persönlichkeitsbildung generell.

Wenn Kreativität als globales Erziehungsziel auf der einen Seite kaum umstritten scheint und auch in kaum einer Richt- oder Leitlinie für Schule und Unterricht fehlt, ist es auf der anderen Seite zumindest verwunderlich, wenn gleichzeitig geklagt wird, dass dieses Ziel in den Schulen nicht oder kaum angemessen umgesetzt und erreicht werde. Die möglichen Gründe dafür dürften auf allen Ebenen, von der gesamtgesellschaftlichen über jene Ebenen unterschiedlich komplexer sozialer Subsysteme bis zur individuellen Interaktionsebene, zu suchen seien. Ein übergreifender Gesichtspunkt scheint dabei zu sein, dass Kreativität per se das Fragen-stellen, das Infrage-stellen von eingefahrenen Denkweisen und festgefügten oder erstarrten Strukturen beinhaltet. Picasso soll gesagt haben, dass jeder schöpferische Akt mit einem Akt der Zerstörung beginnt. Kreativität hat sozusagen einen "eingebauten Störfaktor", etwas zu "zer-stören" ist also wesentliches Kriterium schöpferischen Verhaltens, zumindest in einer Anfangsphase und schließlich möglicherweise auch durch das entstandene Produkt, das z.B. alte, eingefahrene Sichtweisen "verstört". Das kann sowohl auf der individuellen als auch auf der sozialen und gesellschaftlich-systemischen Ebene Verunsicherung bedeuten, bei einzelnen zu Gefühlen der Gefährdung und Angst und so zur Verhinderung und Abwehr von kreativen und innovativen Impulsen führen; dies gilt für einzelne Individuen ebenso wie für Gruppen, Institutionen und Systeme. Die Angst des Lehrers vor dem hochbegabten, dem hochkreativen Schüler ist von daher verstehbar.

Eine typische Situation, in der kreatives Denken eines Schülers einen Störfaktor darstellt, erzählt die bekannte Geschichte von dem kleinen Gauß, der später der große Mathematiker wurde. Um seine Schüler eine ganze Weile zu beschäftigen, gab der Lehrer ihnen die Aufgabe, alle Zahlen von 1 bis 100 zu addieren. Womit er nicht "gerechnet" hatte, war, dass der kleine Gauß schon in kürzester Zeit damit fertig war. Denn dieser hatte schnell die Kurzformel erfunden:

$$(100+1)+(99+2)+(98+3)+ \dots +(51+50) = 101 \times 50 = 5050.$$

Andere Gründe für die mangelnde Realisierung und Konzeptualisierung kreativer Ansätze in der Schule mögen einerseits in dem mangelnden Bewusstsein und einer unzureichenden Ausbildung und Anleitung der Lehrer liegen und andererseits in der Vagheit und abstrakten Allgemeinheit des Begriffes, in der Vielfalt theoretischer Erklärungskonzepte sowie in einer entsprechenden, empirisch noch unzureichend geklärten Befundlage zu suchen sein.

Woher kommt der Begriff Kreativität?

Die Terminus "Kreativität" ist keineswegs neu, vor allem wenn man die Herkunft des Wortes betrachtet, die sich vom lateinischen "creare" gleich "schaffen, erschaffen" herleitet. Teilweise synonym verwandte Begriffe wie "Schöpfertum" oder "schöpferisches" Denken und Handeln, Phantasie, Originalität, Spontaneität usw. waren in der deutschen Sprache, auch in der pädagogischen und psychologischen Sprache, schon lange beheimatet. Der neuere Begriff "Kreativität" ist eine Übertragung des englischen "creativity", den J. P. Guilford (1950) eingeführt hat. Er kennzeichnete damit den übergreifenden Bereich einer Reihe damals neuerer Denkströmungen und Forschungsarbeiten aus verschiedenen Bereichen. Diese ergaben sich insbesondere aus der Unzufriedenheit mit Ergebnissen der Intelligenzforschung und aus der Kritik an der Brauchbarkeit von Intelligenztests inbezug auf neue Bedürfnisse in der Auswahl fähigen Personals und bei Entwicklungen in Industrie und Technik. Die moderne Kreativitätsforschung sensu Guilford und anderer entstand also aus einem aktuellen gesellschaftlichen und ökonomischen Interesse heraus, das sich kristallisierte in dem zunehmenden Bedarf an hoch qualifizierten schöpferischen Menschen für eine progressive Weiterentwicklung in verschiedenen Bereichen, wie z.B. Technologie (nicht zuletzt im militärischen Bereich!). Anhand herkömmlicher Ausleseverfahren, die vor allem aus traditionellen Intelligenztests bestanden, konnte diesem Bedarf nicht hinreichend und zufriedenstellend entsprochen werden.

Das ist inzwischen über fünfzig Jahre her; dennoch kann man auch heute noch den starken Einfluss der Guilford'schen Ideen auf die Kreativitätsforschung, insbesondere die Kreativitätstestforschung, feststellen, die in seiner Nachfolge sehr stark kognitiv orientiert war. Ich erinnere nur an die auf ihn zurückgehende Unterscheidung von konvergentem und divergentem Denken, die neben ihren nützlichen und fruchtbaren Auswirkungen in der Folge aber auch durch die Gleichsetzung von divergentem Denken mit Kreativität zu erheblichen Einschnürungen und Kurzschlüssigkeiten für ein Kreativitätskonzept geführt hat.

Unterschiedliche Kreativitätskonzepte

Wer die Literatur zur Kreativität *durch*schaut - wenn er sie vielleicht auch nicht durch*schaut* –, wird nicht reden können über *die* Kreativität, allenfalls über verschiedene Konzeptionen oder aber über *eine bestimmte* Konzeption von Kreativität. Eine mehr kognitions- oder aber mehr persönlichkeitsorientierte Konzeption, eine assoziationstheoretische oder eine psychoanalytische Sicht, unter existenzphilosophischer oder humanistischer Sicht, übertragungstheoretisch oder gestaltpsychologisch, chaostheoretisch oder quantenphysikalisch bestimmt usw. Um die je so unterschiedlichen Sichtweisen und Beschreibungskategorien desselben "Gegenstandes" zu illustrieren, sei, wenn auch kein streng wissenschaftliches, so doch ein schöpferisches Produkt wiederzugeben erlaubt. Es handelt sich um eine, (fast) beliebig fortsetzbare Reihe jeweils unterschiedlicher, kreativer Umstrukturierungen der Buchstabenfolge "K R E A T I V I T Ä T". Jedes Anagramm dieser Buchstabenfolge, dieses Wortes für den immer gemeinten "gleichen" Terminus soll für eine Konzeption stehen.

KREATIVITÄT
KRÄTATIVITE
KATERIVITÄT
RÄTEVATITIK
TITIKAVÄTER
VATÄTERIKIT
ETIKVIRTATÄ
RATETIKVITÄ
TÄTERKIVATI
KIVITÄTERAT
ÄTAKRETIVIT
KREATIVITÄT

Die Anagramme spiegeln die Diffusität der Konzepte; immer dieselben Zeichen, in immer neuen Kombinationen, die jeweils neue, ganz unterschiedliche Assoziationen erlauben, die aber immer für denselben Denk-Gegenstand stehen.

Ausubel (1968) hat auch heute noch recht, wenn er Kreativität für einen der "verwirrendsten und mehrdeutigsten Begriffe der ... Psychologie und Pädagogik" (S. 551; zit. nach Seiffge-Krenke, 1974, S. 12) hält. Zu dem Begriffswirrwarr im wissenschaftlichen Bereich kommen die vielen Bedeutungsnuancen, die der auch in der Alltagssprache gern gebrauchte (und missbrauchte) Begriff Kreativität hat.

Als allgemeine Grundlegung für die weiteren Ausführungen, auch in den folgenden Artikeln gelten die ausführliche Definition sowie das Komponentenmodell der Kreativität, wie sie im vorigen Beitrag dargestellt worden sind. Dabei soll noch einmal auf die Wichtigkeit der drei Bezugsebenen für die Komponenten und ihr Funktionieren hingewiesen werden, nämlich auf das einzelne Individuum bezogen, gruppenbezogen oder in gesellschaftlich-historischer Dimension. Dies wiederum ist in dreierlei Hinsicht wichtig, nämlich einmal für die Entwicklung, denn die Entwicklung von Kreativität findet in enger Abhängigkeit von den Wirkvariablen der engeren und weiteren Umwelt statt. Wenn wir von kindlicher Kreativität sprechen, kann dies in Bezug auf das für Kreativität wesentliche Kriterium der Neuheit nur unter Bezug auf die individuelle Referenzebene geschehen.

Weiterhin sind die drei erwähnten Bezugsdimensionen wichtig und notwendig, um die jeweilige kreative Qualität des Produkts und seiner Implikationen für den jeweiligen ökologischen Rahmenbereich einzuschätzen; und zum dritten stellen sie den Bedingungs- und Wirkrahmen dar, innerhalb dessen sich der jeweilige aktuelle kreative Schaffensprozess abspielt.

Bedeutung und Aufgabe der Schule

Um die in jedem normalen Kind vorhandenen kreativen Wurzeln zu entwickeln und die Kreativität weiterhin zu fördern, müssen nicht nur Eltern und Familie, Kindergarten und Schule für eine zumindest nicht hemmende, besser aber für eine anregende und angereicherte Umwelt sorgen (Hogan, 1988). Auch auf einem Mezzo- und Makro-Level sollten Systeme bzw. die Gesellschaft als Ganze "kreativogen" ("creativogenic") wirken, wie Stein (1988) es genannt hat. Um dies am Beispiel konkreter zu fassen, will ich nur zwei sehr verschiedene hemmende Bedingungen illustrieren bzw. nennen; eine auf einem Mikro-Level alltäglicher Interaktion, exemplifiziert an der simplen Fragereaktion einer Mutter:

Ein Kind fragt seine Mutter: "Was für ein Tag ist heute?" Die Mutter sagt: "Heute ist Mittwoch." "Was wäre, wenn Donnerstag wäre?", fragt das Kind; und die Mutter sagt: "Frag nicht so saudumm." (Bichsel, 1985; zitiert nach Aissen-Crewett, 1988, S. 73).

Eine andere hemmende Bedingung findet sich auf einem übergreifenden Systemlevel, wenn das schulische Lernen, Denken und Handeln der Kinder in einen 45-Minuten-Takt eingezwängt ist und kreative Freiräume nicht einmal in der Pause auf dem Schulhof, auf dem rigide Verhaltensvorschriften gelten, zugelassen sind.

Neil Postman hat einmal gesagt:"Kinder kommen zum ersten Schultag als Fragezeichen - und verlassen die Schule als Punkt." Die Schule, zunächst insbesondere die Grundschule, hat die große Chance, diese großen Fragezeichen, die kreativen Potentiale, die kreativen Dispositionen der Kinder anzunehmen, aufzunehmen, auf ihnen aufzubauen, sie zu fordern, zu erweitern, so dass die kreativen Voraussetzungen des jungen Kindes in einem kontinuierlichen kreativen Lernprozess weitergeführt werden, der in intra-individuell befriedigenden, möglicherweise auch interindividuell bemerkenswerten kreativen Ergebnissen mündet.

Die Schule hat damit aber auch die große Verantwortung, diese Lernbereitschaft und eine mögliche kreative Weiterentwicklung nicht zu verhindern, sondern alle möglichen und notwendigen Voraussetzungen für kreative Lern- und Erfahrungsmöglichkeiten zu schaffen, die dann auch später nach dem Übergang in andere Schulformen, die sehr viel stärker abstraktes und formallogisches Denken und Lernen fordern, entdeckendes, forschendes, intrinsisch motiviertes, kreativ-produktives Lernen, Denken und Handeln weiterhin möglich machen.

In der Literatur wird allerdings sehr häufig hervorgehoben, dass Autoritäten sowie Bedingungen und Instanzen im Sozialisationsprozess eher behindernd als fördernd wirken und die Kinder davon abhalten, kreativ zu sein oder zu werden. Die "Kanalisierung des Lernens in der Schule bremst das Explorationsverhalten" (Einsiedler, 1979, S. 157). Cropley (1983) behauptet sogar, dass Sozialisationsinstanzen per se kreativitätsbehindernde Faktoren darstellen. Auf jeden Fall aber ist die Entwicklung der angelegten kreativen Wurzeln in Richtung auf kreatives Denken und Handeln in hohem Maße abhängig von Bedingungen der Umwelt, einschließlich der erzieherischen Institutionen und deren Wirkungen.

In einem folgenden Beitrag über die Entwicklung von Kreativität wird am Beispiel von Untersuchungen von Torrance und Urban gezeigt, dass eine solche Entwicklung in quantitativer und qualitativer Hinsicht nicht geradlinig verläuft, sondern in Abhängigkeit von Umweltvariablen, insbesondere im Zusammenhang mit dem Einfluss der Schule, auch mit Rückschritten bzw. Stufen gerechnet werden muss.

Auf jeden Fall sollten sowohl die angedeuteten Ergebnisse als auch die in der Literatur zu findenden Überlegungen, Besorgnisse und Warnungen aufmerksam machen und anregen, über die wesentliche Rolle der Schule, angesichts dieser Daten insbesondere der Grundschule, für die Entwicklung der Kreativität und damit für die Entwicklung einer schöpferischen, einer selbsttätigen, selbständigen, selbstbestimmten und selbstverantwortlichen (Schulz, 1990) Gesamtpersönlichkeit nachzudenken.

Kreativität in verschiedenen Konzepten von Unterricht

In diesem Zusammenhang scheint es auch wichtig zu fragen, wie es um den Stellenwert von Kreativität in verschiedenen Konzepten von Unterricht und

Schule steht, inwieweit sie kreatives Lernen oder kreativitätsfördernde Lernmöglichkeiten und -bedingungen zulassen, erfordern, fördern oder aber eher hemmen oder verhindern können. Dafür möchte ich den Versuch machen, eine kurze Reihe unterschiedlicher oder unterschiedlich benannter Konzeptionen von Schule bzw. Unterricht, die in dieser Reihe auch in der jüngeren Grundschulgeschichte der BRD wesentlich waren/sind, darauf hin befragen, inwieweit sie kreatives Lernen oder kreativitätsfördernde Lernmöglichkeiten und -bedingungen zulassen, erfordern, fördern oder aber eher hemmen oder verhindern können.

Dass eine bestimmte Methode oder ein bestimmtes Konzept im Hinterkopf nicht automatisch zu einer entsprechend realisierten pädagogischen Praxis führt, die ja von viel mehr als nur einem theoretischen Konzept abhängt, ist klar. Ein schlechter Lehrer kann das beste Konzept - und (fast) umgekehrt ... Ich muss also notgedrungen verkürzen, typisieren, vereinfachen, schablonisieren, kann den einzelnen Konzepten kaum angemessen gerecht werden. Sie werden sich zum Teil überlappen, ergänzen; nicht zuletzt deshalb, weil sie auch auf einem teilweise unterschiedlichen Verallgemeinerungsniveau angesiedelt sind.

1. Ich beginne mit einer Sicht von Schule, wie sie unten in einigen Sentenzen wiedergegeben ist. Diese sind noch gar nicht so sehr alt und stammen, man mag es heute schon kaum mehr glauben, aus den Ausführungen des Deutschen Ausschusses für das Erziehungs- und Bildungswesen aus den Jahren 1959 und 1962.

   Die Grundschule als der "Schulbereich der ruhig reifenden Kindheit" hat die Aufgabe, den Kindern "einen umhegten Raum zu schaffen, in dem sie in Frieden gedeihen können". Sie hat den der "kindlichen Entwicklung entspringenden Kräften Gelegenheit zur Betätigung und Entfaltung zu geben, zugleich aber für Ruhe und Entspannung zu sorgen, in deren Schutz Kinder dieser Altersstufe das Neue, das sich ihnen erschließt, verarbeiten und in ihren oft gegeneinander laufenden Bestrebungen einen ruhigen Ausgleich finden können" (zitiert nach Neuhaus, 1977, S. 40).

   Von den vorhin gemachten Ausführungen zur (kreativen) Entwicklung des Kindes, das sich eigenaktiv Welt in der handelnden Auseinandersetzung aneignet, ist hier nichts wieder zu finden; das Kind wird gesehen als ein mehr oder weniger passives, sich determiniert entfaltendes Wesen, das in einem Schonraum heranreift; aus ihm sind mögliche, Fragen und Probleme provozierende Widersprüchlichkeiten aus der Realität und den Interessen des Kindes ausgeschlossen. Damit bleiben auch wesentliche Komponenten und Möglichkeiten kreativen Lernens ausgeschlossen.

Zwar beleuchtete der auf diesem Schulkonzept aufbauende sog. Gesamtunterricht ein bestimmtes, vom Lehrer bestimmtes Thema eben nicht nur von einer Seite und nur auf eine bestimmte Art, was möglicherweise hilfreich für den Aufbau und die Verwendung unterschiedlicher Perspektiven, Sichtweisen sein könnte, zugleich aber geschah dies nur blitzlichtartig, was kaum eine tiefere Durchdringung des Gegenstandes ermöglichte, und ließ, oft vom Zufall bestimmt bzw. in Form einer nach Mücke (1979) willkürlich dramatisierten und zur Darstellung gebrachten didaktischen "Aufführung", wenig echte Motivation, Fokussierung und sachstrukturell angemessene kognitive Vernetzung zu.

2. Wissenschafts- und lernzielorientierter Unterricht. Die Reform der Grundschule Ende der sechziger Jahre ist, was die ursprünglich vom Bildungsrat angestrebten Ziele und Methoden betrifft, sicher nur unzureichend mit "wissenschafts-" und "lernzielorientiert" beschrieben; missverständliche Auslegungen und unzureichende Umsetzungen aber haben in der Praxis zu solcher Art etikettierbaren Verkürzungen geführt (Neuhaus-Siemon, 1989). Didaktische Elementarisierung und Aufgliederung in kleine Lernschritte, die fremdbestimmt und gelenkt möglicherweise fachwissenschaftlich und sachstrukturell, nicht aber individuell entwicklungs- oder lernstrukturell aufbereitet sind, verhindern selbständiges und schöpferisches Denken und die Erkennbarkeit einer Gesamtstruktur. Die scheinbar exakte Definierbarkeit von Lehr- und Lernprozessen lassen "die funktionalen Erziehungswirkungen" und den "Charakter der Schule als soziale Lebensform" aus dem Blick geraten; während konvergente Denkformen und sachspezifische Inhalte trainiert werden, fehlt die notwendige direkte Betroffenheit und die eigenbestimmte Tätigkeit in der sozialen Eingebundenheit, die gesamtpersönliches Lernen ausmachen.
3. Mit teilweisem Rückbezug auf reformpädagogische Bemühungen besann man sich nach der z.T. falsch verstandenen Wissenschaftsorientierung, die Inhalte und Methoden bestimmte, wieder stärker auf die erzieherische Aufgabe der Grundschule, ohne erneut einseitig zu polarisieren, orientierte sich stärker an der Selbsttätigkeit des Kindes und seiner ganzpersonalen Entwicklung in unserer sich stark verändernden Welt, mit Betonung der sozial-kooperativen Tätigkeit. Wesentliche Schlüsselworte wurden Öffnung der Schule, offene Unterrichts- und Lernformen, freie Arbeit, entdeckendes Lernen, projektorientiertes Lernen. Solche offeneren, gleichwohl nicht beliebigen Lernformen können, auf Kreativität bezogen, bedeuten (vgl. auch Gerr, 1989):
   - Sinn-volle Erweiterung des Wahrnehmungshorizontes der Kinder,
   - Schaffung frei(heitlich)er Arbeitsbedingungen und -abläufe, die ein ho-

hes Maß an Eigeninitiative, Spontaneität und ein Experimentieren erlauben, das keine Sanktionen aufgrund von falschen Lösungen oder von Fehlern zu fürchten hat,
- Ermunterung zu und Akzeptierung von nonkonformistischem Verhalten und der Umsetzung origineller Ideen,
- Bereitstellung anregungsreicher Lernmaterialien,
- Schaffung organisatorischer Strukturbedingungen, die nach vielen Seiten offene Rollengefüge, Themen, Probleme, Arbeitsteilungen ermöglichen (Floßdorf, 1981),
- Unterstützung und Verstärkung von Frage- und Explorationsverhalten und des problemlösenden Denkens,
- durch Ermöglichung selbstbestimmten und -(mit)verantworteten Handelns entwickelt sich die notwendige Identifikation des Kindes mit den schulischen (Lern-)Aktivitäten, dadurch Aufbau eines Selbstwertgefühls und positiven Selbstkonzepts,
- durch Erkennung und Eigenbewertung von persönlichem Fortschritt wachsende Lernautonomie,
- Erleben von sozialer Kreativität und des "kreativen Plus" (Süllwold & Schaller, 1977, S. 190) in Gruppeninteraktionen und durch gemeinsame Projekte mit selbst gewählten Partnern,
- Reduzierung des Leistungsdrucks und Vermeidung von negativem Stress durch spielerische Lernformen,
- Schaffung einer angstfreien Atmosphäre ohne Zeitdruck,
- Gewährung psych(olog)ischer Sicherheit und Freiheit,
- Förderung von Sensibilität, Flexibilität und von divergentem Denken.

Insofern scheint insbesondere das Konzept eines geöffneten/offenen Unterrichts, wie es schon häufiger in der Grundschule vorzufinden ist, eine ganze Reihe kreativitätsfördernder Aspekte zu "eröffnen" (im wahrsten Sinne des Wortes).

Kreativität als Lernziel in Grundschulrichtlinien

Ob Kreativität und ihre Rolle in dieser Hinsicht allerdings so auch von Richtlinienrichtern und Grundschulbildungspolitikern wahrgenommen und gewürdigt wird, ist nicht immer deutlich aus den entsprechenden Ausführungen herauszulesen. Zwar fehlt das Wort Kreativität oder kreativ fast nie, seine wirkliche Bedeutung aber bzw. sein Stellenwert wird letztlich bestimmt vom Kontext. Das ist im Rahmen dieses Beitrags nicht im Detail zu analysieren und zu schaffen; ich weise darauf hin. Gleichwohl möchte ich exemplarisch aus den Rahmenrichtlinien für die Grundschule des Landes Niedersachsen (1975; im folgenden RGN abgekürzt) zitieren:

"Die Grundschule zeigt dem Schüler ... Wege auf, die ... ihm Kreativität und Spontaneität ermöglichen.

... Lernziele, Inhalte, Sozialformen und Lernverfahren, die darauf gerichtet sind, Selbstvertrauen, Lernfreude und Kreativität zu stärken ... " (RGN, S. 10).

Bei den *Sozialformen des Lernens* heißt es zum Spiel, das im Elementarbereich und in den vorschulischen Einrichtungen von zentraler Bedeutung sei: "Im Spiel erhält der Schüler im besonderen Maße Gelegenheit, seine Phantasie und Kreativität zu entfalten ... " (RGN, S. 16). In den Stundentafeln taucht Spiel erwartungsgemäß gar nicht auf, "freie Arbeit/AG" für die 1. Klasse ebenfalls nicht, für die weiteren Jahrgänge mit einer Wochenstunde.

Zusammen mit anderen Fächern soll der *Mathematikunterricht* "Phantasie und Kreativität des Schülers fördern", er "eröffnet einen weiten Bereich, in dem der Schüler im Umgang mit Zahlen und Figuren schöpferisch und entdeckend tätig werden kann" (RGN-Mathematik, S. 4).

Für *Deutsch* findet sich als zentrale Aufgabe "die Förderung sprachlicher Kreativität" (RGN-Deutsch, S. 3), sowie der Hinweis, "Kreativität und Kommunikationsfähigkeit werden angeregt, wenn alle Schüler vielfältige Gelegenheit erhalten, sich im Spiel zu äußern" (S. 6).

Der *Sachunterricht* "soll entdeckendes Lernen ermöglichen"; dessen Phasen und Verfahren fordern "die Produktivität und Kreativität der Schüler heraus" und fördern sie (RGN-Sachunterricht, S. 5).

Die vielfältigen Methoden im *ev. Religionsunterricht* "sollen die visuellen, affektiven, kognitiven und kreativen Fähigkeiten des Schülers fördern" (RGN-Religion, S. 7). Vor allem durch nicht-sprachliche Kommunikationsformen fördert der kath. "Religionsunterricht die Phantasie und Kreativität des Grundschülers, der offen ist für neue Erfahrungen und Lösungswege" (S. 44).

Im Fach *Musik* taucht der Begriff Kreativität nicht auf, dafür ist die Rede von Gestaltung, Experimentieren, Produktion, Improvisation usw. Für den *Kunstunterricht* wird nur in einem der vier Lernfelder, nämlich "Herstellen und Gestalten" erwähnt, dass Schüler "das experimentierende und probierende Umgehen mit Materialien, ... technischen Verfahrensweisen ... lernen und als eine Möglichkeit kreativen Arbeitens nutzen", sowie erfahren sollen, "dass 'falsche Lösungen' und Zerstörung eigener Werke zu neuen Einfällen führen können, und lernen, sie als Grundlage für ein kreatives Handeln aufzunehmen" (RGN-Kunstunterricht, S. 8). Außerdem gibt es noch das "kreative Erkunden" von Ausstellungen unter bestimmten Gesichtspunkten (S. 16).

In der *Textilarbeit* fördern "Herstellung und Gestaltung von Textilien durch eigenes handwerklich-praktisches Tun" Kreativität (RGN-Textilarbeit, S. 5).

In den "Leitlinien für die Arbeit in der Grundschule" (1984) des Landes Rheinland-Pfalz (LAGRP) heißt es unter den Aufgaben der Grundschule u. a., dass sie "die sozialen, kognitiven, emotionalen, kreativen und motorischen Fähigkeiten zu erweitern" habe (LAGRP, S. 5). Im Abschnitt über Grundschule als Lernstätte ist zu lesen: "Das spielende Lernen fördert beim Grundschulkind in besonderem Maße Spontaneität, Phantasie und Selbständigkeit ... " (S. 9). Des weiteren taucht Kreativität nicht mehr auf, außer in einer Fußnote unter der Stundentafel für die erste Klassenstufe, die das Verständnis bzw. den eigentlichen Stellenwert von Kreativität möglicherweise ungewollt oder fälschlich zu erhellen vermag: "Der Erstunterricht im Lesen, Schreiben und Rechnen bildet zusammen mit der Förderung der *musisch-kreativen* Kräfte den Schwerpunkt des Unterrichts" (S. 22; Hervorhebung von mir).

Zur Rolle des Lehrers

Es kann nun keinesfalls darum gehen zu fordern, ein jeder Lehrer müsse selber vor Kreativität überschäumen. Auch wenn zu wünschen wäre, dass jede Lehrperson in irgendeinem Bereich einmal etwas überindividuell Neues, Kreatives geschaffen haben sollte - schon aus Gründen der Selbsterfahrung des Schöpferischen –, geht es vor allem zunächst darum, kreatives Verhalten weder bewusst noch unbewusst auf Dauer zu hemmen oder zu verhindern. So können sogar ansonsten vernünftige Gedanken und Anweisungen, wenn sie nur stereotyp und das Gesamtdenken bestimmend angewandt werden, als geistige Sperren wirken und kreatives Denken verhindern, wie z.B.:

"Suche die richtige Antwort!"
"Arbeite Schritt für Schritt!"
"Das ist doch nicht logisch!"
"Folge den Regeln!"
"Sei praktisch!"
"Spiele nicht rum!"
"Schuster, bleib bei deinen Leisten!"
"Drücke dich klar aus!"
"Sei kein Narr!"
"Irren ist falsch!"
"Ich bin kein Picasso (Einstein usw.)!" (nach v. Oech, 1992)

Um dies noch einmal mit einem Zitat von E. Chartier, einem französischen Philosophen, zu verdeutlichen: "Nichts ist gefährlicher als eine Idee - wenn sie die einzige ist, die Sie haben."

Im nächsten Schritt geht es darum, kreatives Verhalten zu erkennen, zuzulassen und zu akzeptieren. Und drittens geht es darum, dazu beizutragen, ein kreativitätsförderndes Klima zu entwickeln, das Anregen von schöpferischem

Denken und Handeln zu einem durchgängigen Prinzip des Lehrerverhaltens zu machen und im Unterricht zu realisieren, und schließlich geeignete Gegenstände und Anlässe auszuwählen und vorzubereiten, die kreatives Denken und Handeln fordern und fördern. Dabei gibt es grundsätzlich keinerlei Beschränkung, was den Tätigkeitsbereich bzw. das Unterrichtsfach betrifft; leider werden solcherart Bemühungen oft vorschnell in die sog. musischen Fächer abgeschoben.

25 allgemeine Anregungen zur Kreativitätsförderung

1. *Schaffen Sie eine schöpferische Gruppenatmosphäre, in der angstfrei und ohne Furcht vor Sanktionen geredet, gedacht, gearbeitet werden kann.*
   Verabreden Sie z.B. die Regeln des "Brainstorming" und oder starten Sie mit einem Spiel zum divergenten Denken. Unmittelbare Leistungsbeurteilung ist ausgesetzt, ebenso Zeit- und Leistungsdruck. Der Lehrer ist nicht länger Beurteiler, Zensor, Instanz, sondern Person, Partner, Berater, Anreger, Experte.
2. *Vermeiden Sie Gruppendruck und Konkurrenzneid, sondern ermöglichen Sie ein sozial-kooperatives Klima und einen "Miteinander-Wettbewerb".*
   Gruppendruck bedeutet immer Nivellierung und Gleichschaltung, verhindert innovatives Denken und Handeln; gemeinsam erarbeitete und bestimmte Ziele ermöglichen die persönliche Involvierung, vor allem wenn grundlegend akzeptiert ist, dass jeder auf seine Art einzigartig ist.
   Konkurrenzneid bindet Energie und positive Arbeitsspannung.
3. *Versuchen Sie, Sanktionen von Seiten der Kameraden zu verhindern oder zu vermeiden.*
   Neuen Ideen haftet im ersten Moment der Äußerung/Kommunikation oft (noch) etwas "Merkwürdiges/Verrücktes" an, das (vor)schnell der Lächerlichkeit preisgegeben ist. Ein jeder hat das Recht, mit seinen Ideen und Gedanken ernst genommen zu werden.
4. *Sorgen Sie für einen angemessenen Wechsel von aktiven und ruhigen, Muße ermöglichenden Perioden.*
   Lesgold (1988) hat am Beispiel Einsteins die Notwendigkeit von "fokussierten" und "defokussierenden" Phasen gezeigt. Auch eine positive Arbeitsspannung (Eu-Stress) kann nur über einen bestimmten Zeitraum hin aufrechterhalten werden. Allerdings sind die Rhythmen individuell sehr verschieden; deshalb sind verordnete Pausen, vor allem noch im Zeittakt, kaum förderlich.
5. *Zeigen Sie (Wertschätzung für) Humor.*
   Viele Literaturstellen sprechen von einer engen Beziehung zwischen Humor und Kreativität. Im Humor hat man gleichzeitig Abstand und Nähe zu

einem Gegenstand, man ist in der Lage zu mehrperspektivischer Betrachtung unter Beteiligung einer emotionalen Komponente.

6. *Regen Sie an und unterstützen Sie freies Spiel und das Manipulieren von Objekten und Ideen (z.B. "Was wäre, wenn... ?").*
   Fördern Sie das Finden und die Verwendung von Analogien und Metaphern. Die Frage "Was wäre, wenn ... ?" oder "Was wäre gewesen, wenn... ?" ermöglicht freies, gleichwohl sachbezogenes Phantasieren, weckt und erhält Neugier. Andere Techniken sind minimieren, maximieren, ins Gegenteil verkehren, reformulieren, auseinander nehmen und neu kombinieren usw.
7. *Unterstützen Sie selbst-initiiertes Fragen und Lernen.*
   Eine Frage ist in aller Regel kein Störversuch, sondern individuelles Bemühen um Sinn- und Wahrheitsfindung. Kreativitätshemmende Reaktionen wären hier z.B. "Das gehört nicht hierher!" oder "Das lernen wir erst später."; mögliche Reaktion wäre z.B. "Warum glaubst Du, dass Deine Frage jetzt wichtig ist?".
8. *Schaffen bzw. provozieren Sie schöpferisches Handeln und Denken anregende oder erfordernde Situationen.*
   Setzen Sie Rollenspiele und Simulationen ein; geben Sie eine bestimmte Situation(skonstellation) vor - und dann? Oder geben Sie das "Ende"/Ergebnis und fragen nach dem Weg (z.B. "vier" oder "drei rosarote Stuhlbeine" oder...) dorthin.
9. *Seien Sie zurückhaltend mit (vor)schneller Verstärkung von bestimmten (rigiden) Verhaltens- oder Lösungsmustern.*
10. *Geben Sie ein Beispiel für, unterstützen Sie das Hinterfragen von Regeln oder scheinbar unumstößlichen Gegebenheiten.*
    Geben Sie die Aufgabe, Beispiele oder Situationen zu (er)finden, bei denen eine bestimmte Regel nicht passt/zutrifft; das können Sprachregeln, Kommunikationsregeln, Verkehrsregeln usw. sein.
11. *Verwenden Sie Suggestivfragen und Fragen, die auf eine bloße "Ja/Nein"-Antwort hinauslaufen, so wenig wie möglich.*
12. *Formulieren Sie anstelle von Fragen Aussagen, die Fragen von Seiten der Schüler anregen oder provozieren.*
13. *Geben Sie nicht vorschnell Lösungswege vor, sondern schrittweise Informationen und Hinweise, die zum selbständigen Weiterdenken anregen.*
14. *Lassen Sie auch Fehler und Irrwege zu (soweit sie dem Kind selbst oder anderen physisch und psychisch nicht schaden).*
    Aus Fehlern kann man lernen, weil sie eigenständige Schritte auf dem Lösungsweg darstellen
15. *Sehen Sie in Fehlern das Bemühen um eigenständige Lösungen.*

Auch falsche Lösungen sind - wenn Sie nicht bloß geraten sind - das Ergebnis einer falschen oder falsch angewandten oder mehrerer inkonsistent angewandter Lösungsstrategien, die der Schüler für sich konstruiert hat.

16. *Versuchen Sie, die "andere" oder mangelhafte oder falsche Lösungsstrategie herauszufinden (qualitative Fehleranalyse).*
    Was kann z.B. hinter der Lösung "fünf" auf die Frage, wie viele Räder ein Auto hat, stehen?!
17. *Versuchen Sie, die Schüler sensibel für Stimuli aus der (materiellen, symbolischen, sozialen) Umwelt zu machen.*
18. *Unterstützen Sie Interessen sowie die Wahrnehmung und Aneignung von Wissen in einer großen Breite von verschiedenen Bereichen.*
19. *Geben sie Anregungen und Beispiele dafür, wie man Ideen, Aussagen, Darstellungen usw. systematisch untersuchen und möglicherweise verändern kann.*
    Z. B. anhand von Sprachspielen
20. *Zeigen Sie Toleranz und Wertschätzung für ungewöhnliche Gedanken, originelle Ideen, kreative Produkte.*
    Auch wenn der Lehrer nicht (mehr nur) vornehmlich die Rolle eines Bewerters, Zensors spielt, wirkt sein Verhalten modellhaft, und zwar umso positiver, wenn sich Wertschätzung nicht nur um das Produkt als manifeste Leistung dreht, sondern auch und besonders um das individuelle Bemühen um eine Lösung, also letztlich die Person des Schülers wahr- und ernst genommen wird.
21. *Lehren Sie die Schüler, ihre eigenen schöpferischen Gedanken und Tätigkeiten sowie die anderer anzuerkennen und wertzuschätzen.*
    Siehe 20. Selbstvertrauen, ein positives Selbstkonzept, Selbstanerkennung sind wichtige Voraussetzungen, aber auch Ergebnis kreativen Handelns.
22. *Stellen Sie vielfältiges und anregendes Material für die Ausarbeitung von Ideen zur Verfügung.*
23. *Unterstützen Sie und legen Sie Wert auf die volle Ausarbeitung oder Verwirklichung (aller Implikationen) von Ideen.*
    Ideen, die nur im Kopf bleiben, nützen letztlich niemandem, sondern sie müssen kommuniziert werden. Ob Ideen wirklich gut sind, zeigt sich oft erst in der praktischen Umsetzung, Realisierung.
24. *Entwickeln und zeigen Sie konstruktive Kritik, nicht nur Kritik.*
    Aus der persönlichen Wertschätzung heraus erst kann Kritik konstruktiv wirken; sie kann angenommen werden, ohne zu verletzen.
25. *Machen Sie sensibel für die möglichen Implikationen und Folgen von Lösungen.*
    Das gilt für realitätsbezogene Lösungen ebenso wie für Gedankenspiele und

Simulationen; die non-reale Situation des Simulationsmomentes sollte in der Nach-Reflexion potentielle Realimplikationen deutlich werden lassen.

Im Vorder/Hintergrund steht immer das Ernstnehmen (der Möglichkeiten) der individuellen Person(en).

Noch einmal: Erziehungswissenschaftliche Bezüge

Erziehung zur Kreativität oder kreativitätsanregender Unterricht muss allerdings auf allen Ebenen "stimmig" sein, muss systemisch eingebettet sein und sowohl unter personaler und thematischer als auch unter methodischer und institutioneller Hinsicht geprüft und reflektiert werden. Eine Missachtung der wechselseitigen Abhängigkeitsverhältnisse oder die Berücksichtigung nur der methodischen und/oder der thematischen Dimension verkürzt die pädagogische Perspektive und lässt Kreativitätserziehung entweder zu technologischem Kunsthandwerk oder zu bloß realitätsferner Spielerei verkommen.

In einer wirklichen Kreativitätserziehung, die die Erziehung zum nicht nur selbständigen, sondern zum selbstbestimmten und selbstverantwortlichen, also zum mündigen, zu schöpferischem Denken und Handeln fähigen Bürger einschließt, spiegeln sich m. E. Konzepte einer kritischen und emanzipatorischen Pädagogik. Ein solches emanzipatorisches Interesse läuft aber ins Leere und bleibt wirkungslos - zumindest in einem positiven, konstruktiven Sinne –, wenn es nicht an der Lebenswirklichkeit orientiert und geprüft ist (= technisches Interesse) und zugleich im praktischen Erkenntnisinteresse Ziele und Methoden, Bedingungen und Kommunikabilität reflektiert und untersucht hat.

Das bedeutet, dass Kreativität oder Kreativitätserziehung um ihrer selbst willen sich entweder verkürzt zu einer Methodik divergenter Techniken, wie wir sie in vielen, vor allem amerikanischen Kreativitätstrainingsprogrammen wieder finden, oder zu mechanistisch devianter Produktion, dass sie sich leer läuft in emanzipatorisch-progressiv verkleideter Anpassungskunst ("Uniform des Andersseins") oder in manieriertem Kontraformismus (sensu Crutchfield) oder dass sie sich verliert in sinnentleerten, anwendungs- und bedeutungslosen Gebilden und Ideen ("der tägliche Karneval"). Es gilt gleichzeitig zu bedenken, was Hoffmann (1980) für das Konzept Kritischer Erziehungswissenschaft ausführt:

"Mündigkeit ist ... nichts, was man über die Qualifikation hinweg, die die Lebensumstände individual und sozial notwendig machen, 'an sich' erreichen könnte. Der Mensch kann nicht nur zur 'Veränderung' vorbereitet werden (Produktives Verhalten); es gibt in der Wirklichkeit auch Aufgaben, die kommunikatives und/oder reproduktives Verhalten verlangen. Das Problem aller bisherigen Erziehung ist, dass sie auf diese Aufgaben beschränkt wurde - und dass die Erziehungswissenschaften sie dabei unterstützte" (S. 113).

Schlussbemerkung

Auch der kreativste Lehrer kann in einem starren System, das sich jeglicher Offenheit und Innovation verweigern würde, nur wenig ausrichten. "Kognitive Flexibilität des Denkens (ist) auf die normative Flexibilität des sozialen Systems angewiesen" (Floßdorf, 1981, S. 577), das jedem Lehrer und jedem Kinde die Bedingungen zur Entwicklung und zum Erwerb der Fähigkeiten bieten muss, die ihm nicht nur ein Überleben, sondern ein Mitgestalten in der Welt ermöglichen. Kreativität kann nicht länger nur als eine gegebene (oder nicht gegebene) individuelle Eigenschaft einer Person gesehen oder mit Bussmann & Heymann (1983) "nicht länger als ein Privileg weniger begnadeter Menschen verstanden werden, sondern stellt sich als eine uneingelöste Herausforderung für die öffentliche Erziehung dar" (S. 494). Kreativität ist der Erziehung aufgegeben, die Erziehungswissenschaft muss die Bedingungen der Möglichkeit kreativen Lernens sowie des Lernens von Kreativität in der und für die pädagogische Praxis untersuchen, die pädagogische Praxis muss neue, d.h. kreative Wege gehen. Deshalb hier meine Aufforderung: Tragen Sie das Ihre dazu bei, dass zum einen Kreativität nicht länger als Störfaktor, sondern als Unterrichtsziel gesehen wird, und dass darüber hinaus zum zweiten Lehrer solche Lehr- und Persönlichkeitskompetenzen erwerben (können), dass durch ihr kreativitätsförderndes Verhalten in einer stimulierenden materiellen, sozialen, institutionellen Umwelt sich bei den Schülern schöpferisches Denken entwickeln und sich im Handeln niederschlagen kann. Ein allgemeiner qualitativ solcherart ausgerichteter Unterricht von hohem Niveau ist der notwendige Nährboden für die Entwicklung, für die Erkennung und die weitergehende differenzierende Förderung von (besonderen) Begabungen. In Abänderung und Ergänzung des Titels dieses Beitrages muss es also heißen: *Kreativität in die Schule, Kreativität in die Erziehungswissenschaft!*

Literatur

Aissen-Crewett, M. (1988). Das Ästhetische und der kreative Prozess. Teil I und Teil II. *Grundschule, 20*(2), 70-74 und 20(4), 54-57.

Ausubel, D. P. (1968). *Educational psychology: A cognitive view.* New York.

Benner, D. (1987). *Allgemeine Pädagogik.* Weinheim: Juventa.

Bussmann, H., & Heymann, W. (1983). Kreativität. In *Enzyklopädie Erziehungswissenschaft. Bd 8* (S. 490-494). Stuttgart: Klett-Cotta.

Cropley, A. J. (1983). Kreativität: Entstehungsbedingungen und Einflussfaktoren. In W. Wieczerkowski & H. zur Oeveste (Hrsg.), *Lehrbuch der Entwicklungspsychologie, Bd. 2* (S. 259-274). Düsseldorf: Schwann.

Duncker, K. (1935). *Zur Psychologie des produktiven Denkens.* Berlin (Neudruck 1963).

Einsiedler, W. (1979). Entdeckungslernen im Grundschulunterricht. In W. Einsiedler (Bearb.), *Konzeptionen des Grundschulunterrichts* (S. 147-166). Bad Heilbrunn: Klinkhardt.

Flechsig, K.-H. (1978). Erziehen zur Kreativität. In A. Flitner & H. Scheuerl (Hrsg.), *Einführung in pädagogisches Sehen und Denken* (9. Aufl.), (S. 195-210). München: Piper.

Floßdorf, B. (1981). Kreativität. In Rexelius, G., & Grubitzsch, S. (Hrsg.), *Handbuch psychologischer Grundbegriffe* (S. 572-579). Reinbek: Rowohlt.

Gerr, H. E. (1989). Offener Unterricht. *Grundschulmagazin, 4*(7/8), 2-7.

Guilford, J. P. (1950). Creativity. *American Psychologist, 5*, 444-454.

Hoffmann, D. (1980). *Erziehungswissenschaft. Eine Einführung.* Stuttgart: Kohlhammer.

Hogan, P. (1988). Creativity in the family. In F. Flach (Ed.), *The creative mind* (pp. 23-50). Buffalo, NY: Bearly.

Jellen, H., & Urban, K. K. (1986). The TCT-DP (Test for Creative Thinking - Drawing Production): An instrument that can be applied to most age and ability groups. *Creative Child and Adult Quarterly, 11*, 138-155.

Jellen, H., & Urban, K. K. (1988). Assessing creative potential worldwide: The first cross-cultural application of the Test for Creative Thinking -Drawing Production (TCT-DP). *Creative Child and Adult Quarterly, 13*, 151-167.

Jeffmar, M. (1980). Den kreativa processen - pedagogiskar implikationer. *Nordisk Psicologi, 32*, 266-275.

Köppel, G. (1988). Kreativität im Grundschulalter. *Grundschulmagazin, 3*(12), 2-5.

Landau, E. (1990). *Mut zur Begabung.* München: Reinhardt.

Leitlinien für die Arbeit in der Grundschule. (1984). Hrsg. vom Kultusministerium Rheinland-Pfalz. Grünstadt: E. Sommer, Verlag für das Schulwesen.

Metzger (1949). *Grundlagen der Erziehung zu schöpferischer Freiheit.* Frankfurt/M.: Kramer.

Metzger, W. (1978). Kann man schöpferisches Denken üben? In A. Flitner & H. Scheuerl (Hrsg.), *Einführung in pädagogisches Sehen und Denken* (9. Aufl.), (S. 172-195). München: Piper.

Mühle, G. (1980). Kreativität. In Ch. Wolf (Hrsg.), *Wörterbuch der Erziehung* (S. 347-353). München: Piper.

Neuhaus, E. (1977). *Reform des Primarbereichs* (2. Aufl.). Düsseldorf: Schwann.

Neuhaus-Siemon, E. (1989). Grundschule im Wandel. *Grundschule, 21*(1), 10-13.

Oech, R. v. (1992). *Denkanstoß. Ein Kreativitätsworkshop.* München: Hugendubel.

Rahmenrichtlinien für die Grundschule. (1975). Hrsg. v. Niedersächsischen Kultusministerium. Hannover: Schroedel.

Rogers, C. R. (1959). Toward a theory of creativity. In H. H. Anderson (Ed.), *Creativity and its cultivation* (pp. 69-82). New York: Harper.

Schmitt, R. (1983). Kreativität. In *Enyklopädie Erziehungswissenschaft. Bd 1* (S. 481-484). Stuttgart: Klett-Cotta.

Schulz, W. (1990). Selbständigkeit - Selbstbestimmung - Selbstverantwortung. Lernziele und Lehrziele in Schulen der Demokratie. *Pädagogik, 42*(6), 34-40.

Seiffge-Krenke, I. (1974). *Probleme und Ergebnisse der Kreativitätsforschung.* Bern: Huber.

Stein, M. I. (1988). Creativity: The process and its stimulation. In F. Flach (Ed.), *The creative mind* (S. 51-75). Buffalo, NY: Bearly.

Süllwold (1960). *Bedingungen und Gesetzlichkeiten des Problemlösungsverhaltens.*

Torrance, E. P. (1963). *Education and the creative potential.* Minneapolis: University of Minnesota Press.

Ulman, G. (1968). *Kreativität.* Weinheim: Beltz.

Urban, K. K. (1988a). *Zur Entwicklung von Kreativität bei vier- bis achtjährigen Kindern. Untersuchungen mit dem neuen "Test zum schöpferischen Denken - Zeichnerisch" (TSD-Z).* Universität Hannover, Arbeitsstelle HEFE, Paper 11.

Urban, K. K. (1988b). Zur Entwicklung von Kreativität mit 4-8Jährigen - Untersuchungen mit dem neuen "Test zum schöpferischen Denken - Zeichnerisch" (TSD-Z). In W. Schönpflug (Hrsg.), *Bericht über den 36. Kongreß der Deutschen Gesellschaft für Psychologie in Berlin 1988.* Bd. 1. Kurzfassungen (S. 468-469). Göttingen: Hogrefe.

Urban, K. K. (1991a). *Kreativität in der Schule.* Oldenburg: Universität, ZpB (=Oldenburger Vor-Drucke, 139/91).

Urban, K. K. (1991b). On the development of creativity in children. *The Creativity Research Journal, 4*(2).

Urban, K. K. (1992). Kreativität in der Schule - Modemotto oder mehr? In K. K. Urban (Hrsg.), *Begabungen erkennen, entwickeln und fördern* (S. 201-215). Hannover: Universität Hannover, Fb Erziehungswissenschaften I. (=Theorie und Praxis, Bd. 43).

Urban, K. K. (1993). Neuere Aspekte in der Kreativitätsforschung. *Psychologie in Erziehung und Unterricht, 40,* 161-181.

Urban, K. K., & Jellen, H. G. (1985). *Der TSD-Z: Test zum schöpferischen Denken - zeichnerisch.* Universität Hannover, Arbeitsstelle HEFE, Paper 6.

Urban, K. K., & Jellen, H. G. (1986). Assessing creative potential via drawing production: The Test for Creative Thinking - Drawing Production (TCT-DP). In A.

J. Cropley, K. K. Urban, H. Wagner & W. Wieczerkowski (Hrsg.), *Giftedness: A continuing worldwide challenge* (S. 163-169). New York, NY: Trillium Press.

Vaughan, T. (1985). The balance of opposites in the creative process. *Gifted Education International, 3,* 38-42.

Wertheimer, M. (1929). *Schlussprozesse im produktiven Denken.* Berlin.

Wertheimer, M. (1945). *Productive thinking.* New York.

Wittmann, J. (1929). *Theorie und Praxis eines analytischen Unterrichts in Grundschule und Hilfsschule.* Kiel: Jensen.

Leicht gekürzte und zugleich ergänzte Fassung von

Kreativität: Vom Störfaktor zum Unterrichtsziel.
In H. Wagner (Hrsg.). (1995). *Begabung und Leistung in der Schule. Modelle der Begabtenförderung in Theorie und Praxis* (S. 76-97). Bad Honnef: Bock.

Kreativität und Schule – Kreativität (ver)schulen?

Kreativität und Hochbegabung

Das Thema Kreativität und Kreativitätsförderung im Zusammenhang mit Hochbegabung und Begabtenförderung zu diskutieren, ist inzwischen nicht nur gute Tradition, sondern Ausdruck eines erweiterten Konzepts von Hochbegabung. Dieses komplexere Konzept hat schon seit geraumer Zeit eine eingeengte, rein psychometrisch geprägte Sicht auf eine ausschließlich quantitativ hoch ausgeprägte Intelligenzfähigkeit als alleinigen Begabungsindikator abgelöst. In allen neueren Begabungskonzepten spielt Kreativität eine wesentliche Rolle, sei es als eigene Begabungsdisposition wie bei Gagné (1985) oder im Münchner Modell (Heller, 1990) oder sei es als konstitutive Komponente sensu Renzulli (1978, 1986) bzw. Mönks (1989), Urban (1990, 1996, 1997; siehe Abb. 1) oder Jellen & Verduin (1989). Letztere sehen Hochbegabte ausdrücklich als "Wissensproduzenten" und nicht als bloße hocheffektive Wissensaneigner und –verwerter. Mögliche oder aktuelle Hochleistungen ergeben sich im glücklichen Zusammenspiel von Intelligenzkomponenten mit Kreativität und Anstrengungsbereitschaft unter günstigen, förderlichen Bedingungen der Mikro- und Makro-Umwelt (siehe Abbildung 1).

Einleitende Bemerkungen – Fragen und Begründungen

Das Fragezeichen nach der Überschrift steht nicht nur als semantisch wirksame Satzmarkierung, sondern gleichzeitig für eine durchgängige, dem Thema angemessene Grundeinstellung, eine fragende Haltung als einer Voraussetzung für schöpferisches Denken; jedem kreativen Produkt geht eine gute Frage voraus. Ein wesentlicher Teil meines Beitrages wird daher in der Formulierung und Präsentation von Fragen bestehen; Fragen, die dazu beitragen sollen, die "environ-mentalen" Bedingungen für die Förderung von Kreativität, insbesondere in der Schule, zu hinterfragen. Dabei will ich versuchen, die Fragen systematisch von meinem schon vorgestellten Komponentenmodell der Kreativität abzuleiten.

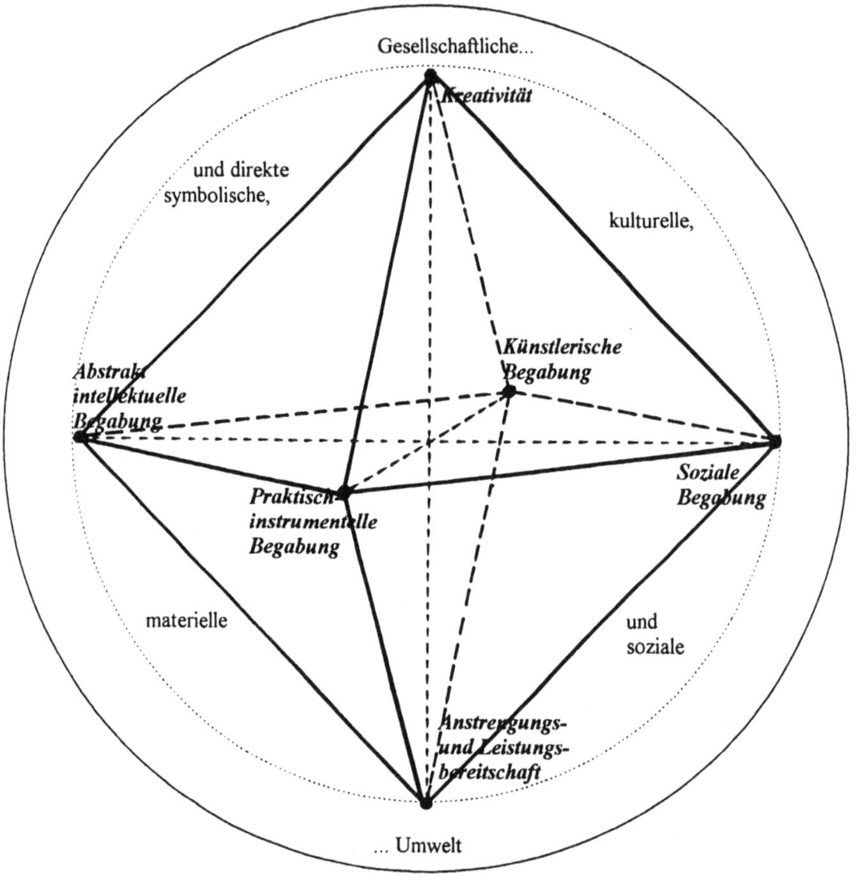

Abbildung 1: Mehrdimensionales Begabungskonzept (vgl. Urban, 1990, S. 39ff))

Kreativität und Schule; die Kombination dieser Begrifflichkeiten dürfte unterschiedliche Assoziationen auslösen, verbunden mit eigenen, emotional getönten Erfahrungen und Vorstellungen, die von Widersprüchlichkeit bis zu notwendigem Element oder Ziel reichen. Gleichzeitig reicht die Forderung nach mehr Kreativität in alle gesellschaftlichen, ökonomischen, sozialen, politischen Bereiche hinein, sie ist allgemein, global, um nicht zu sagen universell. Viele eingeschliffenen Wege, auch manch vermeintlich progressive Entwicklungen haben sich als Sackgassen oder als Fortschrittsbumerang gezeigt. Menschen der Gegenwart und der Zukunft bedürfen zunehmend innovativer Ideen, verantwortlicher Produktion neuen Wissens, um mit den Herausforderungen der kommenden Jahre und Jahrzehnte nicht nur fertig zu werden, sondern sie auch zu gestalten. Zur evolutionären und anthropologischen Bedeutung von

Kreativität sowie zum Zusammenhang mit Erziehung und Erziehungswissenschaft habe ich an anderer Stelle einiges ausgeführt (siehe voriger Beitrag und Urban, 1995).

Wenn "non scholae, sed vitae discimus" weiterhin gilt, müssen wir keine neuen Begründungszusammenhänge für Kreativität und Schule erfinden; es geht dann nur darum, die Qualität des Lernens so (und zum Teil neu) zu definieren, dass schöpferisches Denken und Handeln selbstverständlicher Teil schulischen und außerschulischen Lernens ist und wird.

In der Literatur wird allerdings sehr häufig hervorgehoben, dass Autoritäten sowie Bedingungen und Instanzen im Sozialisationsprozess eher behindernd als fördernd wirken und die Kinder davon abhalten, kreativ zu sein oder zu werden. In einer Untersuchung zur Entwicklung der Kreativität anhand des "Test zum Schöpferischen Denkens – Zeichnerisch (TSD-Z)" hat Urban (1988, 1991) gezeigt, wie stark der Eintritt in die Schule einen ansonsten mit dem Alter ansteigenden Entwicklungstrend negativ beeinflusst. Cropley (1983) behauptet sogar, dass Sozialisationsinstanzen per se kreativitätsbehindernde Faktoren darstellen. Auf jeden Fall aber ist die Entwicklung der in jedem Menschen angelegten kreativen Wurzeln in Richtung auf kreatives Denken und Handeln in hohem Maße abhängig von Bedingungen der Umwelt, einschließlich der erzieherischen Institutionen und deren Wirkungen.

Über diese Bedingungen und Wirkungen wird oft nur spekuliert; empirische Untersuchungen gibt es zu diesem Bereich erstaunlicherweise relativ wenige, was vor allem auf Schwierigkeiten in methodischer und operationaler Hinsicht zurückzuführen sein dürfte. Im nächsten größeren Abschnitt wird daher einiges zusammengetragen, was ich an (neueren) empirischen Studien auffinden konnte.

Empirische Studien

Inwieweit beeinflusst formale Erziehung kreative Höchstleistung?

Welchen Einfluss hat das Ausmaß an formaler Erziehung, die ein Individuum genossen hatte, auf den Grad an Eminenz, also an herausragender Könnerschaft, die eine Person vor allem aufgrund kreativer Leistungen in ihrem Leben erreicht? Diese Frage hat Simonton (1976; 1983) mit Hilfe seiner quantitativ-biographischen Methode untersucht. Als Sample diente ihm die Gruppe von 301 "geniuses", die Cox (1926) im Rahmen der "Genetic Studies of Genius" von Terman mit ihrer historiometrischen Methode studiert hatte. Simonton kam zu dem interessanten Ergebnis, dass der Zusammenhang der beiden Variablen "Eminenz" und "formale Erziehung" durch eine Funktion in Form einer umgekehrten U-Kurve zu beschreiben ist. Das heißt, bis zu einem bestimmten Punkt scheint formales Training, also Unterricht, die Wahrscheinlichkeit kreativer Hochleistungen zu erhöhen, aber ein Zuviel an formaler Erziehung kann die individuellen Chancen, die Spitze zu erreichen, schmälern (Simonton, 1976); vermutlich, weil eine zu starke Einbindung in traditionelle Perspektiven künstlerischer oder wissenschaftlicher Inhalte stattfindet.

Seine Antwort auf die Frage, wieviel an formaler Erziehung nötig ist, um die Entwicklung kreativen Potentials zu maximieren, lautet vorläufig: ein "moderates" Ausmaß, das die "undergraduate studies" am College oder der Universität bis zum Bachelor-Grad einschließt. Die Promotion schließlich scheint die Wahrscheinlichkeit für eminente Leistungen im Vergleich zum Master-Grad erheblich zu verringern, denn die Kurve geht dann steil nach unten. Formale Erziehung in der Schule, inklusive der sog. höheren Bildung, scheint aber also allemal von Nöten als Voraussetzung für kreative Höchstleistungen.

Nun darf dieses Ergebnis allerdings ohne weitere empirische Verifizierung nicht zu weit verallgemeinert werden, und zwar aus mehreren Gründen. Zum ersten dürfte sich formale Erziehung auf unterschiedliche Wissens- und Leistungsbereiche sehr unterschiedlich auswirken (z. B. Kunst versus Wissenschaft); zum zweiten hat sich formale Erziehung im Laufe der Jahrhunderte, aus denen die Personen der Cox'schen Studie stammen, erheblich verändert. Zum dritten dürfte auch zu einem bestimmten Zeitpunkt, z. B. heute, formale Erziehung nicht einfach pauschaliert gesehen werden; unterschiedliche Organisation von Schule und Hochschule, Curricula, Methoden und Lehrpersonen sind in ihrem Einfluss auf Kreativitätsentwicklung unterschiedlich zu bewerten.

Haben Schulen sich verändert?

Für die Schulen in den USA stellen Torrance et al. (1989) in ihrem Beitrag "A quiet revolution" fest, dass sich in den letzten dreißig Jahren in Bezug auf die Förderung von Kreativität eine positive Veränderung ereignet habe. Die Autoren versuchen das an einer ganzen Reihe von Befunden aufzuzeigen. Torrance (1976) selber beobachtete bei Nachuntersuchungen mit dem Torrance Test of Creative Thinking signifikant höhere Messwerte bei Sechstklässlern einer Schule, in der schon neun Jahre vorher alle Sechstklässler untersucht worden waren. Flanagan (1976) berichtet in seiner landesweiten TALENT-Studie von erheblichen Zugewinnen bei den Werten für Kreativität und abstraktes Denken. Er führt dies auf eine verstärkte Berücksichtigung kreativen Problemlösens in Curricula und Unterricht zurück. Torrance et al. beobachten weiter veränderte Unterrichtsmethoden, die vor allem eine bessere Lehrer-Schüler-Beziehung zur Folge hätten. In vielen Textbüchern, Publikationen, Workshops und Videos für die Lehrerausbildung sei ein wesentlicher Fokus auf Kreativität gerichtet.

Die wichtigste Veränderung aber habe sich im Bereich der Curricula und Unterrichtsprogramme ergeben, in denen Entwürfe zur Förderung kreativen Denkens enthalten sind.

Das steht allerdings im Widerspruch zu Aussagen von Alencar (1995), die zunächst vor allem für ihr Land, Brasilien, herausgefunden hatte, dass in den Schulbüchern kreative Herausforderungen total vernachlässigt würden, wie z. B. Aufgaben, die die Suche nach neuer Information verlangen, Gebrauch von Imagination und Phantasie, divergentes Denken oder die Anwendung kognitiver Prozesse höheren Niveaus. Aber auch für die USA hält sie fest, dass eine übergroße Betonung auf dem Wiederholen und Wiedergeben von Inhalten liege, dass in den Schulen das meiste an Zeit, Energie und Ressourcen für Aufgaben niedrigen Denkniveaus und Wiederholen mittels Lese- und Rezitiermethoden verbraucht werde.

Aufgrund von Unterrichtsbeobachtungen und Durchsicht von Schulbüchern habe ich den Eindruck, dass in Deutschland die Anforderungen und Herausforderungen für kreatives Denken, die viele Schulbücher schon anbieten, oftmals höher liegen, als sie im konkreten Unterricht umgesetzt werden, bzw. dass sie nicht angemessen genutzt werden. Für die Grundschule haben sich in Deutschland durch den in den letzten zehn Jahren zunehmenden Einsatz offener Unterrichtsformen die Chancen für kreativitätsförderndes Lernen und Handeln beträchtlich erhöht.

Allerdings verdient längst nicht alles, was unter dem Wunschmantel Kreativitätsförderung läuft, auch diesen Namen. Dazu ein kleines Beispiel aus der Schule, das zeigt, dass auch, wenn guter Wille da ist, die Umsetzung in die Praxis häufig nicht klappt bzw. etwas als Kreativitätsförderung verkauft wird, das diesem Anspruch in keiner Weise gerecht wird.

Für ihr Praktikum haben sich die Studentinnen Kreativitätsförderung auf die Fahnen geschrieben. Zum Stundeneinstieg bringen sie einen großen Koffer in den Sitzkreis mit. Die Kinder sind sehr gespannt. Einzeln, denn jedes Mal wird der Koffer wieder verschlossen, dürfen die sechs darin befindlichen Gegenstände von den Kindern herausgeholt werden: ein großer Plüschfrosch, ein Körbchen, eine Weinflasche, eine selbst gebastelte silberne Krone, eine rote Baskenmütze, eine goldene Kugel. Welcher Gegenstand passt wohl zu welchem anderen, welche gehören zusammen. Die Kinder sollen herausfinden, dass die Gegenstände für zwei Märchen stehen, nämlich Rotkäppchen und Froschkönig. Ein Kind, das die Märchen kennt, nennt dann auch recht schnell die Lösung. Anschließend wird Knete verteilt und die Kinder sollen einen der sechs Gegenstände nachformen.

Wo war in der ganzen Stunde Platz für divergierendes, frei assoziierendes Denken und Tun? Die Gelegenheiten wären da gewesen, sie wurden nur nicht genutzt. Welche interessanten (und lustigen) Begebenheiten und Situationen hätten erdacht, gespielt werden können, wenn man alle möglichen Kombinationen von Gegenständen weitergedacht, versucht, untersucht hätte, z.B. als ein Junge "aus Quatsch" dem Frosch die rote Mütze auf den Kopf gelegt hatte. Das aber wurde nur als störend empfunden.

Den Kindern wurde in, zugegeben, motivierender Weise ein Problem vorgegeben, für das es nur eine bzw. zwei richtige Lösungen gab. Andere Lösungen wurden nicht zugelassen. Auch für die die Feinmotorik beanspruchende Knetaufgabe sind die Vorgaben eindeutig, die Ergebnisse variieren nur aufgrund der unterschiedlichen (Un)Geschicklichkeiten der Kinder. So viel zu einer ganz normalen, verpassten Gelegenheit.

Eine Reihe von empirischen Untersuchungen waren auf den Zusammenhang zwischen dem Maß an Autonomie, das vom Lehrer bzw. in der Schule gewährt wurde, und Kreativität der Schüler gerichtet. Nach einer Übersicht von Rejskind (1982) gibt es zwar keine einheitlichen, aber doch mehrheitliche Befunde, die die Annahme einer positiven Beziehung zwischen Kreativität und der Gewährung von (gewisser) Autonomie beim Lernen oder einer Erziehung zur Unabhängigkeit stützen.

Wie sehen Lehrer Kreativität?

Obwohl allgemein zugestanden wird, dass dem Lehrer eine entscheidende Rolle für die Kreativitätsentwicklung während der Schulzeit zukommt, gibt es so gut wie keine Studien, die untersuchen, wie Lehrer selber Kreativität und deren Entwicklung sehen. Die wenigen thematisch benachbarten Untersuchungen behandeln eher Aspekte der Einstellung gegenüber Eigenschaften kreativer Menschen und sind 25 bis 40 Jahre alt, wie die große Studie von Torrance (1965), die mehr als 1000 Lehrer aus fünf Kulturbereichen umfasste.

Bei einer eigenen Lehrerbefragung, die vor einiger Zeit im Rahmen eines studentischen Seminars entstand, zeigte sich, dass alle Befragten Kreativitätsförderung als wichtig und notwendig ansehen. Als Begründungen wurden angegeben, dass Kreativitätsförderung

- allgemein entwicklungsfördernd wirkt,
- die Persönlichkeit entwickeln und festigen hilft,
- eigenständiges Handeln und die Entwicklung der Selbständigkeit unterstützt,
- die Phantasie stärkt,
- Grundlage zur Entwicklung von Problemlösestrategien darstellt,
- den persönlichen Ausdruck von Gedanken und Gefühlen ermöglicht und
- häusliche Defizite auffangen kann.

Allerdings werden die praktischen Umsetzungsmöglichkeiten kritisch eingeschätzt; die Mehrheit sieht Behinderungsgründe vor allem in der Organisation von Schule insgesamt, bestimmten Fächern, personellen Faktoren, Mangel an Material, dem Stellenwert von Zensuren, der Einengung von Raum und Zeit, den großen Klassenstärken, der für Wissensvermittlung verwendeten Zeit und dem mangelnden Konsens unter den Kollegen.

Tabelle 1: Rangfolge von Erziehungszielen, nach ihrer Wichtigkeit eingeschätzt von Lehrern/Studenten und Eltern

Rangplatz	*Lehrer/Studenten* (N=120)	*Eltern* (N=91)
1	Selbständigkeit	Selbständigkeit
2	Toleranz	Zuverlässigkeit
3	Kreativität	Verantwortungsbewusstsein
4	Verantwortungsbewusstsein	Soziale Anpassung
5	Entscheidungsfähigkeit	Entscheidungsfähigkeit
6	Friedensfähigkeit	Friedensfähigkeit
7	Autonomes Denken	Kreativität
8	Kognitive Flexibilität	Fleiß
9	Zuverlässigkeit	Zufriedenheit
10	Politisches Bewusstsein	Kognitive Flexibilität
11	Zufriedenheit	Toleranz
12	Soziale Anpassung	Ordnung
13	Fleiß	Ehrgeiz
14	Ordnung	Autonomes Denken
15	Ehrgeiz	Politisches Bewusstsein

Urban (1982) hatte Einstellungen gegenüber Erziehungszielen für Schüler untersucht. Für die Lehrer und Studenten, die sich in ihren Einschätzungen nicht signifikant unterschieden, wurde der hohe Stellenwert von Kreativität (3. Rangplatz; siehe Tabelle 1) deutlich unterstrichen; das galt auch für spezielle Schülergruppen, wie behinderte oder hochbegabte Kinder. Erstaunlich ist allerdings, dass gleichzeitig mit Kreativität zusammenhängende Ziele, wie "Autonomes Denken" und "Kognitive Flexibilität" über einen schwachen Mittelplatz nicht hinauskamen. Für die Eltern hat Kreativität einen erheblich niedrigeren Stellenwert; für sie ist das Erreichen traditioneller Schülertugenden genauso wichtig oder gar wichtiger.

Die einzige, mir bekannte große Untersuchung relativ neueren Datums hat Fryer (1989) mit über 1000 britischen Lehrern durchgeführt. Sie repräsentierten eine breite Stichprobe über alle wichtigen Hintergrundfaktoren hinweg, wie Geschlecht, Altersspannen, Qualifikation, Fächer, Funktionen und Schulgrößen. Der ausführliche Fragebogen, den alle Lehrer beantworteten, beinhaltete Fragen, Checklisten und Ratingskalen zu folgenden Inhalten:

- Lehrerdefinitionen von Kreativität;
- Faktoren, die die Entwicklung kreativen Verhaltens der Kinder fördern oder hemmen;
- Methoden zur Erkennung kreativer Schüler und Arbeiten;
- Meinungen zu verschiedenen Lehrmethoden, Erziehungszielen und Gegenständen;
- Präferenzen für Lehrstile.

Außerdem waren die "Torrance Ideal Pupil Checklist" (Torrance, 1965) und die "Torrance Personality Checklist" (Torrance, 1975) sowie soziodemographische Items eingebaut. Zusätzlich wurden halbstrukturierte Interviews mit einer repräsentativen Auswahl von 31 Lehrern durchgeführt sowie genauere Angaben über die beteiligten Schulen erhoben.

Die drei mit einigem Abstand bezüglich einer Definition von Kreativität am häufigsten genannten Begriffe waren: Imagination, originelle Ideen und Selbstausdruck.

Erstaunlicherweise sehen über zwei Drittel der Lehrer Kreativität als seltene Eigenschaft an. Die Autoren erklären das damit, dass in Großbritannien Kreativität in den Schulen fast nur im Zusammenhang mit besonders begabten Schülern und ihrer Förderung berücksichtigt wird. Ermutigend ist dagegen die fast übereinstimmend geäußerte Ansicht, dass Kreativität entwickelbar sei.

Wenn häufig davon die Rede ist, dass Kreativität zu oft und verkürzend mit divergentem Denken gleichgesetzt wird, dann trifft dies in der Studie nur für die Hälfte der befragten Lehrer zu. Gleichzeitig spielt konvergentes Denken eine sehr untergeordnete Rolle.

An Methoden und Einflussfaktoren für eine Förderung von Kreativität wurden genannt: Vertrauen aufbauen (99%), einen kreativen Lehrer haben (94%), in bestimmtem Ausmaß freie Wahl zu Hause (93%), eine engagierte und unterstützende Familie (89%), in gewisser Weise freie Wahl der Lernmethoden in der Schule (75%), informelles Lehren und Lernen (75%). Letzteres ist nicht mit einer permissiven Atmosphäre gleichzusetzen, wie knapp 50% es für hilfreich ansahen. Prüfungen und Leistungsbeurteilungen wurden nur von wenigen Lehrern als förderlich betrachtet.

Eine differenzierende Analyse brachte u. a. deutliche geschlechtsspezifische Tendenzen zutage. Weibliche Lehrkräfte definierten Kreativität eher mit Begriffen wie "Selbstausdruck" und "Bewusstheit des Schönen", männliche dagegen betonten "Innovation" und "Konvergenz". Analog waren die Kriterien für die Einschätzung eines kreativen Produkts für Frauen eher "zeigt Gefühlstiefe", "zeigt Gedankentiefe" und "spiegelt Erfahrungen wider", bei den Männern Eleganz und Originalität.

Erhebliche Unterschiede zeigte auch eine Differenzierung nach Lehrern mit verschiedenen Fächern. Verkürzt und verallgemeinert ausgedrückt, tendierten Lehrer mit mathematischer, naturwissenschaftlicher und technologischer Spezialisierung in ihrer Wahrnehmung und Beschreibung von Kreativität und ihres Unterrichts vorwiegend zu unpersönlichen oder "objektiven" Begriffen, während die anderen Lehrer Kreativität typischerweise mit mehr personbezogenen Begriffen interpretierten. Die Autoren (Fryer & Collings, 1991) bringen diese Beobachtung in einen Zusammenhang mit übergeordneten Konzepten der Personwahrnehmung bzw. Personorientierung.

Diese Ergebnisse machen deutlich, dass Empfehlungen für unterrichtliche Vorgehensweisen individuelle Personcharakteristika berücksichtigen müssen und nicht rezeptartig angewandt werden dürfen. Das gilt prinzipiell auch für die Ausbildung von Lehrern hinsichtlich ihrer Kompetenz zur Kreativitätsförderung. Allerdings dürfte dies für die Lehreraus- und -fortbildung in Deutschland eher ein marginales Problem sein, da das Thema kaum angeboten wird.

Der ideale Schüler – ein kreativer Schüler?

Auf einen interessanten Widerspruch machen Westby & Dawson (1995) aufmerksam. Auf der einen Seite scheint die Förderung von Kreativität als Unterrichtsziel kaum umstritten und Lehrer berichten, dass sie kreative Schüler mögen. Auf der anderen Seite ist es jedoch erstaunlich, dass das Bild des idealen Schülers in einer ganzen Reihe von Studien Merkmale aufweist, die gar nicht oder kaum mit Kreativität korreliert sind. In einer eigenen Untersuchung fragten Westby & Dawson Lehrer nach ihren Lieblingsschülern und nach denen, die sie am wenigsten mochten. Diese beiden Schülergruppen verglichen sie mit einem Prototyp des kreativen Schülers. Dessen Merkmale waren zum einen aus den von Sternberg (1985) und MacKinnon (1963) genannten Charakteristika und zum zweiten aufgrund von Ratings durch Laien (Studenten) zusammengesetzt worden; beide Quellen zeigten ein hohes Maß an Übereinstimmung. Die Ergebnisse erbrachten eine negative Korrelation zwischen den Lieblingsschülern der Lehrer und dem kreativen Prototyp und umgekehrt einen positiven Zusammenhang zwischen den nicht gemochten Schülern und dem kreativen Prototyp. Das würde bedeuten, dass Lehrer kreative Schüler nicht mögen.

Um den Widerspruch zwischen diesen Befunden und Lehrerberichten, nach denen sie kreative Kinder mögen, aufzuklären, untersuchten Westby & Dawson (1995) die Hypothese, dass das implizite Konzept von Lehrern über

Kreativität und kreative Merkmale sich von wissenschaftlichen Forschungsergebnissen und Konzepten von Laien unterscheidet. Diese Hypothese wurde in der Tat von den Befragungsergebnissen unterstützt, denn die Merkmale, die Lehrer als am meisten typisch für Kreativität ansahen, waren "verantwortlich", "gutmütig", "logisch" und "ernsthaft". Als am wenigsten typisch wurde genannt "impulsiv", "emotional", "macht Regeln, wie es passt", "nonkonform", "neigt dazu, eigene Grenzen nicht zu erkennen", "versucht etwas zu tun, von dem andere denken, es sei unmöglich". In einer Re-Analyse der ersten Studie passten dann die Lieblingsschüler sehr gut zu dem Bild des von den Lehrern genannten "kreativen" Prototyps. Dieser aber unterscheidet sich ganz wesentlich von dem wissenschaftlichen Prototyp, mit dem die Laienstudenten zu 95% übereinstimmten. Die Übereinstimmung der Lehrer mit der diesem Prototyp zugrunde liegenden Eigenschaftsliste betrug dagegen nur 45%.

Solche, in diesem Ergebnis zum Ausdruck kommenden eher negativen Einstellungen gegenüber kreativen Schülern können sich nach den Autoren in dreierlei Hinsicht auswirken. Zum einen könnten diese Schüler von den allgemeinen Unterrichtsaktivitäten zunehmend entfremdet werden; zum zweiten könnten kreative Schüler versuchen, jene kreativen, aber vom Lehrer nicht geliebten Eigenschaften zu unterdrücken. Eine dritte Möglichkeit besteht darin, dass einige Schüler erfolgreich versuchen, sich den Wünschen und Vorstellungen des Lehrers anzupassen, während sie gleichzeitig ihre Kreativität behaupten; ihr gleichzeitiges Bemühen um Ernsthaftigkeit, Verantwortlichkeit und Freundlichkeit vermag den anpassungsfähigen kreativen Schüler in einem traditionellen Unterricht erfolgreich sein lassen. Wie vielen Schülern das wirklich gelingen mag und welche möglichen Folgeerscheinungen für zukünftiges Verhalten auftreten können, sei dahingestellt!

Solche Diskrepanzen zwischen Einstellungen, eigener Wahrnehmung und praktischem Verhalten von Lehrern machen die Notwendigkeit einer angemessenen Ausbildung von Lehrern deutlich. Leider ist das Thema Kreativität trotz seiner immer wieder beschworenen Bedeutung in der Lehreraus- und -fortbildung viel zu wenig vertreten.

Welche Bedeutung hat Kreativität in der Lehrerausbildung?

Für die USA haben Mack (1986) in einer kleineren Studie und McDonough & McDonough (1987) in einer landesweiten Befragung die Wahrnehmung der Wichtigkeit und die Durchführung von Kreativitäts(förder)kursen in Lehrerausbildungsinstitutionen an Universitäten und Colleges untersucht. Nach Mack halten 85% der Lehrerausbilder und 90% der Lehrerstudenten Seminare zum Thema "Methoden der Kreativitätsförderung bei Kindern" für sehr wichtig, aber jeweils nur etwa die Hälfte geben an, dass das Thema tatsächlich in Lehrerausbildungsprogrammen vorkommt. McDonough & McDonough (1987) wollten herausfinden, wie viele der über 1500 angeschriebenen Universitäten und Colleges formale Kreativitätskurse anbieten, d.h. Kurse, die neben einer Einführung in Kreativitätskonzepte vor allem die kreativen Fähigkeiten der Teilnehmer entwickeln und ausbilden sollen. Der Rücklauf war mit fast 1200 Respondenten (79%) überaus hoch. Davon meldeten 81%, dass sie keine formalen Kreativitätskurse durchführten. 19% berichteten über Kreativitätskurse, doch nur 6% boten Seminare im engeren Sinne der Befragung an. Das ist ein erstaunlich niedriger Prozentsatz, der für die Bundesrepublik sogar gegen Null tendieren dürfte.

Baloch et al. (1992) befragten über 100 Lehrende, die an Universitäten und Colleges Kreativitätskurse anbieten. Der Fragebogen beinhaltete Fragen zur Evaluation, zu den Zielen der Kurse und den Produkten oder Erfahrungen in den Kursen. Obwohl die Respondenten generell glaubten, dass Kreativität gelehrt und bewertet werden könne, bestand weniger Übereinstimmung in den Fragen, ob studentische Produkte oder die Studenten bezüglich ihrer Kreativität bewertet werden sollten. Als angemessener Fokus für Evaluation wurde angesehen, inwieweit Studenten Fragen und Probleme der Kreativität überhaupt verstanden hatten.

Bei den Zielen wurden die Prioritäten wie folgt gesetzt (mit dem wichtigsten beginnend):

- Herstellung eines Klimas, in dem Studenten sich sicher und frei fühlen, ihre eigene Kreativität zu erforschen;
- den Studenten Möglichkeiten geben, an kreativen Erfahrungen teilzuhaben, einschließlich solcher, bei denen verschiedene Kreativitätstechniken verwendet werden;
- Verstehen der psychologischen Prozesse von Kreativität;
- den Studenten Konzepte und Techniken näherbringen, mithilfe derer sie kreativer unterrichten oder die Entwicklung von Kreativität bei anderen fördern können;
- die Kreativität der einzelnen Studenten verbessern durch direkte Unterweisung in Kreativitätstechniken (Baloch et al., 1992, S. 224).

Bezüglich der Produkte und Erfahrungen wurde sowohl für die Verbesserung von Kreativität als auch für ihr Verständnis folgendes für sehr wichtig gehalten: ein Tagebuch oder Notizheft führen, kreatives Problemlösen zeigen oder unterrichten, ein kreatives Produkt schaffen und an einer oder mehreren kreativen Erfahrungen teilnehmen.

Lehrer brauchen Bewusstmachungsprozesse, möglicherweise in Form von Supervision, um die "subversiven" Lernprozesse, verborgenen Curricula und

Lehrpläne aufzudecken. Im Fokus dieser Reflektionen sollten die eigene Rolle und ihre Wirkungen sowie das Bild vom Schüler stehen.

In der Lehrerausbildung muss die Förderung der eigenen Kreativität der Lehramtsstudenten sowie Kenntnisse über Kreativität und ihre Förderung einen zentralen Stellenwert einnehmen.

De-Finit-Ionen

Wenn man versucht, sich über Kreativität anhand von Definitionen klarer zu werden, erscheint einem Kreativität zunehmend als ein "ehrfurchtbarer" Begriff; Young (1985) nennt ihn im Englischen "honorific" (S. 77). Versuche zur Definition von Kreativität sind kaum zählbar, sind "de-finit". Fast in jedem Beitrag zum Thema wird die Frage "Was ist Kreativität?" gestellt und meist dahingehend beantwortet, dass es ein übergreifendes Konzept nicht gäbe und damit auch keine allgemein akzeptierte Definition von Kreativität vorliege. Die dann folgenden Arbeitsdefinitionen sind erwartungsgemäß sehr unterschiedlich; sie sprechen je nach Fokus des Beitrags von Konzept, Fähigkeit, Prozess, Persönlichkeit, Produkt, Interaktion, Einstellung oder Verhalten.

Deshalb hier statt einer theoretischen Auseinandersetzung, ein neues schöpferisches Zwischenspiel mit verschiedenen Definitionsangeboten, angehängt an wieder andere Anagramme des Wortes KREATIVITÄT, die hier zunächst einmal gesammelt vorgestellt werden sollen:

KREATIVITÄT
RE AKTIVITÄT
TAI VATI KRÄT
VRITÄTAKEIT
ÄT KATI FREI
RAVTÄTIKEIT
IVA TÄTE TRIK
ÄT KITI VERAT
TEI KÄVI TRAT
I TÄTE ARK VIT
I KÄVE A TRITT
TRIK ETÄ VITA
TRÄVE IT KITA
IT VERÄT KATI
TRÄVE IK TATI
IK TRÄTE VATI
TIKI VÄ RATTE
ITI KRÄVATTE
VIRT IKEA TÄT
KREATIVITÄT

klaus urban /ursula bank

Und jetzt folgen die mehr oder weniger willkürlichen Zusammenstellungen, die mehr oder weniger freien Assoziationen Raum geben sollen:

RE AKTIVITÄT	**TAI VATI KRÄT**

„... der Schlüssel, der die menschliche Fähigkeit aufschließt zu entdecken, zu denken, zu entwickeln und konstant produktiv zu sein" (Amabile, 1990)

IVA TÄTE TRIK	**ÄT KITI VERAT**	**TEI KÄVI TRAT**

„jener Prozeß, der in einem neuen Werk resultiert, das von einer Gruppe zu einem bestimmten Zeitpunkt als überdauernd oder nützlich oder zufriedenstellend akzeptiert wird" (Stein, 1975, S. 218)

I TÄTE ARK VIT	**I KÄVE A TRITT**	**TRIK ETÄ VITA**	**TRÄVE IT KITA**

„Ergebnis von selbstgesteuerter transformationaler Aktivität", die „unsere Erfahrung und unser Wissen erweitert" (Pickard, 1990, S. 1)

IT VERÄT KATI	**TRÄVE IK TATI**	**IK TRÄTE VATI**

„die Fähigkeit, neue Formen zu produzieren und stereotype Situationen zu restrukturieren" (Getzels & Jackson, 1962, S. vii)

TIKI VÄ RATTE	**ITI KRÄVATTE**

„ein Prozeß, der in Innovation resultiert, ... eine Aktivität des Geistes, charakterisiert durch ein optimales Niveau an Einheit, Gesundheit und Bewußtheit" (Kaha, 1983, S. 86).

VIRT IKEATÄT

„... jede Handlung, Idee oder Sache, die eine bestehende Domäne verändert oder eine bestehende Domäne in eine neue verwandelt" (Csikszentmihalyi, 1997, S. 48).

Ein Komponentenmodell der Kreativität

Eine Diskussion der unterschiedlichen kreativitätstheoretischen Konzepte macht zumindest eines deutlich, dass nämlich Kreativität nicht einseitig nur unter kognitivem Aspekt, ebenso wenig aber einseitig nur unter persönlichkeitstheoretischem Aspekt zufrieden stellend betrachtet werden kann. Daher hatte ich, wie in einem vorherigen Beitrag schon ausführlicher vorgestellt, ein Komponentenmodell der Kreativität (Abb. 2) entworfen, das beide, miteinander zusammenhängenden Aspekte berücksichtigt und hier nur noch einmal mit der graphischen Metapher abgebildet werden soll, weil sich das folgende Kapitel darauf bezieht.

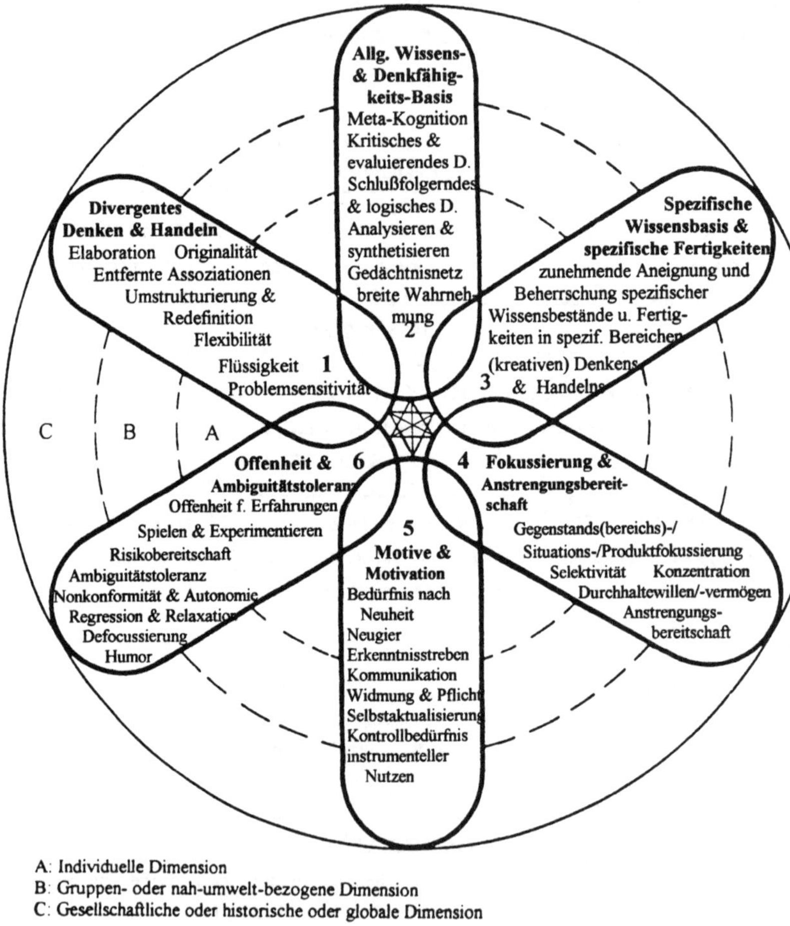

Abb. 2: Urbans Komponentenmodell der Kreativität

Inventarisierende Fragen auf der Basis des Komponentenmodells

Wenn vorhin von Bewusstmachungsprozessen die Rede war, dann kann dieses vorliegende Modell u. a. auch dazu benutzt werden, in einer systematischen Weise Fragen zu formulieren, mit deren Hilfe schulische Wirklichkeit daraufhin untersucht werden kann, ob und inwieweit sie kreativitätsförderliche oder aber –behindernde Bedingungen bereitstellt. Anhand der einzelnen Komponenten machen die folgenden Fragen Inventur; sie werden an Unterricht und Lernen, an Prozesse und Organisation gerichtet und können die Grundlage für eine eingehende Beobachtung und Bewertung darstellen. Auch hier ist die Liste sicher nicht erschöpfend, aber hoffentlich anregend für eigene Formulierungen, Beobachtungen und Inventuren.

Komponente 1: Divergentes Denken & Handeln

- Ist Fragen erlaubt und erwünscht?
- Ist der Lehrer offen und sensibel für Fragen und Probleme der Kinder?
- Macht der Lehrer die Kinder aufmerksam auf offene Fragen?
- Macht er sie sensibel für ihre Umwelt, spricht er alle Sinne an?
- Werden überhaupt Probleme gestellt oder (gemeinsam) gefunden oder werden nur fertige Antworten präsentiert?
- Werden Gegenstände und Sachverhalte von verschiedenen Perspektiven aus betrachtet?
- Wird ein "abweichender" Arbeits- oder Lösungsweg akzeptiert, wird Originalität wertgeschätzt?
- Gibt es offen gehaltene oder offen gestaltete Phasen und Wege und/oder Ziele/Produkte?
- Werden die Schüler dazu angehalten, sich nicht immer mit der ersten besten Lösung zufrieden zu geben?
- Erlauben Zeit und Organisation von Arbeit und Unterricht mehr als einen Lösungsversuch?
- Ganz allgemein, geschieht etwas im Unterricht, das divergentes Denken genannt werden kann? (Oder besteht Lernen aus nichts anderem als aus der Anhäufung und Wiederholung vorgegebenen Wissens, das über Textbücher oder Lehrer vermittelt wird?)

Komponente 2: Allgemeine Wissens- & Denkfähigkeits-Basis

- Erfordern und fördern Lernaufgaben eine breite und differenzierte Wahrnehmung oder schränken sie den Fokus ein?
- Berücksichtigt Lehren und Lernen verschiedene Sinneskanäle, verschiedene Wege und Methoden, so dass Erfahrungen und Wissen vielfältiger Art sind und sicher vernetzt und zugleich zugänglich im Gedächtnis verankert werden?
- Wird die Struktur von Lerngegenständen und –sachverhalten analysiert?
- Liegt der Fokus auch auf dem Lernprozess, nicht nur auf dem Ergebnis?
- Werden Lösungswege hinterfragt, optimiert?
- Werden "Warum"-Fragen gewünscht, gefragt und (gemeinsam) beantwortet, so dass Ursache-Wirkungs-Relationen untersucht werden?
- Bemüht sich Unterricht auch um systematische Analyse und Synthese von Problemen, Gegenständen, Tatsachen, Situationen usw.?
- Gibt es Herausforderungen für induktives und deduktives Denken?

- Werden Evaluation und Kritik erwünscht, ertragen und gefordert?
- Werden Lernprozesse beobachtet und mit Schülern reflektiert, so dass metakognitives Denken angeregt und gefördert wird?

Komponente 3: Spezifische Wissensbasis & spezifische Fertigkeiten

- Können individuelle Interessen in die Schule eingebracht und in den Unterricht integriert werden?
- Wird die Entwicklung spezifischer Interessen gefördert und gestützt? Z.B. durch additive und extra-curriculare Maßnahmen, Mentoren-Systeme, Wettbewerbe usw.
- Gibt es Möglichkeiten und Gelegenheiten für die Schüler, sich intensiv und in die Tiefe gehend mit Gegenständen und Problemen zu beschäftigen?
- Wird Expertise wertgeschätzt?

Komponente 4: Fokussierung & Anstrengungsbereitschaft

- Wird ein besonderer Einsatz bei einer Tätigkeit wertgeschätzt? Wird Anstrengungsbereitschaft belohnt?
- Werden die Kinder dazu angeregt und angehalten, Ablenkungen zu erkennen und zu vermeiden?
- Gibt es die selbstverständliche Erwartung, dass übernommene Aufgaben erfüllt und bis zum Ende erledigt werden?
- Welche Rolle spielen Selbst- und Fremdbeurteilungen?
- Wird eine längerfristige Beschäftigung mit einem speziellen Interessensgebiet erlaubt, ermöglicht und gefördert (z.B. begleitende Forschungsarbeiten, gemeinsame Projekte, Wettbewerbe)?
- Ermöglichen Schulorganisation und Stundenpläne grundsätzlich oder fakultativ solche Aktivitäten?

Komponente 5: Motive & Motivation

- Wird kindliches Fragen aufgegriffen?
- Wird die natürliche Neugier des jungen Kindes angeregt und unterstützt?
- Werden Möglichkeiten für selbstbestimmtes Lernen, Entdeckungslernen geboten, so daß Kinder intrinsische Motivation entwickeln können?
- Werden individuelle Interessen gewürdigt und unterstützt?
- Wird unnötige Wiederholung vermieden?
- Können Kinder sich mit ihren Tätigkeiten identifizieren?

Komponente 6: Offenheit & Ambiguitätstoleranz

- Ist Schule nicht nur ein Ort traditionellen Unterrichts, sondern ein Ort des (miteinander) Lebens, ein Ort der Freude, des (mentalen) Abenteuers, offen für Überraschungen?
- Ist Schule ein Ort für offenes Lernen? Holt der Unterricht Wirklichkeit in die Schule, geht er in die Lebenswirklichkeit hinaus?
- Kann der Lehrer sich auch auf ein offenes Unterrichtsergebnis einlassen?
- Wird auf selbstbestimmtes Lernen und Handeln Wert gelegt?
- Ist Schule auch ein Ort für Phantasie und Imagination?
- Können Gegenstände spielerisch und experimentell untersucht und erfahren werden?
- Ist Schule auch ein Ort für Eu-Stress und Entspannung?
- Kann gelacht werden (nicht über andere); wird Humor wertgeschätzt?
- Sind Irrtümer und Fehler erlaubt – oder nur schnelle und korrekte Antworten und Ergebnisse?
- Wird denkerisches Risiko eingegangen?
- Sind Ergebnisse immer nur endgültig? Kann ein vorläufiges oder offenes Ergebnis ertragen werden?
- Wird die Individualität und Einzigartigkeit jeder einzelnen Person wertgeschätzt oder jederzeit konformistisches Verhalten erwartet?

"Environ- mentale" Bedingungen; sie gehen in unterschiedlichem Ausmaß in alle Fragen ein. Antworten und Beobachtungen auf Fragen sind auf der Folie umweltlicher Bezugsdimensionen zu bewerten. Zu berücksichtigende Komponenten des Umweltrahmens sind vor allem (von Mikro- zu Makroumwelten fortschreitend):

- Individuelle Tätigkeitsbedingungen, z.B. Lern- und Spielmaterial
- Ökonomische und sozio-kulturelle Familiensituation
- Medienangebot und -nutzung
- Gruppendruck
- Situative personale und soziale Atmosphäre
- Klassen- und Schulkultur
- Räumliche und materielle Ausstattung
- Schul- und Unterrichtsorganisation
- Lehrerpersönlichkeiten
- Curriculare Basis und Offenheit
- Leistungsbewertung und Standards
- Rollenmodelle
- Lokale und regionale Gegebenheiten und Maßnahmen
- Soziale Traditionen
- Allgemeines Ausmaß von Wissen und Expertise

- Erziehungs- und Bildungssystem(e)
- Kulturelle Gegebenheiten, Maßnahmen
- Ökonomische Bedingungen
- Individuelle und gesellschaftliche Freiheit
- Politische Struktur und Situation

Allgemeine Fragen:

- In welcher Weise bestimmen Komponenten der Mikro- und Makroumwelt die Entwicklung der genannten komponentiellen Dispositionen?
- In welcher Weise beeinflussen Komponenten der Mikro- und Makroumwelt das Funktionieren entwickelter Komponenten?
- Werden Komponenten oder Sub-Komponenten in vergleichbarem Ausmaß behindert oder gefördert?
- Wirken Komponenten der Mikro- und der Makroumwelt in unterschiedlicher Weise?

Je weiter die Bezugsdimensionen von innen nach außen, von der Mikro- zur Makroperspektive betrachtet werden, desto weniger direkt lassen sie sich erfassen, desto weniger sind sie einer individuellen Analyse zugänglich. Vieles wäre aber schon gewonnen, wenn auf der individuellen und gruppenbezogenen Ebene eine erste Befragung und Bestandsaufnahme stattfinden würde, die sich direkt auf die Lern- und Arbeitsprozesse in der Klasse und Schule stützt. Dabei kann gerade auch der Blick auf die Arbeitsprozesse und Lernbedürfnisse hochbegabter Kinder den Blick öffnen für geeignete situative und strukturelle Hilfen und Maßnahmen.

Inventarisierende Fragen auf der Basis des "4P-U-Modells"

In einer vergleichbaren Weise kann das auch schon weiter vorne vorgestellte "4P-U"-Modell ebenso als Grundlage für die Erstellung inventarisierender Fragen, zum Zwecke einer Evaluation genutzt werden. Hier folgen wiederum Beispiel für solche Fragen, die nicht zuletzt auch den Anwender, der möglicherweise zugleich "Betroffener" ist, sensibel für "kreativogene" Umstände machen können.

Faktor "Problem":

- Gibt es überhaupt Probleme?
- Sind Fragen und Problem (gestellt von Schülern) "erlaubt"?
- Gibt es Probleme, die kreativ gelöst werden müssten? Auf welchem Niveau?
- Wer stellt Fragen/Probleme und an wen? (Kinder? Lehrer? Schuladministration? Festgelegtes Curriculum? Gesellschaft?)

- Wer findet Probleme (siehe oben)?
- Werden den Kindern Probleme (vor)gestellt/vorgegeben?
- Oder können/dürfen Kinder selber Probleme finden?
- Werden Probleme "erfunden" oder ergeben sie sich aus der (täglichen) Realität?
- Werden Probleme gefunden mit der Intention für konstruktive Lösungsversuche oder nur, um zu "problematisieren"?
- Welche Art von Problemen werden vorgestellt, gegeben oder gefunden (z. B. Komplexitätsniveau)?
- Gibt es Anregungen und Herausforderungen für die Entwicklung einer (angemessenen) Fragehaltung?
- Gibt es Gelegenheiten und Anregungen für die Entwicklung von Interessen?

Faktor "Person":

- Sind Lehrer, sind Schüler sensitiv für Probleme?
- Sind sie in der Lage, Probleme zu finden?
- Sind sie aufgefordert oder gar trainiert worden, Probleme zu finden, zu artikulieren und zu formulieren?
- Sind sie in einer Position, haben sie das Potential, kreative Prozesse zu initiieren?
- Haben Lehrer/Schüler eine offene und fragende Einstellung, eine generelle kreative Attitüde?
- Gibt es Anregungen/Möglichkeiten intrinsische Motivation zu entwickeln?
- Haben sie kognitive und personale Fähigkeiten entwickelt, um in kreative Problemlösungsprozesse involviert zu werden?

Faktor "Prozess":

- Sind abweichende Wege erlaubt, wird zu unterschiedlichen/verschiedenen Problemlöseprozessen ermutigt?
- Gibt es ein Klima der Toleranz und Offenheit gegenüber divergenten Prozessen?
- Entspricht der kreative Prozess der Art des Problems?
- Können kognitive und personale Qualitäten den kreativen Prozess durchhalten und zu Ende führen?
- Welche Faktoren der Mikro-Umwelt behindern oder unterstützen den kreativen Prozess (z.B. Zeit, Raum, Material, Ressourcen, persönliche Kontrolle usw.)?
- Welche Faktoren und Sub-Faktoren der Makro-Umwelt behindern oder unterstützen den kreativen Prozess (z.B. allgemeine Curricula, institutionelle Systeme, Organisation, kulturelles Setting, gesellschaftliche Zwänge usw.)?

Faktor "Produkt":

- Ist die kreative Lösung nur ein Zwischenstadium ("stop-over") oder ist sie (schnell) endgültig?
- Ist die kreative Lösung dem fraglichen Problem angemessen?
- Wie kann/muss die Lösung elaboriert werden, um ein angemessenes Endprodukt darzustellen?
- Wie blockieren oder unterstützen personale und umweltliche Faktoren die Ausarbeitung (Elaboration) des Produkts?
- Ist das kreative Produkt für (signifikante) Andere akzeptabel?
- Welche Atmosphäre schafft ein kreatives Produkt?
- Wie kann es anderen kommuniziert werden?
- Wird das Produkt wertgeschätzt, ist die Umwelt aufgeschlossen für die kreative Lösung?
- Verändert das Produkt das Feld bzw. die Wahrnehmung des Feldes?
- Was sind mögliche Implikationen oder Konsequenzen des kreativen Produkts?
- Kann die Verantwortung dafür übernommen werden?

Fragen bezüglich der Umweltrahmenbedingungen implizieren ganz allgemein:

- In welcher Weise beeinflussen oder determinieren materielles, personales und soziales Umfeld
  - das Finden und Artikulieren eines Problems,
  - die Initiative und das schöpferische Streben einer Person,
  - die Entwicklung des kreativen Potentials,
  - die Art und Effektivität des kreativen Prozesses sowie
  - die Elaboration, die Akzeptanz und Wertschätzung eines kreativen Produkts?
- In welcher Weise und in welchem Ausmaß wirken gesellschaftliche, ökonomische oder historische Bedingungen, indem sie z.B.
  - Probleme "offerieren" oder aber verbergen,
  - Individuen daran hindern, kreativ zu werden oder zu sein,
  - den kreativen Prozess weiterhin behindern oder befördern,
  - kreative Produkte, ihre Kommunikation und Verbreitung unterstützen oder aber ver-/behindern/unterdrücken?

Schlussbemerkungen

Auch wenn sich Kreativität einerseits als komplexes theoretisches Konstrukt und andererseits in der aktuellen Genese eines neuen Produkts als nicht durchschaubar und multidimensional abhängig darstellt, kann Kreativität, kann kreativitätsförderliches Handeln nahezu jederzeit geschehen und Handlungen vom kleinsten Tätigkeitsakt bis zum umfänglichen, ausgedehnten Projekt umfassen.

Wenn Kreativität bedeutet, neue Bedeutungen zu schaffen, Wirklichkeit neu zu konstruieren, dann geht das nur in einer (neuen) Schule, die den Widerspruch zwischen vorgeplanter Begegnung von Inhalten und Personen und der prinzipiell unplanbaren Neuschöpfung aushält, unterstützt, fordert, auflöst. Kreativität in der Institution Schule ist zugleich Gefährdung und Hoffnung für die Institution, für die in ihr arbeitenden Menschen ist sie dynamische Gestaltungskraft.

Es geht also nicht um ein oder zwei Stunden "Kreativität" pro Woche (wie immer das aussehen mag!); man kann auch nicht direkt für kreative Höchstleistungen trainieren. Das Bemühen um die Schaffung kreativitätsfördernder Bedingungen muss die gesamte pädagogische Arbeit durchdringen. Es geht dabei um Einstellungen, Haltungen, modellhaftes Handeln, Handlungskompetenz in einer Schule, die "das Unerwartete zum Zentrum neuer Handlungsspielräume macht" (Egger, 1996, S. 22). Die Lehrkraft muss ständig der Kreativität auf der Spur sein; das Problem dabei ist, dass sie eben nicht immer in der Spur läuft.

Man kann Kreativität nicht lehren und lernen, wie das 1x1. Um es überspitzt zu sagen: Man lernt kreativ zu sein, indem man kreativ ist. Oder mit einem Anagramm des englischen Wortes CREATIVITY, auch wenn es grammatikalisch nicht ganz korrekt ist:

I TRY ACTIVE.

Literatur

Alencar, E. M. L. Soriano de (1995). Challenges to the development of creative talent. *Gifted and Talented International, 10*, 5-8.

Amabile, T. M. (1990). Within you, without you: The social psychology of creativity and beyond. In M. A. Runco & R. S. Albert (Eds.), *Theories of creativity* (pp. 61-69). Newbury Park, CA: Sage.

Baloche, L., Montgomery, D., Bull, K. S., & Salyer, B. K. (1992). Faculty perceptions of college creativity courses. *Journal of Creative Behavior, 26*, 222-227.

Bussmann, H., & Heymann, W. (1983). Kreativität. In *Enzyklopädie Erziehungswissenschaft. Bd 8* (S. 490-494). Stuttgart: Klett-Cotta.

Cox, C. (1926). *The early mental traits of three hundred geniuses*. Stanford, CA: Stanford University Press.

Cropley, A. J. (1983). Kreativität: Entstehungsbedingungen und Einflußfaktoren. In W. Wieczerkowski & H. zur Oeveste (Hrsg.), *Lehrbuch der Entwicklungspsychologie, Bd. 2* (S. 259-274). Düsseldorf: Schwann.

Csikszentmihályi, M. (1997). *Kreativität. Wie Sie das Unmögliche schaffen und Ihre Grenzen überwinden*. Stuttgart: Klett-Cotta.

Egger, R. (1996). *Freiräume im Unterricht – Unterschätzt und überfordert? Kreativität als Erfahrungsquelle im schulischen Alltag*. Innsbruck: Studien-Verlag.

Einsiedler, W. (1979). Entdeckungslernen im Grundschulunterricht. In W. Einsiedler (Bearb.), *Konzeptionen des Grundschulunterrichts* (S. 147-166). Bad Heilbrunn: Klinkhardt.

Flanagan, J. C. (1975). The definition and measurement of ingenuity. In C. Taylor & F. Barron (Eds.), *Scientific creativity: Its recognition and development* (pp. 89-98). Huntington, NY: Krieger.

Fryer, M. (1989). *Teacher's views on creativity*. Unpubl. PhD thesis, Leeds Polytechnic, England.

Fryer, M., & Collings, J. A. (1991). British teachers'view of creativity. *Journal of Creative Behavior, 25*, 75-81.

Gagné, F. (1985). Giftedness and talent: Reexamining a reexamination of the definitions. *Gifted Child Quarterly, 29*, 103-112.

Getzels, S. J., & Jackson, P. (1962). *Creativity and intelligence: Explorations with gifted students*. New York, NY: Wiley.

Heller, K. A. (1990). Die Münchner Längsschnittstudie zur Hochbegabung und einige Folgeprojekte. In H. Wagner (Hrsg.), *Begabungsförderung in Deutschland 1980-1990-2000* (S. 34-45). Bad Honnef: Bock.

Jellen, H. G., & Verduin, J. R. (1989). *Differentielle Erziehung besonders Begabter. Eine Taxonomie mit 32 Schlüsselkonzepten*. Köln: Böhlau.

Kaha, K. W. (1983). The creative mind: Form and procress. *Journal of Creative Behavior, 17*, 84-94.

Lesgold, A. (1989). Problem solving. In R. J. Sternberg & E. E. Smith (Eds.), *Psychology of human thought* (pp. 188-213). Cambridge: Cambridge University Press.

Mack, R. W. (1986). Are methods of enhancing creativity being taught in teacher education programs as perceived by teacher educators and student teacher? *Journal of Creative Behavior, 20,* 22-33.

MacKinnon, D. W. (1963). Creativity and images of the self. In R. W. White (Ed.), *The study of lives* (pp. 251-278). New York: Aterton Press.

McDonough, B., & McDonough, P. (1987). A survey of american colleges and universities on the conducting of formal curses in creativity. *Journal of Creative Behavior, 21,* 271-282.

Mönks, F. J. (1989). Hochbegabte in den Niederlanden: Forschung und Praxis. In H.-G. Mehlhorn & K. K. Urban (Hrsg.), *Hochbegabtenförderung international* (S. 117-128). Köln: Böhlau.

Pickard, E. (1990). Toward a theory of creative potential. *Journal of Creative Behavior, 24,* 1-9.

Rejskind, F. G. (1982). Autonomy and creativity in children. *Journal of Creative Behavior, 16,* 58-67.

Renzulli, J. S. (1978). What makes giftedness? Reexamining a definition. *Phi Delta Kappan,* 60, 180-184, 261.

Renzulli, J. S. (1986). The three-ring conception of giftedness: a developmental model for creative productivity. In R. J. Sternberg & J. E. Davidson (Eds.), *Conceptions of giftedness* (p. 53-92). Cambridge: Cambridge University Press.

Simonton, D. K. (1976). Biographical determinants of achieved eminence: a multivariate approach to the Cox data. *Journal of Personality and Social Psychology, 33,* 218-226.

Stein, M. I. (1975). A transactional approach to creativity. In C. Taylor & F. Barron (Eds.), *Scientific creativity: Its recognition and development* (pp. 217-227). Huntington, NY: Krieger.

Sternberg, R. J. (1985). *Beyond IQ.* Cambridge: Cambridge University Press.

Torrance, E. P. (1965). *Rewarding creative behavior.* Englewood Cliffs, NJ: Prentice-Hall.

Torrance, E. T., & Goff, K. (1989). A quiet revolution. *Journal of Creative Behavior, 23,* 136-143.

Urban K. K. (1982).Ansichten und Einstellung von Lehrern und Eltern zu schulischer Erziehung und Erziehungszielen bei "normalen", behinderten und hochbegabten Kindern. *Vierteljahresschrift für Heilpädagogik und ihre Nachbargebiete (VHN), 51,* 324-336.

Urban, K. K. (1988). *Zur Entwicklung von Kreativität bei vier- bis achtjährigen Kindern. Untersuchungen mit dem "Test zum schöpferischen Denken – Zeichnerisch" (TSD-Z).* Hannover: Universität, Arbeitsstelle HEFE, Paper 12.

Urban, K. K. (1990). *Besonders begabte Kinder im Vorschulalter. Grundlagen und Ergebnisse pädagogisch-psychologischer Arbeit.* Heidelberg: HVA/Edition Schindele.

Urban, K. K. (1991). On the development of creativity in children. A study with the "Test of Creative Thinking - Drawing Production" (TCT-DP). *The Creativity Research Journal, 4*(2), 177-191.

Urban, K. K. (1995). Kreativität: Vom Störfaktor zum Unterrichtsziel. In H. Wagner (Hrsg.), *Begabung und Leistung in der Schule. Modelle der Begabtenförderung in Theorie und Praxis* (S. 76-97). Bad Honnef: Bock. Nachdruck in: *Labyrinth, 20* (Nr. 51, 1997), 3-9, und (Nr. 52, 1997), 4-9.

Urban, K. K. (1996). Besondere Begabungen in der Schule. *Beispiele, Zeitschrift für Lehrer*, 14, 1996, 21-27.

Urban, K. K. (1997). *Förderung besonderer Begabungen. Demokratischer Anspruch – Pädagogische Herausforderung*. Rodenberg: Klausur.

Urban, K. K., & Joswig, H. (Hrsg.). (1998). *Begabungsförderung in der Schule*. Rodenberg: klausur-verlag, edition ABB. [ABB-Drucke 3]

Wagner, H. (Hrsg.). (1995). *Begabung und Leistung in der Schule. Modelle der Begabtenförderung in Theorie und Praxis.* Bad Honnef: Bock.

Westby, E. L., & Dawson, V. L. (1995). Creativity: Asset or burden in the classroom? *Creativity Research Journal, 8,* 1-10.

Young, J. G. (1985). What is creativity? *Journal of Creative Behavior, 19,* 77-87.

Leicht modifiziert erschienen als

Kreativität in der Schule – Kreativität (ver)schulen?
In Th. Fitzner, W. Stark, H.-P. Kagelmacher & Th. Müller (Hrsg.). (1999), *Erkennen, Anerkennen und Fördern von Hochbegabten* (S. 108-130). Stuttgart: Klett.

Kreativitätstests

Vorbemerkung

Kreativität ist kein einheitlich verstandenes Konzept, sondern es finden sich unzählige verschiedene Definitionen und theoretische Erklärungsansätze. Im Grunde hat jede psychologische Richtung ihr je eigenes Verständnis von Kreativität entwickelt; so gibt es u.a. psychoanalytische, kognitionspsychologische, gestalttheoretische, kulturtheoretische oder humanistische Ansätze (Urban, 1995). Es erscheint unmittelbar einsichtig, dass die verschiedenen theoretischen Ansätze sich in sehr unterschiedlicher Weise, wenn überhaupt, in empirische und psychologisch-diagnostische Fragestellungen, geschweige denn psychologisch-diagnostische Verfahren, umsetzen lassen. Das hängt einerseits sowohl vom unterschiedlichen Allgemeinheitsgrad als auch vom sehr unterschiedlichen Komplexitätsgrad ab; zum andern sind z.T. sehr verschiedene Aspekte von Kreativität betroffen, z.B. Verhaltensweisen oder Leistungen, Produkte oder Fähigkeiten, Eigenschaften oder Prozesse, die jeweils mehr oder weniger direkt beobachtbar, bewertbar oder ableitbar sind.

Diagnostische Aspekte

Bei aller Vielfalt der theoretischen Ansätze werden immer wieder vier bzw. fünf, natürlich mit einander zusammenhängende Aspekte genannt, unter denen Kreativität betrachtet werden kann:

- das kreativ zu lösende Problem,
- die kreative Person,
- der kreative Prozess,
- das kreative Produkt und
- die Bedingungen der Mikro- und Makro-Umwelt.

Ein entsprechendes Modell, das als sog. "4P-U-Modell" die Verknüpftheit der Aspekte zu illustrieren versucht, wurde von Urban (1993) vorgeschlagen (siehe Kap. 2). Diesen Aspekten entsprechend hatte Bollinger (1981) versucht, die verschiedenen Testverfahren (im weitesten Sinne) zu klassifizieren:

- Unter dem Aspekt "Produkt" geht es um die Anfertigung und Beurteilung von Werkstücken (z.B. Zeichnungen, Aufsätze, Konstruktionen)
- Unter dem Aspekt "Person" werden *Persönlichkeitsfragebogen* und -inventare, Einstellungsskalen und *Interessenfragebogen* eingesetzt
- Die mögliche Rolle von "Umweltkomponenten" wird mit Hilfe biographischer Inventare erfasst
- Dem Aspekt "Prozess" sind verbale und non-verbale *Leistungstests* zugeordnet, die im Unterschied zu herkömmlichen *Intelligenztests* auf die Produktion möglichst vieler (angemessener) Antworten, also auf "divergentes Denken" zielen.

Die Klassifizierung des letzteren Verfahrenstyps ist allerdings nicht eindeutig, da gleichzeitig sowohl der Aspekt des Problems (Aufgabentypus) als auch der des Produkts (Bewertung) sowie (kognitionsbezogene) Personmerkmale eine Rolle spielen. Diese am häufigsten entwickelten und verwendeten, noch am ehesten psychometrisch zu nennenden Verfahren stehen im Mittelpunkt der diagnostischen Praxis.

Geschichte

Im Vergleich zur Intelligenztestforschung begann die Entwicklung von Kreativitätstests sehr viel später. Zwar berichtet Ulmann (1968) schon von einem Originalitätstest von Chassel aus dem Jahre 1916, der wichtigste Impuls für die neuere Zeit aber ging von einem Referat von Guilford (1950) aus. Es hat in den folgenden Jahrzehnten die Erforschung von Kreativität und vor allem die Entwicklung von Tests zum divergenten Denken wesentlich geprägt; neben dem konvergenten Denken (das üblicherweise in traditionellen Intelligenztests gefordert wird) hatte Guilford das divergente Denken in sein Intelligenzstrukturmodell integriert (Guilford, 1971).

Seinen Verfahren liegt die Annahme zugrunde, dass Kreativität eine kognitive Fähigkeit oder Disposition darstellt, die alle Menschen, wenn auch in unterschiedlichem Ausmaß, besitzen bzw. entwickelt haben. Erst unter dieser Inklusivitätsannahme ist dann die Operationalisierung von Testkonstrukten, die Testerstellung, -erprobung und -prüfung sowie Normierung möglich.

Tests des divergenten Denkens

Bei psychologisch-diagnostischen Verfahren zum divergenten Denken (Tests) ist im Unterschied zu Intelligenztests bzw. Tests zum konvergenten Denken die Anzahl möglicher Lösungen offen, deshalb kommt hier neben der Aufgabenstellung vor allem den Auswertungstechniken und -kategorien die entscheidende Rolle zu. Die Antworten werden nach verschiedenen Gesichtspunkten ausgewertet und klassifiziert, meist nach Richtigkeit/Angemessenheit, Quantität, Inhalt(skategorien), Originalität, Elaboration.

Ein erstes Unsicherheitsmoment bei Tests zum divergenten Denken birgt schon die Beurteilung nach Richtigkeit oder Falschheit einer Antwort, da nicht immer eindeutig zu bestimmen sein wird, ob eine bestimmte Lösung schon oder noch in Bezug auf ein bestimmtes Problem angemessen ist oder nicht.

Quantität bestimmt sich durch die Anzahl der jeweils (richtigen) Lösungen und wird als Maß für die "Flüssigkeit" der Ideen ("fluency") betrachtet. Je weniger die einzelnen Ideen bzw. Lösungen einer einzigen Inhaltskategorie zugeordnet werden können, je häufiger ein Kategorienwechsel zu beobachten ist, desto höher ist das Ausmaß an "Flexibilität". Die "Originalität" eines Einfalls hängt davon ab, wie entlegen ("remote") oder wie selten, vor allem auch in statistischem Sinne, er ist.

Problematisch ist dabei die Festlegung eines Grenzwertes, von dem ab ein Einfall als selten zu betrachten ist, aber auch die Frage der Sinn-haftigkeit oder Noch-Angemessenheit eines sehr entlegenen Gedankens.

Die Kategorie "Elaboration" bezieht sich auf die Ausführung und Ausarbeitung einer Lösung, die entweder sehr allgemein und schlicht sein oder aber sehr detailliert und phantasiereich, bis ins einzelne gehend sein kann (dies ist insbesondere bei figuralen Aufgaben leicht prüfbar).

In der Nachfolge Guilfords wurden die "Faktoren" des divergenten Denkens häufig mit Kreativität gleichgesetzt, was z.T. zu erheblichen Einschränkungen/Beschränkungen des zugrundeliegenden Kreativitätskonzepts führte, insbesondere, wenn nach der Operationalisierung in konkrete Testaufgaben schließlich nur noch der quantitative Auswertungsaspekt Berücksichtigung fand, und zwar insbesondere der Aspekt "Flüssigkeit". Letzteres wird begründet mit den teils sehr hohen (Inter-)Korrelationen zwischen Flüssigkeit, Flexibilität und Originalität.

Viele Untersuchungen fanden, dass die Interkorrelationen der verschiedenen Auswertungsmodalitäten für einen spezifischen Subtest (Itemtypus) in der Regel höher lagen als die Korrelationen der Modalitäten untereinander über verschiedene Subtests hinweg. Das lässt die berechtigte Frage nach der Generalisierbarkeit bzw. Spezifität der Ergebnisse hinsichtlich Prognosen für zukünftiges kreatives Verhalten in verschiedensten Arbeits- oder Inhaltsbereichen aufkommen.

Zusammen mit den Fakten, dass es sich bei einem kreativen Produkt eben nicht um etwas Vorhersagbares handelt und es nicht eine einzige, objektiv beste Lösung gibt, tragen u.a. die genannten Probleme dazu bei, dass die statistisch überprüften Kennwerte für die klassischen *Gütekriterien* (Objektivität,

Reliabilität, Validität) in aller Regel niedriger ausfallen, als man dies z.B. von Intelligenztests gewohnt ist.

Veröffentlichte Verfahren

Neben vielen von Guilford entwickelten Aufgabentypen wurden weltweit am häufigsten die "Torrance tests of creative thinking" (Torrance, 1966; 1974) verwendet. Eine neuere Zusammenstellung vieler und vielfältiger, vor allem amerikanischer Verfahren findet sich bei Isaksen et al. (1994). In der Guilford- und Torrance-Tradition stehen auch die beiden ersten in Deutschland veröffentlichten Tests, "Test zum Divergenten Denken (Kreativität)" (TDK 4-6) von Mainberger (1975) und "Verbaler Kreativitäts-Test (VKT)" von Schoppe (1975) sowie das neuere Verfahren von Krampen et al. (1996), der "Kreativitätstest für Vorschul- und Schulkinder (KVS-P)". Aus der Kritik an Tests zum rein divergenten Denken heraus ist - zurückgehend auf eine Anregung durch den Zusatztest "Kreativität" im HIT (Kratzmeier, 1977) - der "Test zum schöpferischen Denken - Zeichnerisch (TSD-Z)" von Urban & Jellen (1995) entstanden, der quantitative und auch qualitative Kriterien berücksichtigt.

Als weitere, nicht als spezielle Verfahren veröffentlichte deutschsprachige Instrumente, die Kreativität in einen komplexeren Zusammenhang mit Intelligenz und Problemlösen bzw. mit Umweltbedingungen stellen, sind zu nennen: Facaoarus (1985) Tests zur Erfassung konvergent-divergenten Denkens, der "Test des räumlichen Einrichtens" (TRE) und der "Test der Zahlenreihen und Analogien (TZRA)", Rüppells (o.J.) computergestützte Untersuchungen zum kreativen Lösen komplexer Probleme sowie Preisers (1987) Instrument zur Erfassung von kreativitätsrelevanten Bedingungen in verschiedenen Settings, "KIK" (Kreativitätsförderung und innovationsfreundliches Klima).

Einsatzmöglichkeiten

In Erweiterung einer Liste von Torrance (1987) können Kreativitätstests zweckmäßig in Forschung und Praxis eingesetzt werden:

- Zur Erlangung eines komplexeren Verständnisses vom menschlichen Geist und der Persönlichkeit sowie deren Funktionsweisen; insbesondere zur Erweiterung der Sicht menschlicher Fähigkeiten und Leistungen jenseits einer traditionellen Intelligenzkonzeption
- als Teil des Prozesses (der Begleitung) geistiger Entwicklung; als Indikator des geistigen Gesundheitszustandes und als eine Quelle von Anhaltspunkten für rehabilitative und psychotherapeutische Maßnahmen
- als Mittel zur Einschätzung der differentiellen Effekte verschiedener Arten von experimentellen Programmen, wie z. B. die Wirksamkeit von

Kreativitäts-Trainingsmethoden (Brickenkamp, 1975), neuen curricularen Arrangements, organisationellen Maßnahmen, Lehrverfahren
- als mögliche Grundlage für individualisierten Unterricht
- bei der Identifizierung hoch kreativer Individuen sowohl zur individuellen Förderung als auch zur Erforschung kreativer Persönlichkeiten
- zur Identifizierung von Individuen mit kaum oder wenig entwickelten kreativen Potentialen zum Zwecke der Förderung
- zum besseren Verständnis der Umweltbedingungen, die die Entwicklung kreativer Potentiale entweder hemmen oder fördern
- als Indikatoren für Wachstumspotential und zukünftigen Führungsbedarf ("future guidance needs").

Kreativität ist nicht als einfaches und singuläres Konzept fassbar, sondern als komplexes Konstrukt viel(fältig)er Komponenten zu denken, die nicht alle direkt oder indirekt "messbar" sind. Gleichwohl sind quantitative und qualitative Erhebungen und Bewertungen von Daten zu kreativen Tätigkeiten möglich und nötig. Sie sollten aus unterschiedlichen Quellen stammen (Isaksen et al., 1994), sie können mehr oder weniger systematische Beobachtungen während kreativer Tätigkeiten beinhalten, wie auch Inventarien, Persönlichkeits- und Interessensfragebögen, die Bewertung unterschiedlicher Produkte für unterschiedliche Zwecke, - und auch Tests.

Damit die Sammlung solcher Verfahren aber nicht beliebig bleibt, könnte sich die Zusammenstellung an Modellkonzeptionen zur Kreativität orientieren, wie z.B. dem sog. Komponentenmodell von Urban (1993; 1995), das die folgenden sechs Komponenten unterscheidet, die Aspekte der Kognition und der Persönlichkeit beinhalten:

- Divergentes Denken
- Allgemeine Wissens- und Denkfähigkeitsbasis
- Spezifische Wissensbasis und spezifische Fertigkeiten
- Fokussierung und Anstrengungsbereitschaft
- Motive und Motivation
- Offenheit und Ambiguitätstoleranz

Die sechs Komponenten setzten sich dabei wiederum in der Regel aus mehreren Subkomponenten zusammen. Bei der Verwendung derartiger komplexer Modelle wird die Frage der Möglichkeiten und der Angemessenheit der Operationalisierungen im Mittelpunkt stehen; zugleich kann durch solche empirischen Umsetzungen neben dem diagnostischen Interesse auch die Überprüfung des Modells Ziel der Bemühungen sein. Einen interessanten Versuch der Operationalisierung des o.g. Modells hat kürzlich Litzenberger (2001) unternommen.

Solche psychologisch-diagnostischen, quantitativen und qualitativen Erhebungen und ihre Evaluation wiederum sollten als Bestandteil einer förderungsorientierten Diagnostik betrachtet werden, also als eine individuell bezogene Informationsbasis dienen, um pädagogische und psychologische Maßnahmen zu entwickeln, einzusetzen und zu verbessern. In einem solchen Konzept stellen vorangehende Stimulierung und Förderung zur Entwicklung kreativer Fähigkeiten eine Voraussetzung für bedeutungs- und sinnvolle Einschätzungsmaßnahmen dar.

Zitierte Literatur

Bollinger, G. (1981). Kreativitätsmessung durch Tests zum divergenten Denken? *Zeitschrift für Differentielle und Diagnostische Psychologie, 2,* 87-106.

Brickenkamp, R. (1975). Zur Förderung und Messung kreativen Verhaltens. In H. W. Krohne (Hrsg.), *Fortschritte der pädagogischen Psychologie* (S. 49-60). München: Reinhardt.

Facaoaru, C. (1985). *Kreativität in Wissenschaft und Technik. Operationalisierung von Problemlösefähigkeiten und kognitiven Stilen.* Bern: Huber.

Guilford, J. P. (1971). Some misconceptions regarding measurement of creative talents. *Journal of Creative Behavior, 6,* 77-87.

Isaksen, S. G., Firestien, R. L., Murdock, M. C., Puccio, G. J., & Treffinger, D. J. (1994). (Eds.). *The assessment of creativity.* Buffalo, NY: Center for Studies in Creativity, Buffalo State College.

Krampen, G., Freilinger, J., & Wilmes, S. (1996). *Kreativitätstest für Vorschul- und Schulkinder (KVS-P).* Göttingen: Hogrefe.

Litzenberger, M. (2001). *Die Operationalisierung des Komponentenmodell der Kreativität nach Urban.* Unveröff. Magisterarbeit, Universität Wien, Human- und Sozialwissenschaftliche Fakultät.

Mainberger, U. (1977). *Test zum Divergenten Denken. TDK (Kreativität).* Weinheim: Beltz.

Preiser, S. (1987). *Kreativität und Kreativitätsförderung. Anmerkungen zum Stand der Kreativitätsforschung.* Unveröff. Vortragsmanuskript, Universität Frankfurt.

Rüppell, (o.J.). *Der DANTE-Test. Diagnose Außergewöhlichen Naturwissenschaftlich-Technischen Erfindergeistes. QI - Qualität der Informationsverarbeitung.* Universität Köln: Philos. Fakultät.

Schoppe, K.-J. (1975). *Verbaler Kreativitätstest (VKT). Ein Verfahren zur Erfassung verbal-produktiver Kreativitätsmerkmale.* Göttingen: Hogrefe.

Torrance, E. P. (1974). *Torrance tests of creative thinking* (Rev.). Lexington, MA: Personnel Press/Ginn.

Torrance, E. P. (1987). *Survey of the uses of the Torrance Tests of Creative Thinking.* Bensenville, Il.: Scholastic Testing Service.

Ulmann, G. (1968). *Kreativität.* Weinheim: Beltz.

Urban, K. K. (1993). Neuere Aspekte in der Kreativitätsforschung. *Psychologie in Erziehung und Unterricht, 40,* 161-181.

Urban, K. K. (1995). Different models in describing, exploring, explaining and nurturing creativity in society. *European Journal for High Ability, 6,* 143-159.

Urban, K. K., & Jellen, H. G. (1995). *Test zum schöpferischen Denken - Zeichnerisch (TSD - Z).* Frankfurt/M.: Swets Test Services.

Einführende Literatur

Feldhusen, J. F., & Goh, B. E. (1995). Assessing and accessing creativity: An integrative review of theory, research, and development. *Creativity Research Journal, 8*, 231-247.

Weiterführende Literatur

Brown, R. T. (1989). Creativity: What are we to measure? In J. A. Glover, R. R. Ronning & C. R. Reynolds (Eds.), *Handbook of creativity* (pp. 3-32). New York: Plenum.

Educational Testing Service. (1987). *Annotated bibliography of tests: Creativity and divergent thinking.* Princeton, NJ: Educational Testing Service.

Hocevar, D., & Bachelor, P. (1989). A taxonomy and critique of measurements used in the study of creativity. In J. A. Glover, R. R. Ronning & C. R. Reynolds (Eds.), *Handbook of creativity* (pp.53-75). New York: Plenum.

Erschienen als

Kreativitätstest
In K. D. Kubinger & R. S. Jäger (Hrsg.). (2003), *Schlüsselbegriffe der Psychologischen Diagnostik* (S. 254-258). Weinheim: Beltz/PVU.

Kreativitätsdiagnostik – allgemeine Überlegungen und Testverfahren

Kreativität und diagnostische Umsetzung

Es erscheint unmittelbar einsichtig, dass die verschiedenen theoretischen Ansätze, wie sie in einem vorhergehenden Beitrag angesprochen wurden, sich in sehr unterschiedlicher Weise, wenn überhaupt, in empirische und diagnostische Fragestellungen, geschweige denn Instrumente, umsetzen lassen. Das hängt sowohl vom unterschiedlichen Allgemeinheitsgrad als auch vom sehr unterschiedlichen Komplexitätsgrad ab. Außerdem sind z.T. sehr verschiedene Aspekte von Kreativität betroffen, z.B. Verhaltensweisen oder Leistungen, Produkte oder Fähigkeiten, Eigenschaften oder Prozesse, die jeweils mehr oder weniger direkt beobachtbar, bewertbar oder ableitbar sind.

Ein Beispiel für eine relativ direkte Umsetzung eines theoretischen Konzepts in ein empirisch-diagnostisches Verfahren ist der RAT ("Remote Association Test") von Mednick & Mednick (1962). Ihr assoziationstheoretischer Ansatz besitzt, ähnlich anderen divergenten Denktests, einen vergleichsweise geringen Komplexitätsgrad und erfasst nur einen relativ eng begrenzten Teilbereich von Kognition. Mednick geht davon aus, dass assoziatives Denken die Grundlage kreativen Denkens darstellt. Im kreativen Prozess werden assoziative Elemente zu neuen Kombinationen umgeformt. Eine wesentliche Rolle spielt dabei die Entferntheit (remoteness) der Assoziationen, die auch für Guilford ein wichtiges Kriterium zur Erfassung der Originalität bedeutete. "Die Ergebnisse dieser Umformungen müssen in irgendeiner Weise nützlich sein oder sonstigen spezifischen Anforderungen genügen" (Krause, 1972, S. 70).

Beim RAT müssen die Probanden "... die charakteristische, den Kriterien entsprechende Brücke finden" (Mednick & Mednick, 1962, S. 43), mit der jeweils drei Reizelemente verbunden werden können. Hier einige Beispielaufgaben im Original bzw. in deutscher Übertragung (die zugleich auch die Kulturabhängigkeit der assoziativen Brücken verdeutlicht; siehe sogar den Unterschied in Bezug auf "Pfennig"/"Kupfer" zwischen ehemaliger DDR und BRD! Ich danke H.-G. Mehlhorn für diesen spezifischen Hinweis). Die "richtigen" Lösungen finden sich am Ende des Beitrages.

rat	-	*blue*	-	*cottage*	-	?
Maus	-	*Löcher*	-	*Schweiz*	-	?
Spiel	-	*Tanz*	-	*Fuß*	-	?
Mine	-	*Pfennig*	-	*Indianer*	-	?

Es handelt sich hier also nicht um ein freies, luxurierendes Assoziieren, sondern um das Auffinden *einer* vermittelnden Assoziation, *der richtigen* Lösung.

Der RAT ist aufgrund einer Reihe von kritischen Vorbehalten relativ wenig verbreitet und angewandt worden. Der stärkste Vorwurf ist wohl, dass der RAT trotz der eindrucksvollen Befunde, über die Mednick selbst berichtet, ein in hohem Maße konvergentes Denken erforderndes Verfahren sei und sich ausschließlich auf Sprache stütze. Nach Cropley's (1966) Ergebnissen korreliert der RAT signifikant mit Schulleistungen und verbalem IQ, nicht aber mit Faktoren des divergenten Denkens. Es handelt sich hier wohl um eine zu starke Einschränkung von Konzept und diagnostischer Umsetzung, die der Vielschichtigkeit kreativen Denkens nicht gerecht wird.

Zur Entwicklung der Kreativitätsdiagnostik

In ähnlicher Weise wie die Intelligenzforschung, wenn auch nicht in diesem Ausmaße, ist auch die moderne Kreativitätsforschung ("modern" seit der "historischen" Rede Guilfords über "creativity" vor der APA, 1950) zum großen Teil eine testorientierte Forschung gewesen. Ich sehe dabei zwei Ansatzpunkte, einen eher differentiellen, enger diagnostischen und einen empirisch-forschenden. Der diagnostische Aspekt betraf zunächst einen Teilbereich der klassischen psychologisch-pädagogischen Diagnostik, die Selektion, und zwar aus einem aktuellen gesellschaftlichen und ökonomischen Interesse heraus. Es hatte sich nämlich ein zunehmender Bedarf an hoch qualifizierten schöpferischen Menschen für eine progressive Weiterentwicklung in verschiedenen Bereichen, wie z.B. Technologie gezeigt, der nicht hinreichend und zufrieden stellend mit herkömmlichen Ausleseverfahren befriedigt werden konnte, die insbesondere aus traditionellen Intelligenztests bestanden. Von hier aus erklärt sich auch z.T. die spätere "Intelligenz-Kreativitäts-Kontroverse".

Der zweite Gesichtspunkt betrifft Entwicklung und Einsatz von Kreativitätstests und -einschätzungsverfahren als Forschungsinstrumente, die z.B. dazu beitragen sollten, über die konkrete Operationalisierung von vorläufigen Annahmen über kreative Fähigkeiten zu einem empirisch fundierten theoretischen Konstrukt von Kreativität zu kommen.

Durch die Einbeziehung jüngerer Populationen haben Kreativitätstests, -einschätzverfahren und Anleitungen zur Kreativitätsbeurteilung auch als pädagogische Instrumente Verwendung gefunden. Im Rahmen pädagogischer Diagnostik sind außerdem die Anwendungsbereiche der Einzelfalldiagnostik sowie der Treatment-Diagnostik, z.B. im Sinne einer Effektivitätskontrolle, zu nennen.

Preiser betont, dass Kreativitätsdiagnostik nur unter einschränkenden Untersuchungsbedingungen überhaupt möglich sei, wenn eine Reihe verschiedener Bedingungen des kreativen Prozesses in der Realität und in der Diagnostik berücksichtigt werden; nur dann können einzelne kreativitätsrelevante Persönlichkeitsmerkmale und Fähigkeiten diagnostiziert werden, nicht aber "*die* Kreativität" (Preiser, 1976, S. 80f).

Diagnostische Verfahren

Seit dem bei Ulmann (1968) erwähnten Originalitätstest von Chassell aus dem Jahre 1916 sind, insbesondere ab den 50-er Jahren, eine ganze Reihe verschiedener Verfahren entstanden, vor allem im anglo-amerikanischen Raum. Ich möchte sie wie folgt grob einteilen:

1. Fähigkeitstests (oder "Denktests" nach Ulmann, 1968),
2. Persönlichkeitsinventarien,
3. Verhaltens-Checklisten und -Skalen,
4. Wahrnehmungs(-Präferenz)-Tests und
5. Produkt-Beurteilungen.

Diese Einteilung spiegelt auch in gewisser Weise eine Differenzierung wider, mit der viele Autoren sich dem Phänomen Kreativität zu nähern versuchen und in der unterschieden bzw. unterschiedlich gewichtet wird nach dem kreativen Prozess, der kreativen Persönlichkeit und nach dem kreativen Produkt. Dabei ergibt sich die Gefahr, dass die Bereiche zu sehr isoliert und nicht mehr in einem "4P-U-Gesamtzusammenhang" (*P*roblem-*P*ersönlichkeit-*P*rozess-*P*rodukt-*U*mwelt; siehe Modell in einem vorhergehenden Beitrag) gesehen werden (können).

Im Folgenden werde ich zunächst nur die erste Gruppe berücksichtigen, nämlich Tests zur Erfassung kreativer Fähigkeiten bzw. genauer: divergenter Denkfähigkeiten. Im Unterschied zu Auffassungen von Kreativität als (göttlicher) Inspiration, derer nur wenige teilhaftig werden - um eine Extremposition zu kennzeichnen –, liegt diesen Verfahren die spätestens seit Guilford in der Kreativitätsforschung vorherrschende Annahme zugrunde, dass Kreativität eine kognitive Fähigkeit oder Disposition darstellt, die alle Menschen, wenn auch in unterschiedlichem Ausmaß, besitzen bzw. entwickelt haben. Erst unter dieser Inklusivitätsannahme ist dann die Operationalisierung von Testkonstrukten, die Testerstellung, -erprobung und -prüfung sowie Normierung im Sinne klassischer Testkonstruktion möglich.

Bei Intelligenztests bzw. Tests des konvergenten Denkens ist die *eine richtige Lösung* zu finden; Auswertung, Interpretation und Fähigkeitsaspekt werden vor allem durch den Inhalt einer Aufgabe bestimmt. Bei divergenten Denktests hingegen ist die Anzahl möglicher Lösungen offen, deshalb kommt hier vor allem den Auswertungstechniken und -kategorien die entscheidende Rolle zu. Die Antworten werden nach verschiedenen Gesichtspunkten ausgewertet und klassifiziert, meist nach Richtigkeit, Quantität, Inhalt, Originalität, Elaboration.

Ein erstes Unsicherheitsmoment birgt schon die Beurteilung nach Richtigkeit oder Falschheit einer Antwort, da nicht immer eindeutig zu bestimmen sein wird, ob eine bestimmte Lösung schon oder noch in Bezug auf ein bestimmtes Problem angemessen ist oder nicht. Quantität bestimmt sich durch die Anzahl der jeweils (richtigen) Lösungen und wird als Maß für die "Flüssigkeit" der Ideen ("fluency") betrachtet. Guilford unterscheidet in Entsprechung zu Kategorien seines Intelligenzstrukturmodells nach Gedankenflüssigkeit (ideational fluency), Assoziationsflüssigkeit (associational fluency) und Ausdrucksflüssigkeit (expressional fluency) (Bollinger, 1981). Je weniger die einzelnen Ideen, Lösungen einer einzigen Inhaltskategorie zugeordnet werden können, je häufiger ein Kategorienwechsel zu beobachten ist, desto höher ist das Ausmaß an "Flexibilität" ("flexibility"). Die "Originalität" ("originality") eines Einfalls hängt davon ab, wie entlegen ("remote") oder wie selten, vor allem auch in statistischem Sinne, er ist. Problematisch ist dabei die Festlegung eines Grenzwertes, von dem ab ein Einfall als selten zu betrachten ist, aber auch die Frage der Sinn-haftigkeit oder Noch-Angemessenheit eines sehr entlegenen Gedankens. Anhand von Antworten zu Guilfords berühmter "brick"-Aufgabe aus der Testart "alternate uses" können einige Aspekte dieser Kategorien illustriert werden.

Rein quantitativ gesehen, also unter dem Aspekt der Flüssigkeit, liegen alle drei Probanden mit jeweils sechs Antworten gleich. Erhebliche Unterschiede zeigen sich aber schon in Bezug auf die Flexibilität; während die Antworten des Probanden A alle aus derselben Inhaltskategorie "bauen" stammen, kann man bei B drei oder vier, bei C schon fünf oder sechs Kategorien unterscheiden. Auch dürften die Antworten von C z.T. origineller, d.h. seltener sein; allerdings wäre bei der letzten Antwort zu fragen, ob diese noch als angemessen oder "richtig" anerkannt werden kann!

Suche nach Verwendungsmöglichkeiten für einen Ziegelstein!		
Proband A:	Proband B:	Proband C:
Haus bauen	bauen	Zeichnen (Kreide)
Hochhäuser bauen	Dinge beschweren	Splitt (zerstoßen)
Mauern bauen	Blätter pressen	Füllmaterial (gemahlen)
Gefängnis bauen	Wege einfassen	Untersatz
Kirchen bauen	Fußboden	Gewicht
Türme bauen	Gewicht	Kniescheibenersatz

Die Kategorie "Elaboration" ("elaboration") bezieht sich auf die Ausführung und Ausarbeitung einer Lösung, die entweder sehr allgemein und schlicht sein oder aber sehr detailliert und phantasiereich bis ins einzelne gehend sein kann. Dies ist insbesondere bei figuralen Aufgaben leicht nachvollziehbar. Bei Guilford wird der Aspekt der Elaboration auch anhand der Art der vorgegebenen Inhalte bzw. Aufgabentypen gemessen.

In der Nachfolge Guilfords wurden die vier o.g. Dimensionen oder "Faktoren" des divergenten Denkens häufig mit Kreativität gleichgesetzt, was z.T. zu erheblichen Einschränkungen/Beschränkungen des zugrunde liegenden Kreativitätskonzepts führte, insbesondere, wenn nach der Operationalisierung in konkrete Testaufgaben schließlich nur noch der quantitative Auswertungsaspekt (Flüssigkeit) Berücksichtigung fand.

Beispielaufgaben

Um die mögliche Vielfalt von Aufgaben zu zeigen und eigene Ideen anzuregen, sollen nachfolgend Aufgaben aus verbalen Subtests vorgestellt werden, die aus Jägers Testbatterie (1967) stammen und, im Rahmen seiner faktoranalytischen Intelligenz-Struktur-Analyse, auf dem Faktor "Einfallsreichtum und Produktivität" luden. Die Namen in Klammern nennen immer den "Erfinder" des jeweiligen Item-Typs.

UW Unvollständige Wörter (Guilford)
Ergänzen Sie die fehlenden Buchstaben in den folgenden Wörtern:

Z E _ C _ E N	E R _ I _ H _ N G
O _ T _ I N D	R E _ E _ M _ N _ E L

MA Masselon (Schaedell)

Bilden Sie möglichst viele Sätze mit möglichst verschiedenem Inhalt, in denen die folgenden Hauptwörter vorkommen (Reihenfolge beliebig; keine Mehrzahl):

Mann - Geld - Geschäft
Maus - Katze - Speck

AF Adjektive finden (Guilford)

Füllen Sie die Lücke in dem folgenden Satz mit möglichst vielen verschiedenen Eigenschaftswörtern so aus, dass der Satz sinnvoll ergänzt wird.
____________________wie ein Fisch
______________________wie die Zeit

TT Titel (Text) (Guilford)

Suchen Sie zu folgender Zeitungsmeldung eine (oder mehrere) möglichst treffende und originelle Überschriften.
"Infolge des zunehmenden Frauenüberschusses erhöhte sich in Dalat (Südvietnam) der Preis für einen Ehemann auf zwei Wasserbüffel."

SF Sätze finden (Guilford)

Ergänzen Sie in jeder der beiden folgenden Zeilen die vorgegebenen Anfangsbuchstaben zu einem sinnvollen Satz.
D______________F ______________w ______________g ______________.
M______________O ______________h ______________H ______________.

WG Wortgewandtheit (WIT, Jäger)

Schreiben Sie möglichst viele deutsche Wörter auf, die ....
... mit *S* oder *s* anfangen und mit *e* aufhören.

VS Vorsilben (Thurstone bzw. Guilford)

Schreiben Sie möglichst schnell viele deutsche Wörter auf, die mit der untenstehenden Vorsilbe beginnen (alle Wortarten möglich).
WAHR______________ WAHR______________ usw.
WELT______________ WELT______________ usw.

AP Anagramme "Postpaket" (Thurstone)

Bilden Sie möglichst viele Wörter aus den Buchstaben des Wortes (es müssen nicht jedes Mal alle Buchstaben verwendet werden):
MARGARINE STAHLHELM POSTPAKET MONDNACHT

VM Verschiedene Methoden (Guilford)
Vor einer Volksschule führt eine sehr verkehrsreiche Straße vorbei. Welche Möglichkeiten gibt es, die Schulanfänger vor Unfällen zu schützen?
Nennen Sie möglichst viele verschiedene Möglichkeiten.

FG Fragen (Guilford)
Sie wollen in einer Stadt einen Bratwurststand einrichten und haben die Auswahl zwischen verschiedenen Stellen.
Was alles müssen sie bei Ihrer Entscheidung für eine dieser Stellen wissen und berücksichtigen?
Fassen Sie sich möglichst kurz!

UN Unmöglichkeiten (Wilson, Guilford et al.)
Nennen Sie möglichst viele verschieden Dinge, die man normalerweise ...
... unter Wasser nicht tun kann.
... mit einem Koffer in der Hand nicht tun kann.
... bei Sonnenschein nicht tun kann.

KQ Konsequenzen (Guilford)
Was alles hätte es zur Folge, wenn alle Menschen plötzlich gezwungen wären, alles was sie denken auszusprechen?
Schreiben Sie möglichst viele mögliche Folgen auf.

IT I-Test (Sargent)
Welche Erklärungsmöglichkeiten gibt es für das folgende Verhalten/ den folgenden Sachverhalt? Schreiben Sie möglichst viele verschiedene Erklärungsmöglichkeiten auf. (Bitte dabei kurz fassen!)
Verhalten: X findet viele Menschen sympathisch.
Sachverhalt: Y wird häufig enttäuscht.

EF Eigenschaften und Fähigkeiten (Jäger)
Zählen Sie Eigenschaften auf, die ein guter Lehrlingsausbilder nicht haben darf.

Bekannte Testverfahren

Wie schon an obigen Beispielen, die um Aufgaben mit figuraler Vorlage bzw. Lösung ergänzt werden müssten, zu sehen, war es vor allem Guilford, der besonders kreativ bei der Konstruktion von Kreativitätsitems gewirkt hat.

Bekannt und verbreitet sind die Tests (TTCT) von *Torrance* (1966), der sich an Guilfords Konzeption des divergenten Denkens anlehnt. Die TTCT beinhalten drei figurale und sieben verbale Aufgaben. Im Unterschied zu Guilford nimmt Torrance an, dass mit jedem seiner Untertests mehr als eine divergente Teilfähigkeit gemessen werden kann. So können für jede Aufgabe Werte für Flüssigkeit, Flexibilität und Originalität berechnet werden, die schließlich aber wieder zusammengefasst werden. Die Unterscheidung der beiden Dimensionen “semantisch” und “figural” sowie die Kategorie “Elaboration” spielen keine wesentliche Rolle. Die Torrance-Tests sind sehr häufig in der Forschung angewandt worden, u.a. als Prüfinstrument für den Erfolg kreativitätsfördernder Maßnahmen. Über in vielen Jahren gesammelte Ergebnisse auch bezüglich der Reliabilität und Validität der Tests berichtet Torrance (1987).

Neben dieser üblichen Papier-Bleistift-Testform hat Torrance noch ein Verfahren für jüngere Kinder entwickelt, “Thinking creatively in moving and action”, das divergentes Denken über Bewegung und Handeln einzuschätzen versucht.

Wallach & Kogan (1965) haben einen Test entwickelt, der aus fünf Subtests zusammengesetzt ist, für die jeweils Werte für Flüssigkeit und Originalität (uniqueness) berechnet werden. Die Testautoren wenden sich entschieden gegen eine, ihrer Ansicht nach kreativitätshemmende Zeitbegrenzung wie bei der Durchführung traditioneller IQ-Tests und fordern eine spielerische, entspannte Atmosphäre für die Testdurchführung. Krause (1977) hat in seiner Arbeit eine deutsche Adaptation dieser Tests (Untertests UT 1 - UT 5) verwendet, die folgend kurz beschrieben wird.

UT 1 "Things" (Dinge aufzählen)

1. Runde Dinge
2. Dinge, die Lärm und Krach machen

UT 2 "Pattern meanings"

Was könnte das alles werden, wenn die Zeichnungen fertig wären?

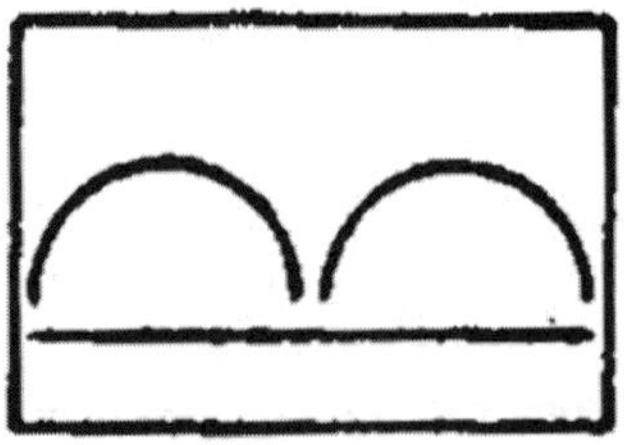

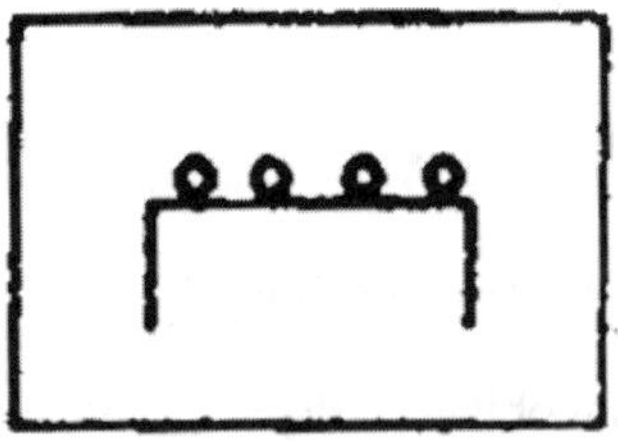

UT 3 “Uses” (Verwendungsmöglichkeiten)

1. Was kann man mit einem Schuh alles machen?
2. Was kann man mit einer Zeitung alles machen?

UT 4 "Line meanings”

Was könnte das alles werden, wenn die Zeichnungen fertig wären?

UT 5 “Similarities” (Gemeinsamkeiten finden)

1. Was ist an einer Katze und an einer Maus alles gleich?
2. Was ist an einer Geige und an einem Klavier alles gleich?

Probleme der Kreativitätsmessung

Bevor die beiden ersten in der Bundesrepublik als eigenständige Kreativitätstests in Verlagen veröffentlichten Verfahren vorgestellt werden, sollen einige Probleme im Zusammenhang mit der Testkonstruktion und -bewertung genannt werden, die u.a. bei Seiffge-Krenke (1974) umfassender diskutiert werden.

Problematisch aus sowohl methodischer als auch inhaltlich-theoretischer Sicht nennt Seiffge-Krenke (S. 170-171)

1. “die unterschiedlich gehandhabte Zeitbegrenzung sowie Unterschiede in den situativen Zeitbedingungen
2. Stichprobenbeschränkungen
3. kritische statistische Daten wie Reliabilität und Validität
4. Uneinheitlichkeit oder fehlende Kriterien zur Beurteilung kreativer Testleistung
5. die Dominanz verbaler Verfahren
6. die geringe Variabilität der Verfahren

7. Diskrepanzen zwischen der theoretischen Kreativitätskonzeption und der Messung."

Bei Messungen der Kreativität, eines an sich selbst wenig zuverlässigen Fähigkeitskomplexes, wird man nicht solch hohe Reliabilitätswerte erwarten dürfen, wie man dies von traditionellen Intelligenztests gewohnt ist. Kreative Leistungen sind in stärkerem Maße sensibel für und abhängig von Faktoren situativer, motivationaler und psychologischer Art (S. 174). So werden für die Testbatterien von Guilford Reliabilitätskoeffizienten von .45 - .80 (innere Konsistenz), für Torrance von .45 - .70 (Retestreliabilität), für Wallach & Kogan .51 - .93 (Split-half-Reliabilität) berichtet (S. 175). Von besonderer Bedeutung ist bei Kreativitätstests, die ja jeweils individuell (per Hand) nach mehr oder weniger gut definierten Kategorien ausgewertet werden müssen, die Auswerter-Übereinstimmung oder "Inter-scorer-reliabilität".

Fast noch schwieriger gestaltet sich die Validitätsüberprüfung, d.h. die Beantwortung der Fragen, was ein bestimmter Test wirklich misst, ob er eine repräsentative Verhaltensstichprobe der Fähigkeit "Kreativität" oder zumindest des zugrunde liegenden, Kreativität genannten Fähigkeitskonstrukts ermöglicht bzw. gibt, ob die Auswertungskategorien eine möglichst genaue Operationalisierung des Testkonzepts darstellen. Die relativ geringen Interkorrelationen nicht nur zwischen verschiedenen Kreativitätstests, sondern auch zwischen verschiedenen Untertests einer Kreativitätstestbatterie, lassen vermuten, dass Kreativität keine so einheitliche und konsistente Fähigkeit darstellt, wie manche vermuten. Damit ist auch die Dimensionalitätsproblematik (Bollinger, 1981) angesprochen, ob Kreativität nämlich eher als ein eindimensionales oder als mehrdimensionales Konstrukt zu verstehen ist, und zwar auch, wenn man lediglich die kognitiven Anteile kreativer Leistung betrachtet.

Neben der Frage nach der inhaltlichen Gültigkeit bzw. der Kongruenz von theoretischer Grundkonzeption und empirisch-diagnostischer Umsetzung ist die Frage nach der kriterialen und nach der prädiktiven Validität von Bedeutung. Wie gut kann ein Kreativitätstest schöpferische Leistungen vorhersagen bzw. umgekehrt, welches kreative Verhalten oder Produkt ist ein sinnvolles Kriterium für eine Gültigkeitsüberprüfung? Verwendung fanden/finden künstlerische Produkte, Erfindungen, Patente, Berufs- und Arbeitsverhalten, Leistungsnachweise, Noten, Zeugnisse und Lehrer- bzw. Expertenratings. Torrance (1987) berichtet recht gute Übereinstimmungswerte zwischen Kreativitätstestergebnissen und späteren kreativen Leistungen in Studium und Beruf (Tab. 1).

In Bezug auf die Überprüfung der konvergenten bzw. der diskriminanten Validität wird ein Test entweder mit inhaltlich ähnlichen Verfahren (z.B. anderen Kreativitätstests) oder Verfahren verglichen, die explizit anderes messen

Tabelle 1: Validität des TTCT bezogen auf verschiedene Leistungskriterien

Kriterium für kreative Leistung	Männer (N = 95)	Frauen (N = 116)
Anzahl kreativer Leistungen in der High School	.33	.44
Anzahl kreativer Leistungen nach der High School	.58	.42
Anzahl kreativer Leistungen bezogen auf kreativen Lebensstil	.42	.48
Qualität der höchsten kreativen Leistungen (Ratings)	.59	.57
Qualität zukünftiger Karrierevorstellungen	.65	.54

(z.B. Tests des konvergenten Denkens, IQ-Tests). Bei ersteren erwartet man hohe Korrelationen, bei letzteren sollten nur niedrige oder Null-Korrelationen zu beobachten sein.

Der Zusammenhang von Kreativität und Intelligenz war von jeher ein zentraler Punkt der Diskussion und Forschung. Während einerseits versucht wird, die Unabhängigkeit beider Fähigkeitsdimensionen nachzuweisen, wird andererseits in Orientierung an Jäger (1967) und die Berliner Schule "Kreativitätsdiagnostik als essentieller Bestandteil der Intelligenzdiagnostik" (König, 1986) aufgefasst.

Deutschsprachige Kreativitätstests

Als Jellen und Urban 1984 an die Konstruktion eines eigenen Kreativitätseinschätzungsverfahrens dachten (s.u.), waren neben einem kleinen Zusatztest im "Heidelberger Intelligenztest (HIT 1-2)" von Kratzmeier (1977), der später noch überarbeitet wurde, nur zwei Kreativitätsverfahren auf dem Markt, die unten kurz besprochen werden. Inzwischen sind neben dem "Test zum schöpferischen Denken - Zeichnerisch (TSD-Z)" weitere Entwicklungen hinzugekommen, die schon weiter oben erwähnt wurden.

Der "Verbale Kreativitätstest" (VKT) von Schoppe (1975)

Schoppe geht in Anlehnung an Strukturtheorien der Intelligenz sensu Jäger (1967) davon aus, dass mit dem VKT ein "Hauptfaktor des Intelligenzspektrums gemessen" werde (Schoppe, 1975, S. 35). Allerdings beinhaltet der schon oben erwähnte Jäger'sche Faktor "Einfallsreichtum und Produktivität", der auch von König (1986) als "Einfallsreichtum/Kreativität" repliziert werden konnte, in seiner Binnenstruktur nicht nur Einfälle und Produktionsleistungen bei verbalem, sondern auch bei figuralem und zahlengebundenem Material - wohl nicht zuletzt deshalb, weil im Jäger'schen Aufgabenmaterial praktisch alle seit Guilford entwickelten Arten von Kreativitätstestitems vertreten sind.

Jäger selbst verwendet übrigens in seinen gesamten Ausführungen den Begriff "Kreativität" kein einziges Mal.

Trotz der zwar nicht genannten, aber deutlichen Orientierung an Guilford-Tests interessiert Schoppe lediglich, dass und ob mit seinen Aufgaben Produktionsleistungen, d.h. quantitativ eine Menge von (richtigen/angemessenen) Assoziationen, erfasst werden können. Diese Beschränkung auf Produktivität als einzigem Bewertungsmaßstab für Kreativität versucht er, ausführlich zu begründen. Ein Vergleich der (zugegebener Weise fiktiven) unterschiedlichen Antwortreihen zweier Probanden aber kann die Schwächen eines nur auf Quantität ausgerichteten Verfahrens sehr deutlich und eindringlich zeigen (Tab. 2).

Tabelle 2:
Untertest 5 "Gleiche Eigenschaften": Was könnte ein Mensch alles zur schnelleren Fortbewegung benutzen?

Proband A:	Proband B:
D-Zug	Sprungfederschuhe
Auto	Fließbandbürgersteige
Flugzeug	Schwungseil
Rennwagen	Tarnkappe
Kutsche	enganliegende Kleidung
Schlitten	Delphin-Taxi
Fahrrad	Orkansegeln
Mofa	Schwerkraftaufhebungsapparat
Rollschuhe	Stromlinienschuhe
Roller	grüne Ampelwellen
Rakete	Segelärmel
Pferd	
Schiff	
Boot	
Lastwagen	
Seilbahn	
Aufzug	
U-Bahn	
Rohrpost	
Straßenbahn	
20 Punkte	11 Punkte!!

In Bezug auf die Einschränkung nur auf verbale Produktionen gibt Schoppe selber zu bedenken, dass der Test "erst ab einem bestimmten Niveau der Wortschatzentwicklung und nur innerhalb eines relativ milieuhomogenen Gesellschaftssystems" (S. 23) sinnvoll einsetzbar sei. Damit untermauert er indirekt selbst einen starken Vorwurf gegenüber dem VKT, dass dieser nämlich gerade durch die Festlegung auf sprachliche Produktion sozialschichtabhängig sei. Der diagnostische Spielraum wird erheblich eingeschränkt, und zwar auf "Personen mit besserer Schulbildung" (S. 35).

Hier eine Übersicht über die Untertests des VKT, der für Probanden ab 15 Jahren gedacht ist:

1	*"Wortanfänge"*	(z.B. Wörter, die mit "ver-" beginnen)
2	*"Wortenden"*	(z.B. Wörter, die mit "-los" enden)
3	*"Vierwortsätze"*	(z.B. Sätze aus vier Wörtern mit den Anfangsbuchstaben RSAM)
4	*"Namen erfinden"*	(Namen für Abkürzungen finden, z.B. für DWG)
5	*"Gleiche Eigenschaften"*	(z.B. Dinge nennen, die zur "schnelleren Fortbewegung" benutzt werden können)
6	*"Ähnlichkeiten"*	(Wörter, die ähnliche Bedeutung wie z.B. "schön" haben)
7	*"Ungewöhnliche Verwendungsarten"*	(Verwendungsmöglichkeiten für einen Ziegelstein z.B. finden)
8	*"Utopische Situationen"*	(Konsequenzen für ein Leben ohne elektrischen Strom z.B. ausdenken)
9	*"Spitznamen erfinden"*	(z.B. für "Uhr")

Der "Test zum divergenten Denken (Kreativität)" (TDK 4-6) von Mainberger (1975)

Der Name des Tests lässt zumindest einen der geistigen Urväter des Verfahrens vermuten, nämlich J. P. Guilford. Der in Klammern angefügte Begriff "Kreativität" legt eine Gleichsetzung von Kreativität mit divergentem Denken nahe, obwohl letzteres später im Manual als die "wichtigste kognitive *Voraussetzung* (Hervorhebung von mir) für kreatives Verhalten und ... Leistungen" (S. 4) genannt wird.

Das divergente Denken ist als ein Problemlösungsverhalten zu betrachten, das in verschiedene Richtungen fortschreitet und eine Vielzahl von Lösungen bzw. Lösungsversuchen hervorbringt. Individuen mit Fähigkeiten und Neigungen zu divergentem Denken zeigen Einfallsreichtum und Phantasie und weichen häufig von konventionellen Sicht- und Denkweisen ab (S. 4).

Außer dem Hinweis, dass nur einige der 24, das divergente Denken betreffende Faktoren im Guilford'schen Intelligenzstrukturmodell, nämlich nur semantische und figurale Aufgaben, verwendet werden, bleiben dies die einzigen theoretischen Ausführungen zum zugrunde liegenden Theorie- bzw. Testkonstrukt.

Die Aufgaben, deren Ursprung und Herkunft nicht belegt werden, sich aber schon bei Guilford, Torrance, Wallach & Kogan finden lassen, beinhalten:

1. *Spielklötze*: alle möglichen Figuren zeichnen, die aus drei einfachen länglichen Rechtecken (Bauklötzen) konstruiert werden können ("make a figure" bei Guilford); 5 Min.
2. *Verrückte Geschichten*: Konsequenzen fiktiver Situationen ausdenken und aufschreiben ("consequences" bei Guilford, "just suppose" bei Torrance, "Utopische Situationen" bei Schoppe); 2 Aufgaben, je 5 Min.
3. *Zeichnungen*: einfache geometrische Figuren (z.B. Ovale) zu Gegenständen ergänzen und benennen ("figure production" bei Guilford, "circle task" bei Torrance); 3 Aufgaben, je 3 Min.
4. *Lustige Vergleiche*: Erkennen und Beschreiben von Gemeinsamkeiten bei zwei verschiedenen Dingen, wie z.B. Apfel und Orange ("similarities" bei Wallach & Kogan, "Gemeinsamkeiten finden" im HAWIK(-R)!); 3 Aufgaben, jeweils 3 Min.
5. *Bilderraten*: Deuten und Benennen von "nicht fertig gezeichneten" Bildern ("pattern meaning" bzw. "line meaning" bei Wallach & Kogan); 3 Aufgaben, jeweils 3 Min.

Wie beim VKT wird auch hier die bloße Produktivität gemessen, d.h. es wird die Anzahl der, im Sinne der Aufgabe akzeptablen Antworten ausgezählt. Originalitätswerte werden nicht ermittelt, nachdem sich in Voruntersuchungen herausgestellt hatte, dass diese sehr hoch mit Produktivitätswerten korrelieren. Durch die Beschränkung auf die Leistungsmenge wird auf den Versuch einer qualitativen Bewertung, auch wenn dieser sich unter Rückgriff auf quantitative Daten ergibt (z.B. statistische Seltenheit), verzichtet.

Im Sinne einer Inhaltsvalidität müssten dann auch konsequenterweise in den Instruktionen nur Hinweise darauf enthalten sein, dass *möglichst viele* Einfälle notiert werden sollten. Es findet sich aber auch die Aufforderung, der Phantasie freien Lauf zu lassen und auch ausgefallene Antworten zu geben, an die vielleicht kein anderer denkt. Wenn ein Pb diese Aufforderung sehr ernst nimmt und vor allem nach sehr ungewöhnlichen Antworten sucht, ist leicht denkbar, dass darunter die Quantität seiner Lösungen leidet und er demzufolge aufgrund des Testergebnisses als geringer kreativ erscheint als es beim Bemühen nur um eine große Leistungsmenge wahrscheinlich gewesen wäre oder aber es eine qualitative Analyse seiner Lösungen ergeben hätte.

Ich resümiere: Beide deutschsprachigen Tests beschränken sich auf die Erfassung der Produktionsmenge (fluency) und damit auf einen Teilaspekt des divergenten Denkens, das wiederum als Teilaspekt von Kreativität betrachtet werden kann. Neben dieser doppelten inhaltlich-theoretischen Einschränkung beziehen sich die Tests nur auf bestimmte Altersgruppen, 4.-6. Klassen beim TDK, Pbn über 15 Jahre beim VKT. Dazu kommt, dass die starke oder gar ausschließliche Betonung sprachlicher Leistungen (inklusive Schreiben!) bestimmte Probandengruppen benachteiligt.

Im folgenden Beitrag wird daher ein neuer Ansatz für ein Kreativitätseinschätzungsverfahren vorgestellt, das nicht diesen engen Begrenzungen auf einen Teilaspekt divergenten Denkens unterliegt, sondern neben quantitativen auch qualitative Aspekte berücksichtigt, der "Test zum Schöpferischen Denken – Zeichnerisch".

Schlusswort

Aus dem großen, umfassenden Gebiet der Kreativitätstheorie und -forschung konnten hier nur einige kleine Ausschnitte berücksichtigt werden; vieles wurde nur angetippt, was insbesondere im Zusammenhang mit Schule und Lernen zu sagen wäre. Für die Pädagogische Diagnostik der Kreativität müssen noch deutlicher Grenzen, aber auch Möglichkeiten und Notwendigkeiten aufgezeigt werden - und sie bedarf der Einbettung in ein umfassendes pädagogisches Konzept.

Es kann sicher nicht darum gehen, den Menschen noch ein bisschen mehr zu vermessen - er ist, in doppelter Hinsicht, schon vermessen genug –, sondern einen Beitrag zur weiteren Erforschung und Förderung eines für das Individuum, für Erziehung und Gesellschaft ganz wesentlichen Persönlichkeits- bzw. Fähigkeitsbereichs zu leisten und damit die kreativen Möglichkeiten aller und für alle Menschen zu erweitern.

Lösungen der RAT-Aufgaben: cheese; Käse; Ball; Kupfer!

Literatur

Ausubel, D. P. (1968). *Educational psychology: A cognitive view.* New York.

Bollinger, G. (1981). Kreativitätsmessung durch Tests zum divergenten Denken? *Zeitschrift für Differentielle und Diagnostische Psychologie, 2,* 87-106.

Cropley, A. J. (1966). Creativity and intelligence. *British Journal of Educational Psychology, 36,* 259-266.

Facaoaru, C. (1985). *Kreativität in Wissenschaft und Technik.* Bern: Huber.

Ghiselin, B. (1963). The creative process and its relation to the identification of creative talent. In C. W. Taylor & F. Barron (Eds.), *Scientific creativity: Its recognition and development* (pp. 355-364). New York: John Wiley & Sons.

Guilford, J. P. (1950). Creativity. *American Psychologist, 5,* 444-454.

Gutman, H. (1961). The biological roots of creativity. *Genetic Psychology Monographs, 64,* 417-458.

Jäger, A. O. (1967). *Dimensionen der Intelligenz.* Göttingen: Hogrefe.

König, F. (1986). Kreativitätsdiagnostik als essentieller Bestandteil der Intelligenzdiagnostik. *Diagnostica, 32,* 345-357.

Kossakowski, A. (1981). Schöpferisches Denken und Handeln und seine Entwicklung. *Pädagogik, 36,* 565-573.

Krampen, G., Freilinger, J., & Wilmes, S. (1990). Mehrdimensionale Kreativitätsdiagnostik bei Kindern. *Zeitschrift für Differentielle und Diagnostische Psychologie, 11,* 1-15.

Krampen, G., Freilinger, J., & Wilmes, S. (1996). *Kreativitätstest für Vorschul- und Schulkinder (KVS-P).* Göttingen: Hogrefe.

Krause, R. (1972). *Kreativität. Untersuchungen zu einem problematischen Konzept.* München: Goldmann.

Kratzmeier, H. (1977). *Heidelberger Intelligenztest. HIT 1-2.*Weinheim: Beltz

Krause, R. (1977). *Produktives Denken bei Kindern. Untersuchungen über Kreativität.* Weinheim: Beltz.

Kubie, L. S. (1966). *Psychoanalyse und Genie. Der schöpferische Prozess.* Reinbek: Rowohlt.

Landau, E. (1971). *Psychologie der Kreativität.* München: Reinhardt.

Landau, E. (1984). *Kreatives Erleben.* München: Reinhardt.

Lienert, G. A. (1969). *Testaufbau und Testanalyse.* Weinheim: Beltz.

MacKinnon, D. (1970). Creativity: a multi-faceted phenomenon. In J. D. Roslansky (Ed.), *Creativity* (pp. 17-32). Amsterdam: North Holland Publ. Comp.

Mainberger, U. (1977). *Test zum Divergenten Denken. TDK (Kreativität).* Weinheim: Beltz.

Mednick, S. A. (1962). The associative basis of the creative process. *Psychological Review, 69,* 220-232.

Necka, E. (1986). Überlegungen zur Struktur der Kreativität. In W. Wieczerkowski, H. Wagner, K. K. Urban & A. Cropley (Hrsg.), *Hochbegabung - Gesellschaft - Schule* (S. 136-146). Bad Honnef: Bock.

Preiser, S. (1976). *Kreativitätsforschung*. Darmstadt: Wissenschaftliche Buchgesellschaft.
Schoppe, K.-J. (1975). *Verbaler Kreativitätstest. Ein Verfahren zur Erfassung verbal-produktiver Kreativitätsmerkmale*. Göttingen: Hogrefe.
Seiffge-Krenke, I. (1974). *Probleme und Ergebnisse der Kreativitätsforschung*. Bern: Huber.
Sternberg, R. J. (1985). *Beyond IQ*. Cambridge: Cambridge University Press.
Torrance, E. P. (1966). *Torrance Test of Creative Thinking: Norms, technical manual*. Princeton. N.J.: Personnel Press.
Torrance, E. P. (1981). *Thinking creatively in action and movement*. Bensenville, Il.: Scholastic Testing Service.
Torrance, E. P. (1987). *Survey of the uses of the Torrance Tests of Creative Thinking*. Bensenville, Il.: Scholastic Testing Service.
Ulmann, G. (1968). *Kreativität*. Weinheim: Beltz.
Wallach, M., & Kogan, N. (1965). *Modes of thinking in young children. A study of the creativity-intelligence distinction*. New York: Holt, Rinehart & Winston.

Gekürztes und modifiziertes Manuskript eines Vortrags
beim *"Leipziger Seminar" am 15.12.1989*

Der "Test zum schöpferischen Denken – Zeichnerisch (TSD-Z)" Entwicklung – Konstruktion – Ergebnisse – Erfahrungen

In allen neueren Begabungskonzepten spielt Kreativität eine wesentliche Rolle, sei es als eigene Begabungsdisposition wie bei Gagné (1985) oder im Münchner Modell (Heller, 1990) oder sei es als konstitutive Komponente sensu Renzulli (1978, 1986) bzw. Mönks (1989), Jellen & Verduin (1989) oder Urban (1990; 1996; 1997). Gleichzeitig ist allerdings zu beobachten, dass im Rahmen von Identifikationsmaßnahmen oder bei der praktischen, diagnostischen Umsetzung von Begabungskonzepten Kreativität oft vernachlässigt wird. Das mag sehr unterschiedliche Gründe haben, die von methodologischen Schwierigkeiten über konzeptionelle Einengungen und pädagogische Zielstellungen bzw. Interventionszwecke bis hin zu relativ schlichten Aspekten der Praktikabilität und Verfügbarkeit reichen.

Entwicklung und Design des TSD-Z

Der seinerzeitigen Entwicklung eines Verfahrens zur Einschätzung kreativer Fähigkeiten, über das hier berichtet werden soll, lagen mehrere Intentionen, Beobachtungen bzw. Ausgangsüberlegungen zugrunde. Diese sollen zusammengefasst hier nur kurz stichwortartig aufgelistet werden; sie sind zum Teil im Testmanual (Urban & Jellen, 1995) detaillierter dargestellt:

- Bedürfnis nach diagnostischer Umsetzung entsprechender Begabungskonzepte;
- Kritik an traditionellen Kreativitätstests (s. o.), die lediglich quantitativ und eingeschränkt einzelne Faktoren divergenten Denkens berücksichtigten;
- Spezielle Kritik an den seinerzeit verfügbaren Kreativitätstests im deutschsprachigen Raum (TDK 4-5 und VKT);
- Mangel an entsprechenden Verfahren für breite Altersgruppen.

Ein wesentlicher Gesichtspunkt für die Entwicklung des Verfahrens war also die oben genannte Einschränkung anderer Verfahren auf nur den Divergenz-

oder Quantitätsaspekt. Wir betonen in unserem Konzept, dass der schöpferische Prozess von einem bestimmten Problem ausgeht und in einem kreativen Produkt endet, und heben dabei das *Gestalt*erische von Kreativität, "composition" bzw. "coherence of organisation" sensu Lowenfeld (1962) etwa, hervor, ohne dass damit nur schöpferische Höchstleistungen gemeint sind. In diesem Sinne bildet die eigene, hier noch einmal aufgeführte Definition für Kreativität, deren Beschreibungskomponenten vorwiegend im kognitiven Bereich liegen, aber auch Aspekte aus dem Bereich der Persönlichkeitskomponenten implizieren, zusammen mit dem ebenfalls schon weiter oben vorgestellten Komponentenmodell, in dem besonders die Komponenten 2, 3, 4 und 5 betroffen sind, den allgemeinen konzeptuellen Hintergrund für die Entwicklung des eigenen Verfahrens.

Kreativität ist die Fähigkeit,

1. ein neues, ungewöhnliches und überraschendes Produkt als Lösung eines sensitiv wahrgenommenen oder gegebenen Problems, dessen Implikationen sensitiv wahrgenommen werden, zu schaffen,
2. und zwar auf der Grundlage einer sensiblen und breit umfassenden Wahrnehmung vorhandener und offen, aber auch gezielt gesuchter und erarbeiteter Informationen,
3. durch Analyse, durch lösungsgerichtete, aber hochflexible Verarbeitung, ungewöhnliche Assoziationen und neuartige Kombinationen dieser Informationen mit Daten aus umfassenden Wissensbeständen (Erfahrung) oder mit imaginierten Elementen,
4. durch Synthetisierung, Strukturierung und Komposition dieser Daten, Elemente und Strukturen zu einer neuen Lösungsgestalt (wobei die Prozesse in 3 und 4 teilweise simultan auf unterschiedlichen Verarbeitungsebenen, unterschiedlichen Bewusstheitsebenen ablaufen können),
5. die als Produkt bzw. in einem Produkt, in welcher Form auch immer, elaboriert wird, und
6. das schließlich durch Kommunikation oder Mitteilung von anderen sinnenhaft und als sinnhaft erfahren/erfasst werden kann (nach Urban, 1991a).

Die folgenden Prämissen sollten bei der Entwicklung des eigenen Verfahrens berücksichtigt werden:

1. Es sollte im Sinne eines erweiterten Konzepts von besonderer Begabung, das u. a. auch Kreativität einschließt (Urban, 1990), im Rahmen eines Screening zur Erkennung schöpferisch besonders begabter Schüler hilfreich sein.
2. Gleichzeitig sollte der Test dazu dienen, vernachlässigte, nur wenig entwickelte Kreativität bzw. nur niedrig kreative Schüler zum Zwecke der Förderung zu identifizieren.

3. Der Test sollte einfach und ökonomisch sein, d.h. möglichst breit einsetzbar, einfach in der Anwendung, Durchführung und Auswertung, d.h. zugleich ökonomisch in Bezug auf Durchführungs- und Auswertungszeit, in Bezug auf Materialaufwand.
4. Das Verfahren sollte in einem möglichst breiten Altersbereich einsetzbar sein.
5. Das Verfahren sollte in einem möglichst hohen Maße kulturfair sein.
6. Es sollte nicht nur den Produktivitätsaspekt, also quantitativ den Aspekt "fluency" messen, nicht nur Faktoren des divergenten Denkens erfassen, sondern ein umfassenderes Konzept von Kreativität widerspiegeln.
7. Auch als Screening-Instrument sollte es zumindest zufriedenstellende Kennwerte bezüglich Objektivität, Reliabilität und Validität aufweisen.

Um zum einen eine breite Anwendbarkeit auch bei jüngeren Kindern und zum zweiten ein möglichst hohes Maß an Kulturfairness zu gewährleisten, entschieden wir uns, unser Kreativitätskonzept und die darin enthaltenen Fähigkeitsdimensionen bzw. Dispositionen über eine zeichnerische Produktion zu operationalisieren bzw. umzusetzen. Aus Gründen der testpraktischen Durchführbarkeit, aus Gründen der Objektivität und Vergleichbarkeit der materiellen Voraussetzungen und Bedingungen (Lienert, 1969) und im Interesse einer Wahrnehmungsbasis, die prinzipiell allen Testteilnehmern gemeinsam sein bzw. gleich zugänglich sein sollte, mussten bestimmte Vorgaben gemacht werden. Die folgenden Abschnitte zitieren aus dem ersten Papier (Urban & Jellen, 1985).

"Diese Vorgaben von Stimuli in Form von figuralen Elementen oder Fragmenten wurden bewusst minimal gehalten, in unvollständiger und unregelmäßiger Weise angeordnet, damit sie ein Höchstmaß an Flexibilität ermöglichen und stimulieren können. Die figuralen Fragmente sollten möglichst wenig präformierenden Einfluss, weder für sich selbst noch in Bezug auf die Kombination untereinander, haben. Deshalb kamen weder figurale Konzepte, noch Symbole, noch ganze Zeichen oder Figuren als Stimuli in Frage, da diese schon Sinnträger sind bzw. konventionelle Bedeutungen besitzen. Dass unser Aufgabendesign in der Tat ein Höchstmaß an freier Interpretation und Gestaltung zulässt, zeigen die vielen Hundert inzwischen vorliegenden, sehr verschiedenen zeichnerisch-schöpferischen Produkte in ihrer variationsreichen Vielfalt sehr eindrucksvoll - und was wir gerade für ein solches Verfahren für ausgesprochen wichtig finden: Es macht den Probanden viel Spaß und hat auch für Erwachsene ein hohes Aufforderungspotential.

Auf der anderen Seite sollten die figuralen Vorgaben, im Sinne einer hohen Itemqualität, bei weniger kreativen Probanden auch stereotype Figuren provozieren ... Diese "Suggestibilität", die sich auf die Komponente Originalität bzw. Konventionalität bezieht, dürfte die Trennschärfe des TSD-Z positiv erhöhen.

Weiterhin spielten bei der Gestaltung der 6 figuralen Fragmente die folgenden Gesichtspunkte eine Rolle:

1. Jeweils unterschiedliche Gestaltung der einzelnen figuralen Fragmente;
2. geometrische (rechter Winkel) und nicht-geometrische Fragmente (Schlangenlinie);
3. runde und gerade Linien;
4. einfache und zusammengesetzte Linien;
5. unterbrochene und ununterbrochene Linien;
6. Lokalisation innerhalb und außerhalb eines gegebenen Rahmens;
7. unregelmäßige Verteilung über die Fläche und "Unfertigkeit";
8. fragmenthafter Charakter der einzelnen Elemente.

Ein zusätzliches und äußerst wichtiges Element unseres Verfahrens stellt der quadratische Rahmen dar. Diese Begrenzung dient vor allem dazu, Informationen über die Komponente des 'Risiko-Eingehens' in Form einer Begrenzungsüberschreitung zu erhalten" (Urban & Jellen, 1985, S. 7-8).

Die Testteilnehmer erhalten die Instruktion, die angefangene Zeichnung auf dem Testblatt, die jemand angefangen, aber beendet habe, bevor er überhaupt wusste, was er zeichnen wollte, zu Ende zu führen, und zwar so, wie sie es wollen; man könne gar nichts falsch machen, alles was man zeichne, sei richtig. Wie die Beobachtungen bei vielen Tausend Teilnehmern gezeigt haben, besitzen die Testblätter zum einen einen hohen Aufforderungscharakter und zum anderen macht den Teilnehmern das Zeichnen fast ausnahmslos Spaß. Beide Aspekte sind für ein Verfahren dieser Art ausgesprochen positiv und wesentlich; sie sind nach unseren Erfahrungen bei anderen Tests, wie z.B. den Torrance Tests, bei denen viel wiederholt und zudem unter Zeitdruck gearbeitet werden muss, so nicht ohne weiteres zutreffend. In der Regel sollten nacheinander beide Testblätter A und B vorgegeben und für die Aus- und Bewertung berücksichtigt werden.

Die zeichnerische Produktion wird anhand von 14 Auswertungskategorien bewertet, die zugleich das zugrundeliegende Testkonstrukt repräsentieren:

1. *Weiterführung (Wf)* vorgegebener Fragmente
2. *Ergänzungen (Eg)* oder Ausgestaltungen
3. *Neue Elemente (Ne)*
4. *Verbindungen, zeichnerisch (Vz)*
5. *Verbindungen, thematisch (Vth)*
6. *Begrenzungsüberschreitung, figurabhängig (Bfa)*
7. *Begrenzungsüberschreitung, figurunabhängig (Bfu)*
8. *Perspektive (Pe)*

9. *Humor bzw. Affektivität/Emotionalität/Expressive Kraft der Zeichnung (Hu)*
10. *Unkonventionalität (Uka)*: Manipulation des Materials
11. *Unkonventionalität (Ukb)*: fiktionales, abstraktes, surrealistisches Thema
12. *Unkonventionalität (Ukc)*: Verwendung von Zeichen und/oder Symbolen
13. *Unkonventionalität (Ukd)*: Nichtverwendung von stereotypischen Figuren
14. *Zeitfaktor (Zf)*

Diese Kriterien werden mit jeweils einer quantitativen Punktebewertung auf die jeweils entstandene (provozierte) Zeichnung angewendet; sie ergeben in ihrer Summe einen Schätzwert für kreative (Teil-)Fähigkeiten einer Person. Es muss hervorgehoben werden, dass die Bewertung kein Urteil über technisch-zeichnerische oder aber künstlerische Qualitäten darstellt. Die Auswertung nimmt nach einer gewissen Einübungszeit anhand der detaillierten Auswertungsinstruktionen mit vielen Beispielzeichnungen im Manual etwa zwischen 1 und 3 Minuten pro Zeichnung in Anspruch.

Am Ende dieses Beitrages sind einige der Zeichnungen aus dem Manual mit unterschiedlich hohen Ergebnissen zur Illustration und Information abgebildet.

Das Resultat der Auswertung zeigt auch die Bereitschaft, sich frei und flexibel mit einer Aufgabe auseinanderzusetzen, eine (mehr oder weniger deutliche) schöpferische Einstellung, die Offenheit für ungewöhnliche, originelle Deutungen und Lösungswege.

In das Ergebnis gehen ein - um wesentliche Inhalte der Kategorien noch einmal anders zu formulieren -

- die Aufmerksamkeit für und das Interesse an vorhandener Information,
- offene Wahrnehmung für Daten und Kontexte,
- das Aufgreifen, Verarbeiten, Um- und Ausgestalten gegebener Mittel (hier der materiellen Mittel in Form von figuralen Fragmenten auf dem Blatt Papier),
- die Fähigkeit zur Erweiterung durch neue Elemente, ihre Umdeutung und/oder thematische Einbindung in eine Gesamtgestaltung/Komposition,
- gleichzeitig das Überschreiten von Grenzen (quadratischer Rahmen),
- das Eingehen zeichnerischer und denkerischer Risiken,
- Flexibilität im Wechsel von figuralen, symbolischen, räumlichen Dimensionen,
- Bereitschaft und Fähigkeit, sich gleichzeitig einzulassen und zu distanzieren durch emotional-affektive Thematik, Humor, Ironie, Abstraktion und/oder expressiven Ausdruck,
- die Unabhängigkeit von Stereotypien,
- die Flüssigkeit von Ideen und deren Umsetzung in der Zeichnung.

Der Zeitfaktor, also die Schnelligkeit bei der Fertigstellung einer Zeichnung, soll nur dann in die Bewertung eingehen, wenn die Zeichnung ein bestimmtes schöpferisches Niveau erreicht hat, denn es soll nicht z.B. nur kurzes, flüchtiges Kritzeln etwa mit Zeitpunkten belohnt werden.

Nach unserem Konzept kann keine einzelne Kategorie, kein einzelner Wert für sich stehen und in Bezug auf schöpferisches Potential alleine bewertet werden, sondern nur die Gesamtheit der Bewertung gibt einen interpretierbaren Schätzwert für kreative Potentiale einer Person ab; einen Punktwert, der mit den Ergebnissen gleicher oder anderer Personengruppen anhand von Normentabellen verglichen werden kann.

Dieser Vergleich kann auf zweierlei Weise geschehen. Zum einen ist eine Grobklassifikation vorgesehen, für die die Prozentränge bzw. T-Werte in sieben Gruppen gebündelt wurden; mit einer großen Durchschnittsgruppe, die die mittleren 50% der Verteilung umfasst. Zum zweiten finden sich z.B. für Forschungszwecke oder Einzelfallberatungen detaillierte Normentabellen mit Prozenträngen und T-Werten für jeden erreichten Punktwert, und zwar für unterschiedliche Subgruppen, nach Alters- bzw. Klassenstufen sowie einzelnen Schularten, außerdem für eine Erwachsenenpopulation (Studenten und Pädagogen).

Normierungsstichproben

An den Normierungsuntersuchungen nahmen insgesamt über 2.500 Personen teil. Dabei handelte es sich vor allem um Kinder und Jugendliche zwischen 4 und 16 Jahren sowie um eine größere Gruppe Erwachsener, die aus Lehrerstudenten und Pädagogen von unterschiedlichen Institutionen bestand. Tab. 1 gibt einen Überblick über die Verteilung der Gesamtpopulation nach Alter bzw. Schularten.

Die Anzahl von Jungen und Mädchen war etwa gleich groß. Da sich die Ergebnisse der beiden Geschlechter in Gesamt- und Teilstichproben nicht signifikant unterschieden, wurden auch keine getrennten Normen berechnet.

Wenn man die Altersjahrgänge bzw. Klassenstufen miteinander vergleicht, so ergibt sich ein Anwachsen der Punktwerte bis etwa zum Alter von 11/12 Jahren bzw. zur 5./6. Klasse; danach ist ein Plateau zu beobachten. Der TSD-Z könnte also in gewisser Weise bzw. für einen bestimmten Alterspielraum als Entwicklungstest bezeichnet werden; siehe dazu auch Urban (1988a,b; 1991) bzw. den folgenden Beitrag.

Tabelle 1: Verteilung der gesamten Eichstichprobe nach Institution/ Schulart/ Berufstätigkeit und Alter, Form A

Schul-art*	Alter in Jahren																	
	4	5	6	7	8	9	10	11	12	13	14	15	16	>17	>20	>30	>40	>50	Summe
KG	30	32	11																73
GS			148	271	271	208	291	48	4	1									1242
OS							15	111	91	14									231
HS									3	31	46	26	2						108
Gy									32	140	14	55	21	3					265
SoS					1	3	4	14	31	41	48	49	21	2					214
BS													2	13	4				19
St														7	212	12			231
Pä															31	40	46	19	136
	30	32	159	271	272	211	310	173	161	227	108	130	46	25	247	52	46	19	2519

*KG = Kindergarten; GS = Grundschule; OS = Orientierungsstufe; Gy = Gymnasium; SoS = Sonderschule f. Lernbehinderte; BS =Berufsschule; St = Studenten (Pädagogik); Pä = Pädagogen (Lehrer, Erzieher, Dozenten)

Ergebnisse empirischer Studien

Im Folgenden werden selektiv einige empirische Studien zum bzw. mit dem TSD-Z kurz dargestellt oder in Ausschnitten referiert. Dabei werden auch Daten mitgeteilt, die bezüglich der Überprüfung von *Reliabilität* und *Validität* des Verfahrens Aufschlüsse liefern können.

Die seinerzeit erste Studie mit dem TSD-Z untersuchte Schüler unterschiedlicher Schulleistungsniveaus: lernbehinderte Sonderschüler, Hauptschüler, Gymnasiasten und intellektuell hochbefähigte Teilnehmer an einem Mathematikprojekt. Die Ergebnisse (Tab. 2) zeigen erwartungsgemäß einen leichten positiven Zusammenhang zwischen der durchschnittlichen Höhe der Schulleistungen (oder Schulart) und der Testleistungen. Allerdings finden sich in jeder Gruppe sowohl extrem hohe wie extrem niedrige Werte. Einzelne hohe Werte waren insbesondere für die Lehrer an der Haupt- und der Sonderschule L überraschend. Eine Einzelfallanalyse der Schüler mit den höchsten Werten in jeder Gruppe erbrachte bei jedem dieser Schüler die Beobachtung sozio-emotionaler Auffälligkeiten, die z.T. schon als Verhaltensstörungen interpretiert worden waren. Das Ergebnis des TSD-Z trug dazu bei, dass die Lehrer ihre Schüler nun mit etwas anderen Augen sahen und ihr "abweichendes" Verhalten nicht mehr ausschließlich negativ betrachteten. Dies scheint ein wichtiger Bereich für einen vor allem (sozial)pädagogisch orientierten Einsatz des TSD-Z.

Tabelle 2: TSD-Z-Statistiken von vier Gruppen mit 7.Klässlern verschiedener Schulleistungsniveaus und Korrelation der Scores zweier geübter Auswerter (1985)

Klassen	N	TSD-Z	Gesamt[a]	Variations-breite	Korrelation
(7.Schj.)		M[1]	SD[2]		Auswerter
Sonderschule	22	19.4	7.1	11-29 (37)[b]	.91
Hauptschule	27	19.9	8.6	10-30 (50)	.97
Gymnasium	18	29.0	7.2	18-38 (43)	.89
Math.-Projekt[c]	45	25.2	5.7	15-32 (49)	.94
M (Korrelationskoeffizienten)					.93

[1]M=Mittelwert
[2]SD=Standardabweichung
[a]Erste Auswertungsversion; nach der 1987 revidierten Version würden die Werte durchschnittlich ca. 3-10 Punkte höher ausfallen.
[b]Der Wert in Klammern ist jeweils ein einzelner, extrem hoher "Ausreißerwert".
[c]Mathematisch hochbefähigte Schüler aus dem Hamburger Projekt "Talentsuche Mathematik" 1984/85.

Tabelle 3: Korrelative Zusammenhänge (Rangkorrelation) zwischen den Auswertungen von 6 verschiedenen, trainierten Auswerter(inne)n bei 10 TSD-Z-Zeichnungen unterschiedlichen Niveaus

Auswerter	B	C	D	E	F
Auswerter A	.98	.89	.90	.99	.96
Auswerter B		.94	.95	.96	.99
Auswerter C			1.0	.90	.95
Auswerter D				.91	.96
Auswerter E					.98

Tabelle 4: TSD-Z-Statistiken von vier Grundschulklassen bei Auswertung durch jeweils zwei trainierte Auswerter und Korrelation der Scores

Klasse	N	Auswerter A		Auswerter B		Korrelation
		M	SD	M	SD	r
1. Schuljahr	24	20.8	8.2	20.3	7.8	.96
2. Schuljahr	24	27.5	6.6	27.1	5.8	.81
3. Schuljahr	21	26.9	7.3	27.4	7.2	.96
4. Schuljahr	20	32.2	11.9	33.8	11.8	.99
M (Korrelationskoeffizienten)						.95

Der Vergleich der Ergebnisse der Auswertungen durch die beiden Testautoren ergab eine sehr hohe „*Inter-rater-Korrelation*" von r=.93 im Mittel. Ähnlich hohe Auswerterübereinstimmungen zeigten sich auch in anderen Studien (Tab. 3 und 4).

Bei einer großen Gruppe ungarischer Schüler (N = 1100) des 4. Schuljahres wurde erstmals die parallele Testform B eingesetzt, bei der das ursprüngliche Design um 180° gedreht worden war. Von sieben, zufällig aus 36 ausgewählten Klassen war nur bei zwei Klassen ein minimal signifikanter (5%-Niveau) Mittelwertunterschied zwischen beiden Formen zu beobachten, bei allen anderen Klassen unterscheiden sich die Mittelwerte nicht signifikant. Effekte, die auf die Reihenfolge der Testformen zurückzuführen wären, wurden nicht beobachtet. Die *Paralleltestreliabilität* ist für einen Test dieser Art durchaus akzeptabel; die Korrelationen (Produkt-Moment-Korrelation) der Testformen liegen zwischen r = .64 und r = .77 und sind bei einem mittleren Wert von r = .74 sämtlich höchstsignifikant.

Ein Screening-Instrument sollte insbesondere gut zwischen Hoch- und Niedrig-Leistern differenzieren. Das tut der TSD-Z mit hoher Zuverlässigkeit, wie für die jeweils besten bzw. schlechtesten 25% in den beiden Testformen bei den o.g. ungarischen Klassen gezeigt werden konnte; sowohl Chi-Quadrat (Chi^2 = 33.54) als auch der entsprechende Kontingenzkoeffizient C(korr.) = .92 sind nicht nur höchstsignifikant, sondern auch sehr hoch.

Bezüglich der *Testwiederholungs-Reliabilität* lieferte eine Untersuchung von Bröcher einige interessante Daten (Tab. 5). Eine Wiederholung des Tests nach vier bis acht Wochen ergab für die Kontrollgruppe (ohne Training) einen sehr hohen Korrelationskoeffizienten von r=.87. Selbst für die Trainingsgruppe ('86), die sich hochsignifikant um 7 Punkte im Durchschnitt verbessert hatte, ermittelte Bröcher noch einen Wert von r=.71. Die Ergebnisse aus anderen Studien lagen in der Regel allerdings (etwas) niedriger.

Da es kein direkt vergleichbares Verfahren gibt, ist die Frage nach der *Validität* auch kaum direkt zu beantworten. Eine Reihe von Untersuchungen vermögen jedoch die Validitätsannahme plausibel zu unterstützen. Eine inhaltliche Validität ist insofern gegeben, als die Auswertungskriterien das Testkonstrukt widerspiegeln.

Informationen zur diskriminanten Validität erwarteten wir uns beim Vergleich mit Intelligenztestdaten. So kann erwartet werden, dass Zusammenhänge mit Intelligenz (im Sinne eines traditionellen IQ-Wertes) niedrig liegen und allenfalls bei einer sehr intelligenz-inhomogenen Stichprobe leicht positiv signifikant sind.

In der Tat ergab die Prüfung des Zusammenhangs zwischen den Intelligenztestwerten (Intelligenz-Struktur-Test IST 70-IQ) und den TSD-Z-Werten bei den mathematisch hochtalentierten Schülern aus der ersten o.g. Untersuchung (Tab. 2) eine Null-Korrelation. Die Stichprobe kann als relativ

Tabelle 5: TSD-Z-Mittelwerte (M) bei zwei Gruppen ('86 und '87) von 14-18jährigen intellektuell begabten[a)] Teilnehmern eines Sommercamps vor (1) und nach (2) einem Kreativitätstraining bzw. bei einer intellektuell gleich begabten[b)] Kontrollgruppe (K-Gr.) ohne Training; Signifikanz der Differenzen (t) sowie Korrelationen (r) der beiden Tests und ihre Signifikanz (Sr), (Daten nach Bröcher, 1989)

Gruppe	N	M(1)	M(2)	t	r	Sr
'86	31	25.2	32.1	**	.71	***
'87	31	26.7	31.9	**		
K-Gr.	57	28.0	29.2	*[c)]	.87	***

*p <.05; **p <.01; ***p <.001.
a) Mittlerer IQ = 132.0 bzw. 129.7 im Wiener Matrizen-Test (WMT)
b) Mittlerer IQ = 130.3 im Wiener Matrizen-Test (WMT)
c) p = .045

intelligenz-homogen (M/IQ=140; Variationsbreite 119-159) angesehen werden.

Wolanska & Necka (1990) fanden in ihrer polnischen Studie folgende Koeffizienten beim Vergleich mit den bekannten Raven's Matrices, einem nonverbalen, auf figuralen Matrizen basierenden Intelligenztest:

Gesamtstichprobe (N = 600)	r = .44	***
7- bis 10-Jährige (N = 190)	r = .29	***
11- bis 18-Jährige (N = 410)	r = .21	***
Intellektuell hochbegabte (gifted) Kinder (N = 108)	r = .14	n.s.

Diese Ergebnisse entsprechen in etwa den Erwartungen, insbesondere was den fehlenden, nicht signifikanten Zusammenhang bei der intelligenz-homogenen Stichprobe betrifft. Aber auch der zwar signifikante, knapp mittelhohe Wert für die inhomogene Stichprobe (sowohl was das Alter, als auch was Intelligenz betrifft) erklärt nur eben 20% gemeinsamer Varianz.

Korrelationen mit rein quantitativ bzw. verbal orientierten, traditionellen Kreativitätstests könnten im Vergleich dazu zwar etwas höher, aber auch nur niedrig bis mittel positiv ausfallen. Dies zeigt u. a. eine Studie mit dem TSD-Z, dem "Verbalen Kreativitätstest" von Schoppe (1977), VKT, und dem IST 70 bei drei Gruppen von verbal-schöpferisch hoch befähigten Schülern. Die Werte liegen durchaus in der erwarteten Richtung: Der VKT ist offensichtlich als recht "intelligenz-nah" zu bezeichnen (Korrelationskoeffizienten zwischen .35* und .48*). Dagegen korreliert der TSD-Z nicht mit dem IST 70-IQ (-.37 bis .31); die Werte für den Zusammenhang mit dem VKT liegen dafür in allen

Gruppen etwas höher, erreichen aber nur in einem Falle gerade die Signifikanzgrenze (.36*). Interessant ist darüber hinaus, dass die verbal-schöpferisch hochbefähigten Schüler auch im nicht-sprachlichen TSD-Z z.T. *weit* über dem Durchschnitt liegen.

Ein Vergleich zwischen dem TDK, dem "Test des Divergenten Denkens (Kreativität)" von Mainberger (1975), und dem TSD-Z ergab für die Gesamtwerte eine relativ geringe Korrelation, aber gerade signifikant und positiv (r=.32*). Korrelationen zwischen Subtests des TDK und einzelnen Bewertungskategorien des TSD-Z lagen in der Regel zwischen r=.0 und r=.30. Als Ausnahme interessant und zugleich plausibel ist der mit Abstand höchste Wert (r=.73***) bei der TSD-Z-Kategorie Ne (Neue Elemente), mit der rein quantitativ die Anzahl neuer, zusätzlich gezeichneter Elemente bewertet wird. Das ist der generell nur rein quantitativen Produktivitätsauswertung im TDK vergleichbar und betrifft mit dem TDK-Subtest 3 "Zeichnungen" eine relativ ähnliche Aufgabe, bei der es (auch) um figurale Produktivität geht. Bei den Kategorien "Begrenzungsüberschreitungen" (B, fa + fu) sowie "Unkonventionalität" (Uk, a-d) finden sich erwartungsgemäß keinerlei auch nur annähernd signifikante Korrelationen; Vergleichbares steht im TDK nicht zur Auswertung an. Die Werte der Korrelationsmatrix stimmen also durchaus mit Erwartungen, die sich aus unserem Testkonstrukt im Vergleich zum TDK ergeben, überein.

Zusammenhänge zwischen TSD-Z-Gesamtwerten und Einschätzung der Kreativität der Schüler durch ihre Lehrer bei verschiedenen Klassenstufen und Schularten erbrachten niedrige bis mittlere positive, mehrheitlich signifikante Rangkorrelationen. Zwei erstaunlich hohe Werte liegen bei R=.82 bzw. .81; in beiden Fällen ist die Erziehung zur Kreativität ein besonderes Anliegen der Lehrer, das sie auch in ihrem Unterricht umzusetzen versuchen.

Weitere positiv stützende Validitätsindizien liefern die in Kapitel 16 des Manuals referierten Untersuchungen mit unterschiedlichen Fragestellungen und Stichproben, von denen hier zunächst zwei ungewöhnliche Studien kurz vorgestellt werden sollen. Eine prognostische Validität wird sich erst im Laufe der Zeit mithilfe von Langzeitstudien zeigen lassen.

Herrmann (1987) untersuchte in seiner Studie die Auswirkungen unterschiedlicher Trainingsstile bei zwei Schülerfußballmannschaften in Bezug auf Leistungsmotivation und Furcht vor Misserfolg, Selbstachtung und Selbstkonzept, aggressives Verhalten sowie auch in Bezug auf Kreativität. Untersuchungsgruppen waren zwei Schülerfußballmannschaften, die über mehrere Jahre hinweg von jeweils demselben Trainer in unterschiedlicher Weise trainiert worden waren. Unabhängige Beobachtungen und Einschätzungen machten deutlich, dass die Schüler der Mannschaft A in einer "autokratisch" zu nennenden Weise (ATM) trainiert wurden, die andere Gruppe als eine "demokratisch" trainierte Mannschaft (DTM) bezeichnet werden konnte.

Tabelle 6: Mittelwerte im TSD-Z-Gesamt bzw. einigen Bewertungskategorien (nach Herrmann, 1987)

TSD-Z	DTM	ATM	Signifikanz
Gesamt	28.5	19.5	**
Ne	3.9	0.4	***
Hu	2.5	1.2	*
Vth	3.0	0.0	*

Wie die Tabelle 6 zeigt, erreichen die Schüler der DTM mit 28,5 Punkten einen hochsignifikant besseren Gesamtmittelwert als die Schüler der ATM mit 19,5 Punkten. Eine Analyse der einzelnen Bewertungskriterien ergibt, dass sich diese hochsignifikante Differenz vor allem auf einige wenige Einzelkriterien zurückführen lässt. Es sind dies die Bewertungskategorien "Neue Elemente" (Ne) mit einem höchstsignifikanten Unterschied, sowie die Kriterien "Humor" (Hu) und "Verbindungen, thematisch" (Vth) mit jeweils signifikanten Differenzen.

Scheliga (1988) versuchte, Zusammenhänge zwischen der produktiven und schöpferischen Tätigkeit des Musikmachens und Kreativität festzustellen, und fragte, ob Musikmachen sich positiv auf Kreativität auswirkt. Er verglich zwei Gruppen miteinander, die mit Hilfe des TSD-Z untersucht wurden. Die eine Gruppe bestand aus 28 (noch) nicht-professionellen, aktiven und komponierenden Musikern (Jazz-, Blues-, Rockmusiker oder Sänger) im Alter von 18 – 35 Jahren. Die Kontrollgruppe bildeten 42 Personen, 17 Männern im Alter von 23 – 35 Jahren und 25 Frauen im Alter von 20 – 40 Jahren, die alle in einem Hamburger Institut naturwissenschaftlich-technischer Ausrichtung berufstätig waren. Wie die Tabelle 7 ausweist, ergab sich ein hochsignifikant unterschiedlicher Gesamtmittelwert zugunsten der Musikergruppe. Bei Analyse nach einzelnen Bewertungskriterien lassen sich die Unterschiede bei den Kategorien "Ergänzungen" (Eg), "Neue Elemente" (Ne), "Verbindungen, thematisch" (Vth), "Begrenzungsüberschreitung, figurabhängig" und "unabhängig" (Bfa bzw. Bfu), "Humor" (Hu) und "Unkonventionalität" (Uk) als signifikante bzw. hochsignifikante Differenzen konstatieren.

Schließlich sollen sehr verkürzt noch einige Validitätsindikatoren berichtet werden, die sich im Zusammenhang mit der großen Stichprobe ungarischer Schüler (s.o.) ergaben, die neben den beiden TSD-Z-Formen noch einen kurzen Fragebogen beantwortet hatten. Aus der Gesamtstichprobe wurden zwei

Tabelle 7: Mittelwerte im TSD-Z-Gesamt bzw. in einzelnen Bewertungskategorien und Signifikanz ihrer Differenz (nach Scheliga, 1988)

TSD-Z	Musiker	Kontrollgruppe	Signifikanz
Gesamt	34.2	17.9	**
Ne	2.6	0.8	*
Bfa	2.6	0.7	*
Bfu	1.5	0.1	**
Pe	0.9	0.4	*
Hu	2.4	0.3	**

Extremgruppen herausgezogen; die H-Gruppe (N = 21) mit Schülern, die in beiden Testformen zusammen mindestens 75 Punkte, und die N-Gruppe (N = 28), deren Mitglieder höchstens 19 Punkte zusammen erreicht hatten. Höchst kreative Schüler (H-Gruppe) nennen signifikant mehr Hobbys, scheinen von daher breiter interessiert und zugleich interessengerichteter, sind stärker künstlerisch orientiert, haben eher Berufswünsche, die auf eine akademische und/oder künstlerische Tätigkeit und in einer höheren Position zielen, ihre Interessen sind auch in der Schule stärker auf die Kunst gerichtet, sie besuchen in sehr viel höherem Ausmaß Spezialklassen und haben schlechtere Noten in Mathematik als ihre niedrig kreativen Mitschüler.

Ein zusätzlich interessantes und für den Test sehr positives Ergebnis der Befragung war, dass nicht nur allen Schülern aus der H-Gruppe, sondern auch immerhin 86% der Schüler aus der N-Gruppe das Zeichnen im TSD-Z Spaß gemacht hat. Die Frage "War es schwer?" wird von allen Schülern der H-Gruppe mit einer Ausnahme verneint; nur ein Schüler der N-Gruppe fand es eindeutig schwer, 79% dieser Gruppe fanden es nicht schwer. Auch dieses Ergebnis spricht für den TSD-Z, weil er die Kinder offensichtlich nicht überbeansprucht und sie nicht unter falschen Erfolgszwang und Leistungsdruck bringt, also kein kreativitätshemmendes (Binnen-)Klima erzeugt.

Insgesamt gesehen, lassen sich die bisher in Untersuchungen mit dem TSD-Z erhaltenen Daten als sehr zufrieden stellend und ermutigend bezeichnen.

Resümee

Inzwischen gibt es Dutzende internationaler Studien mit dem TSD-Z bzw. TCT-DP (Urban & Jellen, 1996). Sie zeigen durchweg brauchbare Ergebnisse, die den TSD als ein Verfahren ausweisen, das sowohl in der Forschung als auch in der pädagogisch-psychologischen Praxis mit einzelnen Individuen wie auch mit Gruppen seinen Platz hat.

Abschließend sollen daher noch einmal zusammenfassend mögliche Anwendungsbereiche für den "Test zum Schöpferischen Denken – Zeichnerisch (TSD-Z)" genannt werden:

- Der TSD-Z kann generell in der Schule schon ab der ersten Klasse eingesetzt werden, wenn LehrerInnen sich über die kreativen Fähigkeiten ihrer Schüler ein genaueres Bild machen wollen. LehrerInnen können dadurch ihre mehr oder weniger zufälligen Beobachtungen und Eindrücke bzw. Rückschlüsse objektivieren, ergänzen und gegebenenfalls korrigieren. Aufgrund der Ergebnisse können Fördermaßnahmen für Gruppen oder Einzelne, und zwar sowohl für schwächere Schüler als auch für solche mit besonderen kreativen Potentialen ergriffen werden.
- LehrerInnen können anhand der Testergebnisse erkennen, ob die Schüler der Klasse als Gruppe durchschnittlich vergleichsweise (erheblich) niedriger abschneiden als vergleichbare Klassen- oder Altersstufen. Das kann dann im Unterricht stärker berücksichtigt werden. Dazu müssten LehrerInnen sich auch fragen, ob und inwiefern ihr eigenes Verhalten, ihr Unterrichts- und Lehrstil eher zur Hemmung und Verhinderung als zur Anregung, Stimulierung und Förderung kreativer Verhaltensweisen ihrer Schüler beiträgt.
- Auch im vorschulischen Bereich ist das Verfahren ab einem Alter von etwa vier Jahren einsetzbar, und zwar vor allem zur Identifizierung besonders kreativer Kinder. Vor allem hohe Werte sollten ernst genommen werden; durchschnittliche oder niedrige Werte sind bei Kindern dieses Alters weniger zuverlässig, da ihre Produktionen sehr stark kontextabhängig sind.
- Der TSD-Z ist zur Ermittlung und Überprüfung von Übungseffekten und Lernfortschritten im Bereich kreativen Denkens und Handelns als Vor- und Nachtest geeignet.
- Im Rahmen der pädagogischen und psychologischen Beratung kann der TSD-Z mit zur Untersuchung, zur Er- und Abklärung der Schwierigkeiten von Schülern in und mit der Schule herangezogen werden; das trifft für Lernschwierigkeiten und Leistungsversagen ebenso zu wie für (Sozial-)Verhaltensauffälligkeiten.
- Im Sonderschulbereich kann der TSD-Z zur Aufdeckung bislang nicht erkannter oder anerkannter Potentiale dienen; das gilt sowohl in der Schule für Lernbehinderte und für Sprachbehinderte als auch besonders in Einrichtungen für verhaltensauffällige Schüler.
- In der klinisch-therapeutischen Praxis kann der TSD-Z in Einzelfällen bei der diagnostischen Aufklärung helfen, insbesondere wenn der Zeichenpro-

zess beobachtet und die Produktion, eventuell auch anhand eines explorativen Gesprächs, inhaltlich beschrieben und interpretiert wird.

- Der TSD-Z kann flächendeckend als einfaches und ökonomisches Screening-Instrument im Rahmen von Identifikationsmaßnahmen zur Erkennung kreativ besonders Begabter eingesetzt werden.
- Auch in der Berufsausbildung und Berufsberatung kann sich der TSD-Z als zusätzliches nützliches Hilfsmittel erweisen.
- Bei Selektionsentscheidungen in beruflichen Bereichen mit besonderen Anforderungen an kreative Fähigkeiten kann der TSD-Z zur Entscheidungsfindung mit herangezogen werden.
- Der TSD-Z kann als im Sinne klassischer Testtheorie valides, reliables und objektives Instrument im Rahmen von Forschungsarbeiten, etwa zur kindlichen Entwicklung, in der differentiellen und klinischen Psychologie, in der Arbeits- und in der Pädagogischen Psychologie, Verwendung finden.

Literatur

Bröcher, A. (1989). *Kreative Intelligenz und Lernen. Eine Untersuchung zur Förderung schöpferischen Denkens und Handelns unter anderem in einem Universitären Sommercamp.* München: Minerva. (Diss., Uni Köln)

Gagné, F. (1985). Giftedness and talent: Reexamining a reexamination of the definitions. *Gifted Child Quarterly, 29*, 103-112.

Heller, K. A. (1990). Die Münchner Längsschnittstudie zur Hochbegabung und einige Folgeprojekte. In H. Wagner (Hrsg.), *Begabungsförderung in Deutschland 1980-1990-2000* (S. 34-45). Bad Honnef: Bock.

Herrman, W. (1987). *Auswirkungen unterschiedlicher Trainingsstile auf Leistungsmotivation und Furcht vor Mißerfolg, Selbstachtung und Selbstkonzept, Aggressives Verhalten sowie Kreativität.* Unveröff. Diplomarbeit, Psychol. Institut II, Universität Hamburg.

Jellen, H. G., & Verduin, J. R. (1989). *Differentielle Erziehung besonders Begabter. Eine Taxonomie mit 32 Schlüsselkonzepten.* Köln: Böhlau.

Lienert, G. A. (1969). *Testaufbau und Testanalyse.* Weinheim: Beltz.

Lowenfeld, V. (1960). *Vom Wesen schöpferischen Gestaltens.* Frankfurt: Europäische Verlagsanstalt.

Mainberger, U. (1977). *Test zum Divergenten Denken. TDK (Kreativität).* Weinheim: Beltz.

Mönks, F. J. (1989). Hochbegabte in den Niederlanden: Forschung und Praxis. In H.-G. Mehlhorn & K. K. Urban (Hrsg.), *Hochbegabtenförderung international* (S. 117-128). Köln: Böhlau.

Renzulli, J. S. (1978). What makes giftedness? Reexamining a definition. *Phi Delta Kappan,* 60, 180-184, 261.

Renzulli, J. S. (1986). The three-ring conception of giftedness: a developmental model for creative productivity. In R. J. Sternberg & J. E. Davidson (Eds.), *Conceptions of giftedness* (p. 53-92). Cambridge: Cambridge University Press.

Scheliga, J. (1988). *Musikmachen und die Förderung der Kreativität.* Unveröff. Diplomarbeit, Psychol. Institut II, Universität Hamburg.

Schoppe, K.-J. (1975). *Verbaler Kreativitätstest. Ein Verfahren zur Erfassung verbal-produktiver Kreativitätsmerkmale.* Göttingen: Hogrefe.

Urban, K. K., & Jellen, H. G. (1985). *Der TSD-Z: Test zum schöpferischen Denken - zeichnerisch.* Universität Hannover, Arbeitsstelle HEFE, Paper 6.

Urban, K. K. (1988a). *Zur Entwicklung von Kreativität bei vier- bis achtjährigen Kindern. Untersuchungen mit dem neuen "Test zum schöpferischen Denken - Zeichnerisch" (TSD-Z).* Universität Hannover, Arbeitsstelle HEFE, Paper 11.

Urban, K. K. (1988b). Zur Entwicklung von Kreativität mit 4-8Jährigen - Untersuchungen mit dem neuen "Test zum schöpferischen Denken - Zeichnerisch" (TSD-Z). In W. Schönpflug (Hrsg.), *Bericht über den 36. Kongress der Deutschen Gesellschaft für Psychologie in Berlin 1988. Bd. 1. Kurzfassungen* (S. 468-469). Göttingen: Hogrefe.

Urban, K. K. (1990). *Besonders begabte Kinder im Vorschulalter. Grundlagen und Ergebnisse pädagogisch-psychologischer Arbeit*. Heidelberg: HVA/Edition Schindele.

Urban, K. K. (1991). On the development of creativity in children. A study with the "Test of Creative Thinking - Drawing Production" (TCT-DP). *The Creativity Research Journal, 4*(2), 177-191.

Urban, K. K. (1996). Besondere Begabungen in der Schule. *Beispiele, Zeitschrift für Lehrer*, 14, 1996, 21-27.

Urban, K. K. (1997). *Förderung besonderer Begabungen. Demokratischer Anspruch – Pädagogische Herausforderung*. Rodenberg: Klausur.

Urban, K. K., & Jellen, H. G. (1985). *Der TSD-Z: Test zum schöpferischen Denken - zeichnerisch.* Universität Hannover, Arbeitsstelle HEFE, Paper 6.

Urban, K. K., & Jellen, H.-G. (1995). *Test zum schöpferischen Denken - Zeichnerisch (TSD-Z).* Frankfurt/M.: Swets Test Services.

Urban, K. K., & Jellen, H. G. (1996). *Test for Creative Thinking – Drawing Production (TCT-DP).* Lisse, Netherlands: Swets & Zeitlinger.

Hier leicht erweitert, erschienen als

Der "Test zum Schöpferischen Denken – Zeichnerisch (TSD-Z)": Entwicklung – Konstruktion – Ergebnisse – Erfahrungen.

In K. K. Urban & H. Joswig (Hrsg.). (1998), *Begabungsförderung in der Schule* (S. 117-129). Rodenberg: klausur-verlag, edition ABB. [ABB-Drucke 3]

Abbildungen aus dem Testmanual mit Auswertung

9 "Kaktus" / "Cactus" (4 min.)

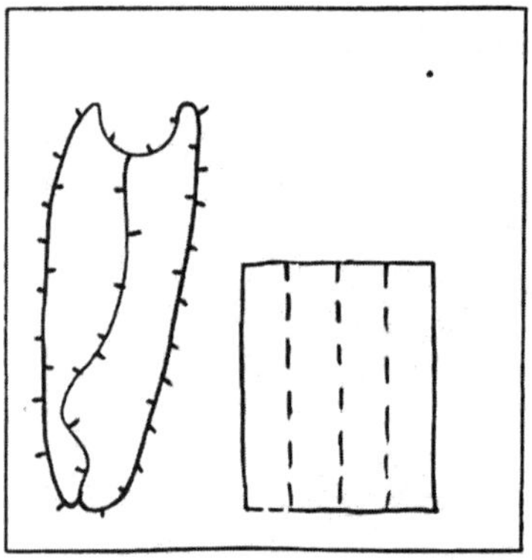

Wf	Eg	Ne	Vz	Vth	Bfa	Bfu	Pe	Hu	Uka	Ukb	Ukc	Ukd	Zf	Total
4	2	-	2	2	-	-	-	-	-	-	-	2	/	12
Cn	Cm	Ne	Cl	Cth	Bfd	Bfi	Pe	Hu	Uca	Ucb	Ucc	Ucd	Sp	Total

10 "Katze" / "cat" by Vicky, 13 (11 min.)

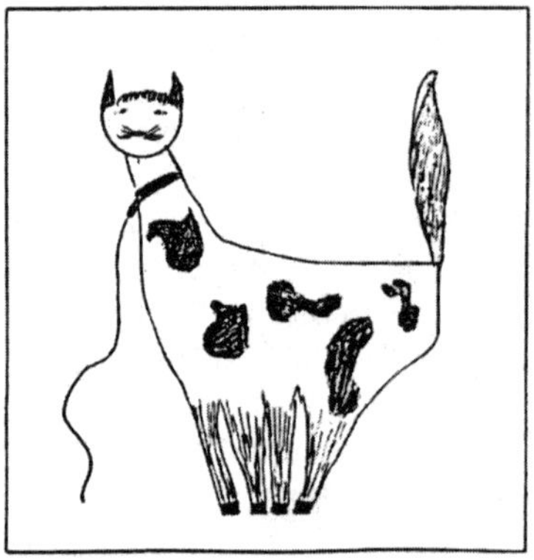

Wf	Eg	Ne	Vz	Vth	Bfa	Bfu	Pe	Hu	Uka	Ukb	Ukc	Ukd	Zf	Total
5	5	-	5	6	-	-	-	2	-	-	-	1	/	24
Cn	Cm	Ne	Cl	Cth	Bfd	Bfi	Pe	Hu	Uca	Ucb	Ucc	Ucd	Sp	Total

11 "Ohne Titel" / "without title", by Heiko, 11 (14 min.)

Wf	Eg	Ne	Vz	Vth	Bfa	Bfu	Pe	Hu	Uka	Ukb	Ukc	Ukd	Zf	Total
5	6	6	4	6	-	-	1	-	-	-	-	1	0	29
Cn	Cm	Ne	Cl	Cth	Bfd	Bfi	Pe	Hu	Uca	Ucb	Ucc	Ucd	Sp	Total

12 "Robeterwelt" / "robot-world", Michael, 12 (14 min.)

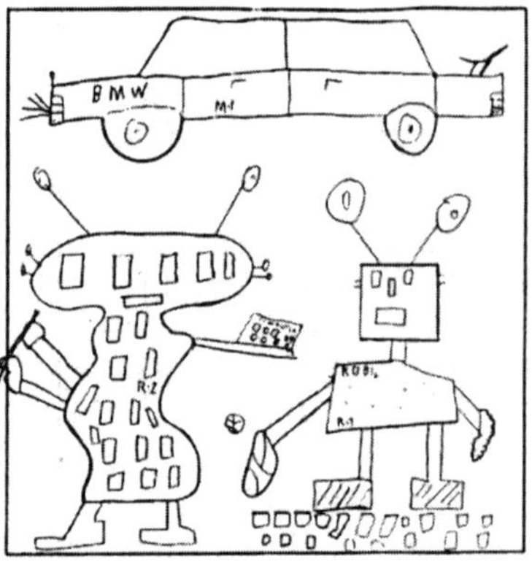

Wf	Eg	Ne	Vz	Vth	Bfa	Bfu	Pe	Hu	Uka	Ukb	Ukc	Ukd	Zf	Total
5	6	1	1	6	-	3	-	1	-	3	3	3	0	32
Cn	Cm	Ne	Cl	Cth	Bfd	Bfi	Pe	Hu	Uca	Ucb	Ucc	Ucd	Sp	Total

17 "Verschiedenes" / "sundries"
by Eca, 10 (12 min.)

Wf	Eg	Ne	Vz	Vth	Bfa	Bfu	Pe	Hu	Uka	Ukb	Ukc	Ukd	Zf	Total
5	6	6	5	3	6	6	4	3	0	3	0	0	0	47
Cn	Cm	Ne	Cl	Cth	Bfd	Bfi	Pe	Hu	Uca	Ucb	Ucc	Ucd	Sp	Total

18 "Bild" / "picture"
by Juan 11 (14 min.)

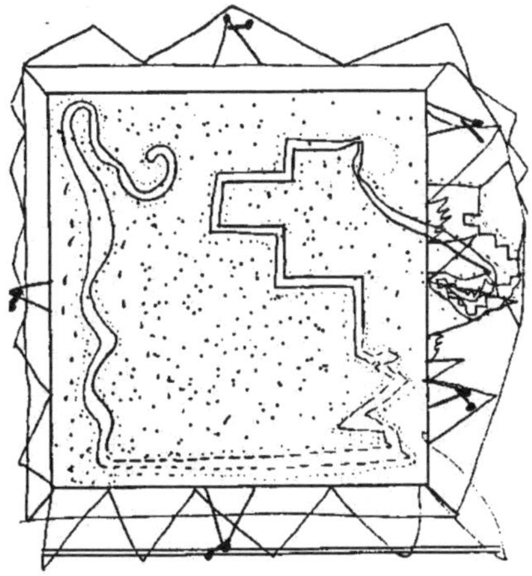

Wf	Eg	Ne	Vz	Vth	Bfa	Bfu	Pe	Hu	Uka	Ukb	Ukc	Ukd	Zf	Total
6	5	3	6	6	6	6	2	2	3	3	0	0	0	48
Cn	Cm	Ne	Cl	Cth	Bfd	Bfi	Pe	Hu	Uca	Ucb	Ucc	Ucd	Sp	Total

19 "Graphik" / "graphic"
by Thomas, 14 (11 min.)

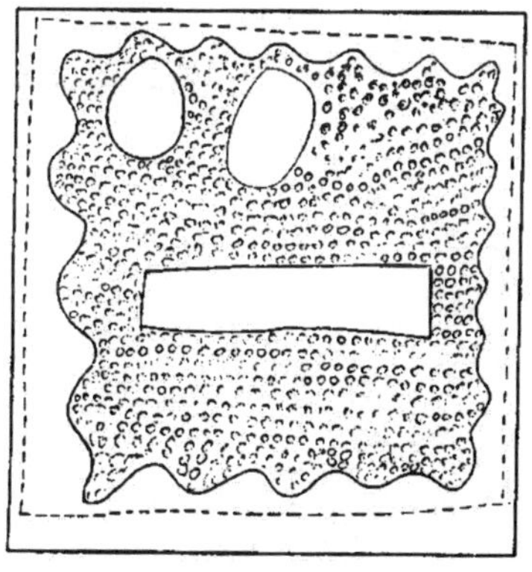

Wf	Eg	Ne	Vz	Vth	Bfa	Bfu	Pe	Hu	Uka	Ukb	Ukc	Ukd	Zf	Total
5	3	0	3	6	0	0	0	0	0	3	0	0	0	20
Cn	Cm	Ne	Cl	Cth	Bfd	Bfi	Pe	Hu	Uca	Ucb	Ucc	Ucd	Sp	Total

20 "the desert lives" by Michi, 13

Wf	Eg	Ne	Vz	Vth	Bfa	Bfu	Pe	Hu	Uka	Ukb	Ukc	Ukd	Zf	Total
6	6	6	6	6	6	6	6	6	0	3	3	1	0	51
Cn	Cm	Ne	Cl	Cth	Bfd	Bfi	Pe	Hu	Uca	Ucb	Ucc	Ucd	Sp	Total

Zur Entwicklung von Kreativität Untersuchungen bei vier- bis achtjährigen Kindern mit dem "Test zum schöpferischen Denken – Zeichnerisch" (TSD-Z)

Kreativität und Entwicklung

Die Frage nach der Entwicklung von Kreativität im Kindesalter hängt sehr eng mit dem jeweiligen Konzept von Kreativität zusammen. Wenn kreative Leistungen solche sind, die von erheblichem gesellschaftlichen Nutzen sind, wird man kaum von einer kindlichen Kreativität sprechen können, da ein Kind, abgesehen von Ausnahmebegabungen wie z.B. Mozart, solcher Art kreative Produkte wohl nicht entwickeln und herstellen kann.

Ebenso wenig wird man kreative Leistungen bei Kindern finden, wenn das Kriterium der Neuheit in einem globalen oder gesellschaftlichen Bezug gesehen wird. Neuheit kann aber auch relativ gesehen werden, wenn man sie auf unterschiedliche Bezugsgruppen bezieht, wie z.B. Familie, Gruppe Gleichaltriger, Klasse oder aber auf das einzelne Individuum.

"Das Bedürfnis nach Neuem, ein zentrales Motiv für die menschliche Entwicklung (Hunt, 1965) ist in der frühen Kindheit so stark, dass sich das Kind selbst neue Situationen schafft, wenn von außen her keine neuen Reize auftreten" (Oerter, 1971, S. 352).

Nach Russel (1956) gehören Kindheit und Kreativität untrennbar zusammen; denn Lernen, indem es alle Veränderungsprozesse einschließt, die zu neuartigem Verhalten führen, kann als kreativer Prozess aufgefasst werden. Das gleiche gilt für Transferprozesse, denn dabei werden Prinzipien, die an einem Problem gelernt wurden, auf andere Probleme übertragen; dies ist ein wichtiger Aspekt für den kreativen Prozess.

Nach Anderson (1959) kann der kreative Prozess analog zum Entwicklungsprozess gesehen werden, indem man nämlich Entwicklung als einen im Sinne einer positiven Veränderung zielgerichteten und konstruktiven Prozess betrachtet, bei dem das bereits Erreichte durch Vorgänge der Differenzierung aufgegeben werden muss, um durch erneute Integration zu neuen Formen zu gelangen (nach Ulmann, 1968, S. 122).

Wenn man aber, wie z.B. wie Stein (1953) zwischen internalen und externalen Bezugssystemen zur Bewertung von kreativem Verhalten unterscheidet, dann kann eben auch ein Kind von seinem internalen oder intra-individuellen Bezugssystem her kreativ sein, wenn es nämlich Ideen hat, Produkte fertigt, die es vorher nie selbständig gedacht bzw. hergestellt oder ausgeführt hat.

Nach Oerter (1971) kann man eine entwicklungspsychologische Wurzel der Kreativität in den spontanen Aktivitäten des Kindes sehen, die ohne erkennbare äußere Reize ablaufen. Dieses "operant behavior" ist nur ganz zu Anfang wirklich eine Zufallsaktivität rein äußerer Art; allmählich wird es zu einem mehr oder weniger gelenkten Probierverhalten, wird "gegliedertes Verhalten, das sich um bestimmte Ziele herum gruppiert", das gewisse Hypothesen überprüft (S. 349). Auch die inneren Strukturen und Vorgänge, die diese äußere, spontane Aktivität repräsentieren, klassifiziert Oerter als operant behavior.

So gesehen kann das bei jedem Kind natürlicherweise vorhandene, zunächst eher ungelenkte, später gelenkte Explorier- und Neugierverhalten als eine Wurzel der Kreativität angesehen werden. Im weitesten Sinne sind dann auch schon die ersten Assimilations- und Akkommodationsleistungen des kleinen Kindes, die erworbenen Schemata bzw. Pläne als erste kreative Leistungen zu verstehen, "da jedes Schema, das das Kind benutzt oder weiterentwickelt, zu neuen Ordnungsergebnissen führt" (S. 340).

Auch wenn schöpferische Leistungen im Sinne der Originalität stärker bei Assimilationsvorgängen ins Auge fallen würden, können nach Oerter auch die Akkommodationen originell ausfallen, da diese von jeweils anderen Assimilationsvorgängen, d.h. von je individueller vorausgegangener Erfahrung und Lernkapazität, individuell abhängig seien.

"Operant behavior und die Prozesse der Assimilation und Akkommodation münden bald in eine sehr reichhaltige Aktivität ein, die wir gewöhnlich als Spiel bezeichnen" (Oerter, 1971, S. 351). Einerseits drücken sich in den verschiedenen Arten des Spiels, Illusionsspiel, Fiktionsspiel, Rollenspiel, Konstruktionsspiel, kreative Fähigkeiten des Kindes aus, andererseits kann es hier kreative Fähigkeiten entwickeln bzw. kreative Erfahrungen machen.

Sowohl im Anschluss an Oerter als auch nach Russel (1956) dürfen das Experimentieren mit dem eigenen Körper, das Experimentieren und Manipulieren mit Gegenständen (Torrance, 1964), auch die frühen zeichnerischen Versuche, die eigene Empfindungen und Erfahrungen ausdrücken, kindliches Sprachlernverhalten, Neugier und Frageinteresse der Kinder, als Manifestationen kreativen Verhaltens betrachtet werden. Voraussetzungen und Möglichkeiten zu kreativem Verhalten sind beim Kind also durchaus gegeben. Im Verlaufe der Zeit ändern sich vor allen Dingen die Inhalte und Produkte des kreativen Verhaltens, wobei in der Literatur immer wieder darauf hingewiesen wird, dass die Sozialisationsumstände des älter werdenden Kindes Kreativität in der Regel eher hemmen als fördern. Cropley (1983) spricht sogar davon, dass die Sozialisationsinstanzen per se kreativitätshemmend wirken.

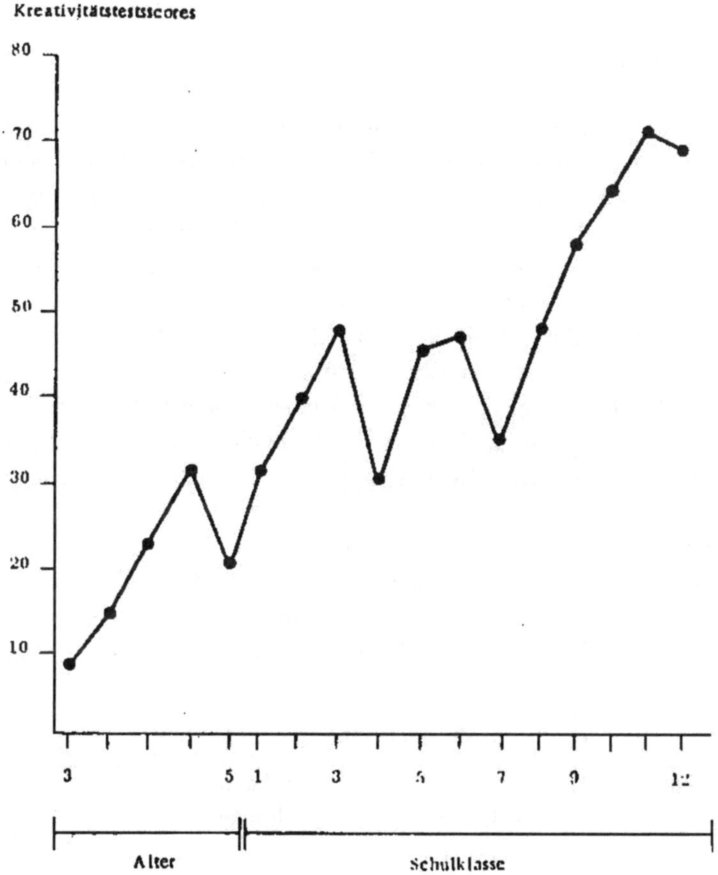

Abb. 1: Entwicklungskurve kreativer Fähigkeiten (nach E. P. Torrance, 1963; übernommen aus Seiffge-Krenke, 1974)

Torrance (1963) hat nach Auswertung von Quer- und Längsschnittsuntersuchungen eine Entwicklungskurve der Kreativität bei Kindern erstellt (Abb. 1). Er erklärt den Abfall kreativer Leistungen um das 5. Lebensjahr mit den für das Ende der Kleinkindzeit und den Beginn der Schulkindzeit üblichen Anforderungen nach sozialer Anpassung, Kompromissen und dem Akzeptieren von sozialen Autoritäten. Man muss allerdings berücksichtigen, dass es sich bei den, dieser Kurve zugrunde liegenden Messverfahren um Tests des divergenten Denkens handelt. Mit seinen Faktoren der Flüssigkeit, Flexibilität, Originalität und Elaboration sind wesentliche Komponenten des schöpferischen Prozesses bzw. Produktes angesprochen, machen jedoch Kreativität insgesamt noch nicht aus. Außerdem hat man sich oft nur auf den ersten, seltener auf die beiden nächst genannten, kaum auf den vierten Aspekt gestützt.

Die Untersuchung

Erste Ergebnisse mit dem TSD-Z (Urban & Jellen, 1995) zeigten, dass der durchschnittliche Gesamtmittelwert des Tests bis zum Alter von 9-10 Jahren, aber dann nicht mehr wesentlich mit dem Alter ansteigt. Aus der Literatur gibt es eine ganze Reihe von Untersuchungen bzw. die genannte Zusammenstellung von Torrance (1963), die mehr oder weniger typische Entwicklungsverläufe für das Ansteigen kreativer Fähigkeiten (sprich hier des divergenten Denkens) im Verlaufe der kindlichen Entwicklung belegen. Das Interesse bei dieser Untersuchung war es festzustellen, ob auch in Bezug auf unser Testverfahren eine "Entwicklung" bei jüngeren Kindern unterschiedlichen Alters festzustellen ist. Dabei sollte nicht nur die "Entwicklung" des Gesamtscores, sondern auch die verschiedener Einzelkategorien und zusätzlicher qualitativer Kriterien verfolgt werden.

Die Stichprobe bestand aus 272 Kindern im Alter von 4 bis 8 Jahren. Die Untersuchung fand im Herbst, d.h. im ersten Vierteljahr des Schuljahres, an 3 Grundschulen und 4 Kindergärten/Kinderläden in Hannover statt. Die Verteilung der Kinder nach Geschlecht und Alter zeigt Tab. 1.

Tabelle 1: Verteilung der Stichprobe nach Alter und Geschlecht

Alter in Jahren		Anzahl	
	Mädchen	Jungen	Gesamt
4	14	16	30
5	14	18	32
6	56	52	108
7	32	33	65
8	17	20	37
Gesamt	133	139	272

Die klassifizierten Häufigkeitsverteilungen (Tab. 2) bzw. die entsprechenden Polygonzüge zeigen, dass der Anteil der Kinder mit sehr niedrigen Punktwerten im Laufe der Jahre abnimmt. Während die Variationsbreite bei Kindern bis zu 6 Jahren etwa gleich ist, tauchen bei 7- und 8-jährigen Kindern Extremwerte im oberen Punktbereich vermehrt auf. Interessant ist aber, dass sich bei allen Stichproben aller Jahrgänge die Mehrheit der Fälle im unteren Durchschnittsbereich befindet; das zeigen auch die Spitzen der Polygonzüge bzw. die Werte der Modalklassen der jeweils in ähnlicher Weise schiefen Verteilungen sehr deutlich.

Tabelle 2: Klassifizierte Häufigkeitsverteilung (in Prozent) des TSD-Z-Gesamtwertes für verschiedene Lebensalter

	Alter (in Jahren)				
Punkte	4	5	6	7	8
1-6	16.4	18.8	8.2	6.2	2.7
7-12	29.3	21.9	46.0	26.2	32.4
13-18	19.5	21.9	17.4	30.7	24.3
19-24	19.5	12.5	14.7	15.5	13.5
25-30	9.8	18.8	11.0	9.2	8.1
31-36	6.5	6.3	3.7	7.7	2.7
37-42	-	-	-	3.0	13.5
43-48	-	-	-	1.5	-
49-54	-	-	-	-	-
55-60	-	-	-	-	2.7

Die Mittelwerte signalisieren im Prinzip eine mit dem Alter steigende Tendenz, die allerdings durch einen Einbruch der 6-Jährigen nach unten gekennzeichnet ist. Dieser Einbruch wird durch die anderen Werte der zentralen Tendenz (Median- und Modalwert) bestätigt (Tab. 3).

Tabelle 3: Statistiken der Stichproben (TSD-Z-Gesamt-Wert)

Alter	M	SD	Median	Modalklasse	N
4	15.4	8.8	14	9.5	30
5	16.2	9.1	16	12.5	32
6	14.6	6.8	12	9.5	108
7	17.9	8.9	16	15.5	65
8	20.1	12.2	16	9.5	37

Bis auf die größte Mittelwertedifferenz, nämlich die zwischen 6- und 8 Jährigen, sind alle anderen Mittelwertsdifferenzen allerdings statistisch nicht signifikant. Deswegen kann man hier auch wohl nur von einem Trend sprechen, der sich in anderen Untersuchungsbefunden anderer Autoren auch wieder findet (siehe z.B. die Entwicklungskurve kreativer Fähigkeiten nach Torrance). Allerdings muss bei unserer Untersuchung, wie übrigens bei Torrance auch, einschränkend darauf hingewiesen werden, dass es sich hier nicht um eine Entwicklungskurve im eigentlichen Sinne, also nicht um Längsschnittdaten, sondern um Daten aus Querschnittsuntersuchungen an unterschiedlichen Stichproben unterschiedlichen Alters handelt.

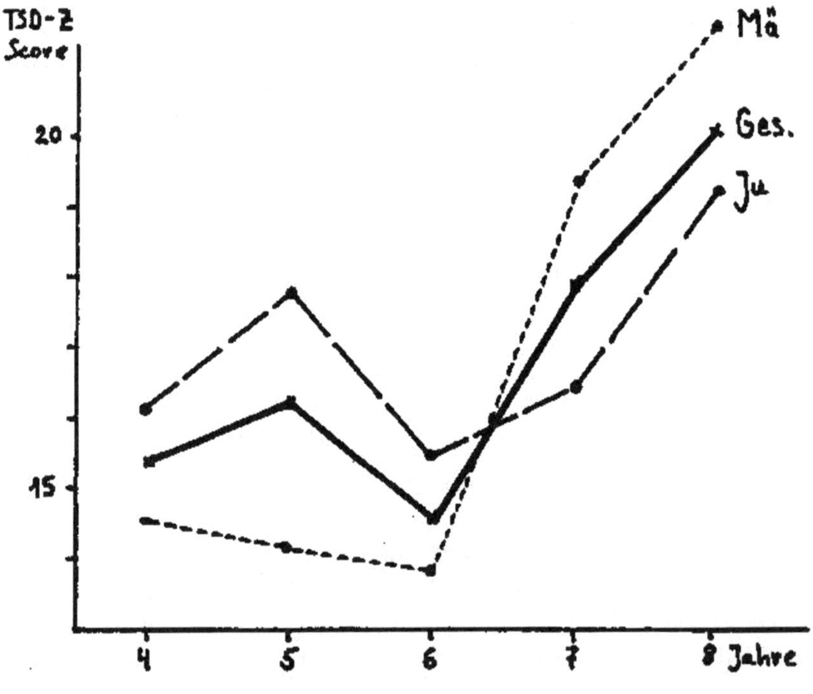

Abbildung 2: TSD-Z-Mittelwerte für die verschiedenen Altersgruppen (Gesamt; Jungen; Mädchen)

Die jeweiligen Mittelwerte für Jungen und Mädchen unterscheiden sich auf den jeweiligen Altersstufen auch nicht signifikant, zeigen jedoch einen interessanten Verlauf (Abb. 2). Im Angelpunkt der 6-Jährigen liegen sie am dichtesten beieinander; während vorher die Jungen zum Teil deutlich höhere Mittelwerte erreichen, findet sich nach dem 6. Lebensjahr ein steilerer Anstieg bei den Mädchen, die ihren Vorsprung auch im 8. Lebensjahr im wesentlichen behaupten.

Wenn die relativ niedrigen Werte der 6-Jährigen auf den kreativitätshemmenden Einfluss der Schule zurückzuführen sein sollte, dann müsste sich dies auch bei einer Aufschlüsselung der Daten nach Lebensalter und pädagogischer Institution zeigen. Tab. 4 zeigt die Mittelwerte der Teilstichproben nach dieser Aufschlüsselung. Auch unter Einbezug der ganz jungen Kinder liegt der Mittelwert aller Kindergartenkinder tatsächlich auch hier einen Punkt über dem der 1. Klasse. Innerhalb der institutionellen Ebenen zeigen sich Anstiege im Kindergarten und in der 2. Klasse mit dem Lebensalter. Am niedrigsten liegen die 6-jährigen Kinder in der 1. Klasse, während die 7-Jährigen, die in der Regel fast ein Jahr länger den Kindergarten besucht haben, ihre zeichnerisch-schöpferischen Fähigkeiten also 1 Jahr länger ohne enge schulische Gängelung haben entwickeln können, erheblich darüber liegen. Auch wenn ich hier keine statistischen Signifikanzdaten liefern kann, scheint auch diese Tabelle die negative bzw. gehemmte Entwicklung der 6-Jährigen (in der Schule!) zu bestätigen.

Tabelle 4: TSD-Z-Gesamt-Mittelwerte, aufgeschlüsselt nach Lebensalter und Kindergarten bzw. Schulstufe (Klasse)

	Lebensalter					
	4	5	6	7	8	Gesamt
Kindergarten	15.3	16.2	24.6	-	-	16.3
1. Klasse	-	16.3	14.3	19.4	-	15.3
2. Klasse	-	-	-	17.1	20.2	18.5

Die detaillierte Auswertung nach einzelnen Auswertungskriterien soll nun zeigen, worauf vor allem dieses Resultat zurückzuführen ist und wie Bewertungen in verschiedenen Kategorien sich mit dem Alter verändern. Die Tab. 5 zeigt sehr deutlich, dass es vor allen Dingen die beiden Kategorien für Begrenzungsüberschreitungen (Risikobereitschaft) sind, die die geringeren Punktwerte der 6-Jährigen bedingen. In beiden Kategorien (Bfa und Bfu) ist nach dem 5. Lebensjahr ein dramatischer Rückgang der Werte zu verzeichnen, die zwar dann wieder kontinuierlich ansteigen, gleichwohl auch bei 8-jährigen Schülern noch nicht das frühere Niveau wieder erreichen.

Während die Herstellung einer thematischen Beziehung (Vth) zwischen den Bildelementen für 4-Jährige noch sehr schwierig bzw. das Erkennen eines solchen thematischen Zusammenhangs für den Auswerter, wenn er das Kind nicht befragt, noch recht schwierig erscheint, ist schon bei einem Viertel der 5-Jährigen ein solcher Zusammenhang erkennbar; der Anteil wird mit den Jahren nicht wesentlich größer. Versuche einer perspektivischen Darstellung (Pe) finden sich bei 4- und 5-Jährigen verständlicherweise noch gar nicht, bleiben aber auch bei Älteren außerordentlich gering. Der Anteil der Kinder, deren

Zeichnungen eine Humor-Response(Hu) beim Auswerter auslösen, steigt mit dem Alter kontinuierlich und beträchtlich. Mit den Jahren sind die Kinder sich dem, was sie zeichnen, immer bewusster, sie sind offenbar immer mehr in der Lage, sich von der eigenen Zeichnung zu lösen, sich reflektierter und distanzierter dazu zu verhalten, was im Zusammenhang mit dem Setzen von Metazeichen eine der Möglichkeiten bzw. Bedingungen für Humor darstellt. Mit steigendem Alter werden auch offensichtlich die einzelnen Elemente immer weniger stereotyp, sondern individueller und damit origineller (Kategorie Uk, d).

Tabelle 5: Prozentuale Häufigkeiten ausgewählter Auswertungskriterien (AwK)[1)] für verschiedene Lebensalter (LA)

AwK	LA 4	5	6	7	8
Vth	6,7	25,0	28,7	30,8	27,0
Bfa	33,3	31,3	15,7	21,5	27,0
Bfu	40,0	40,6	10,2	16,9	21,6
Pe	/	/	4,6	1,5	5,4
Hu	6,7	21,9	16,7	32,3	51,4
UK, a	10,0	25,0	25,0	24,6	24,3
UK, b	/	/	3,7	9,2	8,1
UK, c	23,3	15,6	18,5	30,8	27,0
UK, d	6,7	12,5	19,4	27,7	43,2
UK gesamt	10,0	13,3	16,7	23,1	25,7

[1)] Gezählt wurde, wenn in der jeweiligen Auswertungskategorie wenigstens 1 Punkt erreicht wurde.

Das vor allen Dingen bedingt eine kontinuierliche Steigerung von Werten für Unkonventionalität insgesamt.

Die Zeichnungen wurden auch nach einigen qualitativen Bewertungskriterien ausgewertet, die in gewisser Weise eine Entwicklungsfolge in Richtung auf "volle" Kreativität hin bedeuten könnten.
Die Kategorien lauteten wie folgt:

A Die Fragmente wurde nicht verwendet.

B Die Fragmente wurden nur nachgezeichnet

C Die Fragmente wurden weitergeführt und ergänzt, blieben aber gegenstandslos.

D Aus den Fragmenten und unabhängig davon wurden Gegenstände oder Lebewesen gezeichnet.

E Mit den Elementen (weitergeführten und/oder neuen Elementen) wurde ein bildlicher Zusammenhang gestaltet.

Tabelle 6: Prozentuale Häufigkeiten einiger qualitativer Bewertungskriterien für verschiedene Lebensalter

Bewertungskriterien	Alter (in Jahren)				
	4	5	6	7	8
A	23.3	21.9	6.5	6.2	-
B	23.3	3.1	0.9	-	-
C	16.7	9.4	9.3	1.5	2.7
D	33.3	40.6	51.9	56.9	70.3
E	-	6.3	11.1	12.3	16.2

Wie zu vermuten, nehmen die prozentualen Anteile dieser kategorialen Bewertungen in den ersten drei Kategorien mit dem Alter kontinuierlich und zum Teil auch recht schnell ab. Dagegen steigen die Beobachtungen nach den Kategorien D und E ebenso kontinuierlich an. Das bedeutet, dass die Kinder erst mit dem Alter lernen, die gegebene Information wahrzunehmen bzw. wahrzunehmen und auch zu verarbeiten, sie lernen in zunehmendem Maße, diesen Fragmenten einen gegenstandshaften Sinn zu verleihen und sie zunehmend auch in einen gesamtbildlichen Zusammenhang einzuordnen.

Das reine Nachzeichnen (Akkommodation) der vorgegebenen Fragmente (Kriterium B) ist häufig unter den 4-Jährigen anzutreffen. In den Zeichnungen der 5- und 6-Jährigen ist das nur noch bei 0,9 bzw. 3,1 % der Kinder der Fall und meistens in Verbindung mit weitergeführten Elementen. Werden aus den Fragmenten Gegenstände oder Lebewesen gezeichnet (Assimilation), so ist es in der Regel ein Kopf aus dem vorgegebenen Element "Halbkreis" oder ein einfaches Haus aus dem Element "rechter Winkel". Da die 4-jährigen Kinder ihre Umwelt vor allen Dingen aus ihrer Anschauung heraus erleben, das wiedergeben, von dem sie perzeptiv wissen, sind sie weniger als Kinder, die schon über konkrete Operationen im Sinne Piagets verfügen, in der Lage, die vorgegebenen abstrakten Elemente in Beziehung zu ihren Anschauungen zu setzen und sie so zu verwenden, um etwas Gegenständliches, Anschauungsgebundenes daraus zu entwerfen; zudem mangelt es häufig noch an zeichnerischen Fähigkeiten.

Elemente, die nur gegenstandslos weitergeführt wurden, treten noch in allen 5 Altersstufen, vermehrt aber bei 4-6 Jährigen auf. Durch Beobachtungen der Kinder und anhand von Bemerkungen seitens der Kinder war festzustellen, dass solche Weiterführungen zu einem großen Teil auf Ratlosigkeit basierten. Einerseits waren die Kinder bestrebt, vor allem bei wachsender Fähigkeit, fremdgestellte Aufgaben wahrzunehmen und zu bearbeiten, aus den vorgegebenen Elementen etwas zu zeichnen, andererseits traf das zu Kriterium B ausgeführte zu.

So entstanden dann vor allen Dingen aus den etwas "anschaulicheren", von daher einfacheren vorgegebenen Elementen (Halbkreis, rechter Winkel, Schlangenlinie) schlichte, meist stereotypische Figuren, während die anderen Elemente unbearbeitet blieben.

Wesentliche Unterschiede zwischen Jungen und Mädchen in Bezug auf die qualitativen Bewertungskriterien scheinen sich vor allem in Bezug auf das Kriterium D zu zeigen, wo die Mädchen schon zu einem sehr hohen Anteil mit 4 Jahren Gegenstände oder Lebewesen aus den Fragmenten zeichnen, der bis zu 82% bei 8-jährigen Mädchen ansteigt, während diese Entwicklung bei den Jungen sehr langsam (19% bei 4-Jährigen) beginnt und dann über 50% bei 6 Jährigen bis zu 60% bei 8-Jährigen ansteigt. Umgekehrt ist das Verhältnis, wenn auch in sehr viel geringerem quantitativem Ausmaß, in Bezug auf Kategorie E, wo die Jungen früher und in einem etwas höheren Ausmaß zur Gestaltung bildlicher Zusammenhänge kommen.

Aufgrund der Ergebnisse dieser qualitativen Analyse und zugehöriger Überlegungen liegt die Annahme nahe, dass die von uns zugrunde gelegte umfassende Konzeption von Kreativität bzw. die Art der Operationalisierung und Bewertung im Rahmen des TSD-Z generell und auf alle Kinder unter 6 Jahren angewandt, noch nicht angemessen erscheint. Möglicherweise spiegeln die Ergebnisse bei sehr jungen Kindern eher den Stand der allgemeinen kognitiven Entwicklung wider. Eine Reihe von Vorstufen aber scheint erkennbar. Gleichzeitig zeigen eine kleinere Anzahl von Kindern bzw. deren Zeichnungen schon extrem hohe Bewertungen; d.h. dass auch Kinder im vorschulischen Alter im Sinne unseres Testkonstrukts hervorragende kreative Fähigkeiten demonstrieren können bzw. vermuten lassen (siehe Beispiele im Anhang). Das schließt nicht aus, dass Kinder im vorschulischen Alter, die keine hohen Werte erlangen, nicht in anderer Weise sehr kreativ sein bzw. besondere Kreativität entwickeln werden können, vor allem z.B. im verbalen Bereich. Diese Frage hängt mit Aspekten der Validität des Verfahrens und der Generalisierbarkeit der Ergebnisse zusammen. Dazu sind Untersuchungen erst in Anfängen vorhanden bzw. geplant.

Wenn wir Kreativität also sehr weit fassen und internale Bewertungsbezugssysteme anwenden, ist sicherlich jegliche zeichnerische Produktion auf dem TSD-Z-Blatt eine kreative Leistung. Wenn wir aber externale Bezugssysteme anwenden, und dies impliziert unsere o.g. Definition von Kreativität, ohne dabei gleich gesellschaftlich wertvolle Produkte zu fordern, dann reicht es nicht aus, dass das Testblatt bzw. die vorgegebenen Fragmente lediglich verwendet wurden, sondern dann ist die Qualität und Art der Verwendung gefragt.

Aufgrund der Ergebnisse lassen sich grob die folgenden Stufen für eine Entwicklung kreativer/schöpferischer Fähigkeiten (im Sinne des (Test-)Konzepts) formulieren (siehe Beispiele für die Stufen am Ende des Beitrags):

I Die Kinder sind noch nicht in der Lage, im Sinne des gestellten Problems angebotene Information aufzunehmen bzw. sich daran anzupassen: sie kritzeln/zeichnen irgendetwas unabhängig von den Fragmenten.

II Beginnende Akkommodation, indem das Kind die Fragmente verwendet, aber noch nicht damit gestaltet oder sie umgestaltet: die Fragmente werden lediglich nachgezeichnet.

III Erste zwar schon assimilierende, aber noch nicht besonders kreative Tätigkeit liegt in der "Vollendung" der Fragmente zu mehr oder weniger geschlossenen, einfachen Figuren: Kreis, Quadrat usw.

IV Anwendung eigener, schon komplexerer Schemata und Einverleibung der gegebenen Fragmente durch Umdeutung in Gegenstände und/oder Lebewesen.

V Figuren, Gegenstände werden in einer inneren Beziehung zueinander gesehen und dargestellt; Gestaltung(sabsicht) wird erkennbar.

VI Hohe Stufe schöpferischer Leistung, wenn alle um- und ausgestalteten und neuen Teile der Zeichnung zu einer Gesamtkomposition beitragen bzw. von einem gemeinsamen Sinn getragen werden, der sich auch gestalterisch ganzheitlich niederschlägt.

Schließlich bestimmen dann Fragen der Originalität, der Mehrdimensionalität, des Grenzenüberschreitens den Ausprägungsgrad der kreativen Produktion.

Literatur

Anderson, H. H. (1959). Creativity as personality development. In H. H. Anderson (Ed.), *Creativity and its cultivation* (pp. 119-141). New York: Harper & Brothers.

Cropley, A. J. (1983). Kreativität: Entstehungsbedingungen und Einflussfaktoren. In W. Wieczerkowski & H. zur Oeveste (Hrsg.), *Lehrbuch der Entwicklungspsychologie*, Bd. 2 (S. 259-274). Düsseldorf: Schwann.

Hunt, J.McV. (1965). Intrinsic motivation and its role in psychological development. In D. Levine (Ed.), *Nebraska Symposium on Motivation 1965*. Lincoln: University of Nebraska Press.

Jellen, H., & Urban, K. K. (1986). The TCT-DP (Test for Creative Thinking – Drawing Production): An instrument that can be applied to most age and ability groups. *Creative Child and Adult Quarterly*, 11, 138-155.

Jellen, H., & Urban, K. K. (1989). Creativity in children. A cross-cultural study with the TCT-DP. *Gifted Education International, 6*, 78-86.

Oerter, R. (1971). *Psychologie des Denkens*. Donauwörth: Auer.

Preiser, S. (1976). *Kreativitätsforschung*. Darmstadt: Wissenschaftliche Buchgesellschaft.

Russell, D. H. (1956). *Children's thinking*. Boston: Ginn.

Seiffge-Krenke, I. (1974). *Probleme und Ergebnisse der Kreativitätsforschung*. Bern: Huber.

Stein, M. I. (1953). Creativity and culture. *Journal of Psychology, 36*, 311-322.

Torrance, E. P. (1963). *Education and the creative potential*. Minneapolis: University of Minnesota Press.

Torrance, E. P. (1964). Education and creativity. In C. W. Taylor (Ed.), *Creativity: Progress and potential (pp. 49-128)*. New York: McGraw-Hill.

Ulman, G. (1968). *Kreativität*. Weinheim: Beltz.

Urban, K. K. (1988). *Kreativität – Konzepte und Diagnostik*. Unveröff. Vortragsmanuskript, Universität Hannover.

Urban, K. K., & Jellen, H. G. (1995). *Test zum schöpferischen Denken – zeichnerisch (TSD-Z)*. Frankfurt/M.: Swets Test Services.

Urban, K. K., & Jellen, H. G. (1986). Assessing creative potential via drawing production: The Test for Creative Thinking – Drawing Production (TCT-DP). In A. J. Cropley, K. K. Urban, H. Wagner & W. Wieczerkowski (Eds.), *Giftedness: A continuing worldwide challenge* (pp. 163-169). New York, NY: Trillium Press.

Mit leichten Veränderungen und Kürzungen erschienen als

Entwicklung von Kreativität bei vier- bis achtjährigen Kindern. Untersuchungen mit dem "Test zum schöpferischen Denken" (TSD-Z).
Arbeitsstelle HEFE, Universität Hannover, Paper 12, 1988.

bzw.

On the development of creativity in children. A study with the "Test of Creative Thinking - Drawing Production" (TCT-DP).
The Creativity Research Journal, (1991) *4*, 177-191.

Die sechs Entwicklungsstufen mit TSD-Z-Beispielen

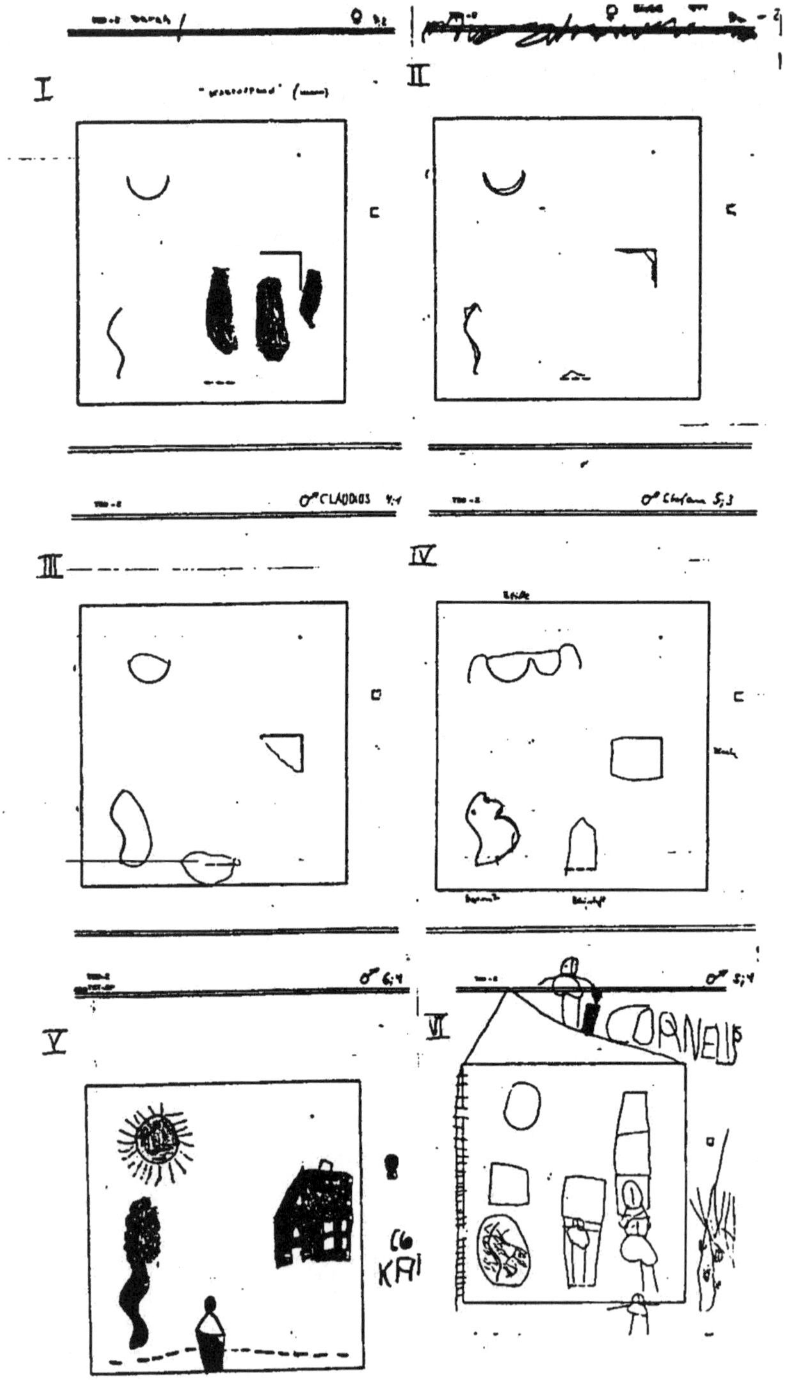

Kreatives Schreiben bei Kindern und Jugendlichen – Ergebnisse einer Befragung von Teilnehmern des 1. bundesweiten Schreibewettbewerbs “junge leute schreiben”

Einführung

Zum besseren Verständnis des Kontext, in dem diese Studie entstand, sollen zunächst einige einführende Bemerkungen gemacht werden. In Verbindung mit der 6. Weltkonferenz über hochbegabte und talentierte Kinder, Hamburg 1985, initiierte und organisierte der Autor dieser Studie den ersten bundesweiten Schreibewettbewerb “junge leute schreiben” (jls) für Kinder und Jugendliche bis zu 20 Jahren. Jls wurde finanziell durch das Bundesministerium für Bildung und Wissenschaft (BMBW) und das Christliche Jugenddorfwerk (CJD) unterstützt. Das Ziel war nicht nur, Preisträger für außergewöhnliche Schreibeleistungen zu küren, sondern möglichst viele junge Leute anzuregen, Gedichte und Geschichten zu schreiben, Sprache kreativ und gestalt-schöpferisch zu verwenden; solche jungen Schreiber, die bisher “nur” für sich selbst geschrieben hatten, sollten ermutigt werden, ihre Texte auch für andere zu schreiben, andere angeregt werden, weiter zu schreiben oder neu zu beginnen (Urban, 1985a).

Ein Ausgangspunkt der Überlegungen war dabei die Kritik an den vielen anderen Leistungswettbewerben (z.B. in den Naturwissenschaften, Mathematik, Fremdsprachen usw.), die sich häufig darin erschöpfen, außergewöhnliche Leistungsmanifestationen in den jeweiligen Bereichen mit Preisen zu würdigen, ohne aber dass besondere weitere Maßnahmen, insbesondere Fördermaßnahmen, folgen. Von daher sollte das Hauptziel von jls sein, eine möglichst große Anzahl junger Leute mit sprachlicher und schreiberischer Begabung zu erkennen und ihnen Unterstützung, Beratung und Förderung zukommen zu lassen. Die geplanten Maßnahmen beinhalteten z.B. Patenschaften durch professionelle Schreiber, die ihre schreibenden Patenkinder über eine gewisse Zeit hin korrespondierend oder in direktem Kontakt begleiten sollten; sie beinhalteten die Einrichtung von “Schreibe-Clubs” in vielen Orten der Bundesrepublik, wo junge Schreiber verschiedener Altersgruppen sich regelmäßig treffen, Beratung von Experten erhalten, ihre Texte anderen mitteilen und mit anderen darüber sprechen könnten, wo sie Feedback, neue Ideen und Anregungen bekommen oder mit anderen an kooperativen Schreibeprojekten arbeiten könnten. Wir werden im Rahmen der Befragung später sehen können, ob dieses, zunächst von außen aus einer Reihe von einsichtigen und belegbaren Gründen, die hier nicht weiter diskutiert werden können, postulierte Bedürfnis bzw. die Notwendigkeit einer Förderung in der Tat auch dem Bedürfnis der jungen Schreiber selber entsprach.

Leider konnten weder der Wettbewerb weitergeführt, noch die projektierten Förderungspläne realisiert werden, weil eine weitere finanzielle Unterstützung nicht erfolgte.

Die Durchführung des Wettbewerbs

Die jungen Leute waren aufgefordert, sich mit einem Text in einem oder zwei verschiedenen Bereichen zu beteiligen, d.h. ein kurzes Gedicht zu schreiben (nicht mehr als 15 Zeilen; freie Themenwahl) und/oder einen Erzähltext zu schreiben, in dem etwas zum Thema Glück geschieht (nicht mehr als 2 Seiten). Aufgeteilt nach 4 Altersgruppen (Ags; I: bis einschließlich 8 Jahre; II: 9 - 12 Jahre; III: 13 – 16 Jahre und IV: 17 – 20 Jahre) beurteilten 8 unabhängige Jurys, die aus Journalisten, Lehrern, Schriftstellern, Sprach- und Literaturwissenschaftlern sowie Sprachdidaktikern zusammengesetzt waren, zusammen ca. 2.700 Texte, die von etwa 2300 Teilnehmern eingesandt worden waren. Tab. I im Anhang zeigt die Aufteilung der Texte nach Text- und Altersgruppe.

Während die Anzahl von Gedichten bis zum Alter von 16 Jahren ansteigt, sinkt gleichzeitig die Anzahl der Geschichten von Altersgruppe (AG) II zur AG IV erheblich ab. Im Pubertätsalter und direkt danach scheint eine besondere Präferenz für Gedichte zu bestehen.

64,0% aller Texte wurden von Mädchen bzw. weiblichen Jugendlichen eingesandt. Die Tabellen II und III zeigen die Anteile von weiblichen und männlichen Teilnehmern, aufgeschlüsselt nach der Textart. Wie üblicherweise vermutet und beobachtet, schreiben also sehr viel mehr Mädchen bzw. weibliche Jugendliche als Jungen bzw. männliche Jugendliche; fast zwei Drittel aller Texte stammen von ihnen. Diese Relation ist bei beiden Textarten und über alle Altersgruppen hinweg relativ gleich.

Die Jurys benannten 196 Preisträger; in dieser Zahl sind erste und zweite Preise sowie zusätzliche Schreiber berücksichtigt, die von den Jurys als besondere Talente zur Förderung mit–vorgeschlagen worden waren (Urban,

1985b). Der Prozentsatz von Mädchen unter den Preisträgern insgesamt betrug 55,6% und ist damit geringer als ihr Anteil an der Anzahl aller Texteinsendungen. Während die Relation Anzahl der Texte/Anzahl der Preise für die Prosa noch fast übereinstimmt, werden bei den Gedichten relativ mehr Texte von männlichen Teilnehmern mit Preisen gewürdigt. Die Tabellen IV und V zeigen die Aufschlüsselung der PreisträgerInnen nach Textart, Altersgruppe und Geschlecht. Bei den Erzähltexten in der AG 4 und bei den Gedichten in den AGs III und IV ist die Zahl der weiblichen und männlichen Teilnehmer praktisch gleich. Letztere schneiden hier (und in der AG I/Erzähltext) von der Qualität der Texte her, wie die Jurys sie beurteilt haben, relativ besser ab, ohne dass aber diese Relationsunterschiede schon als signifikant bezeichnet werden können.

Die Befragung

Die Stichprobe

Ich benutzte die Gelegenheit, eine große Stichprobe begeisterter junger Schreiber zur Verfügung zu haben, und schickte an alle Teilnehmer (außer den Teilnehmern der AG I) einen Fragebogen; zum einen, um Rückmeldungen zu Art, Inhalt und Durchführung dieses neuen Wettbewerbs selbst zu erhalten, und zum zweiten, um mehr und systematisch etwas über Bedürfnisse, Situation und Persönlichkeit der jungen Schreiber zu erfahren, als aus den Texten selbst bzw. den gelegentlich beigefügten, z.T. sehr langen Briefen hervorging. Die Rücklaufquote, insbesondere für eine postalische Befragung, war unerwartet hoch; sie betrug 70%! Die Fragebögen wurden in der Zeit der Jurierung der Texte beantwortet; die befragten Wettbewerbsteilnehmer wussten also noch nicht, ob sie zu den Preisträgern gehörten oder nicht.

Tab. VI zeigt, dass die Fragebogenrückmeldungen sich recht gut auf alle Alters- und Textgruppen verteilen. Das gleiche gilt für die Verteilung der Lebensalter innerhalb der AGs; lediglich die relativen Anteile der ältesten Teilnehmer sind etwas kleiner (Tab. VII).

Der Fragebogen

Der Fragebogen beinhaltete 33 Items (siehe Anhang 2). Die ersten 12 Items mit Multiple-choice-Antworten betrafen mehr oder weniger direkt den Wettbewerb, seine technische Durchführung und Organisation, seine Implikationen und Konsequenzen; die anderen 21 Statements waren auf einer fünfstufigen Skala einzuschätzen (von "Der Satz trifft voll zu; ist richtig" bis "Der Satz trifft überhaupt nicht zu; er ist falsch"). Sie bezogen sich auf personale und soziale Aspekte der Schreiber bzw. des Schreibens, auf Art und Methode des

Schreibens, auf Sinnzusammenhänge und Beziehungen mit schulischen Angelegenheiten sowie auf Motivation bzw. Zweck des Schreibens und Zukunftsperspektiven der persönlichen Schreibebemühungen.

Eine Faktorenanalyse dieser 21 Items zeigt, dass die angesprochenen Bereiche bzw. die entsprechenden Items recht gut differenzieren und sich gruppieren (siehe Tab. VIII). Die 6 Faktoren können wie folgt benannt werden:

Faktor	I:	Personaler Aspekt
Faktor	II:	Professioneller Aspekt, Zukunft
Faktor	III:	Adressat und Zweck des Schreibens
Faktor	IV:	Soziale Beziehungen und Schreibmethode
Faktor	V:	Schulische Aspekte
Faktor	VI:	Anlage versus Lernen

Zusätzlich wurden die Teilnehmer von AG IV gebeten, Eigenschaften aus einer Liste von 18 Persönlichkeitseigenschaften zu nennen, von denen sie meinten, dass sie ganz persönlich auf sie selber zuträfen. Diese Liste wurde übernommen von einer Studie mit Preisträgern des naturwissenschaftlichen Wettbewerbs "Jugend forscht" (Jf), die vom "Institut für Jugendforschung" (IJF) 1978 durchgeführt worden war.

Das Ergebnis der Faktorenanalyse mit diesen Merkmalen in der AG IV war nicht ganz so deutlich, aber zufriedenstellend. Folgende Faktoren konnten ermittelt werden (Tab. IX):

Faktor	I:	Kontaktfreude, Offenheit, Unbefangenheit
Faktor	II:	Spontaneität
Faktor	III:	Selbstbewusstsein, Energie, Ehrgeiz
Faktor	IV:	Soziale Offenheit, Heiterkeit
Faktor	V:	Ehrgeiz und Selbstkritik
Faktor	VI:	Bescheidenheit, Zurückhaltung, Anpassungsfähigkeit
Faktor	VII:	Belastbarkeit

Ergebnisse

Im folgenden wird versucht, die Ergebnisse nach verschiedenen Aspekten gebündelt und komprimiert zu referieren. Dabei werden, wo immer möglich, zur Vermeidung von Zahlenhäufungen und zur Vereinfachung jeweils die Häufigkeiten von in die gleiche Richtung gehenden (Bejahung vs. Verneinung) Alternativ-Antworten zusammengefasst. Die genaue prozentuale Verteilung der Antworten nach Alternative und Altersgruppe für jedes Item ist in den ausführlichen Tabellen in Urban (1988b) dargestellt.

Kreatives Schreiben als Aktivität außerhalb der Schule

Obwohl ursprünglich nicht spezifisch unter dem Aspekt von Freizeit geplant, können einige Ergebnisse darüber Auskunft geben, ob und inwieweit kreatives Schreiben eine Freizeitaktivität oder besser, eine Aktivität außerhalb bzw. unabhängig von Schule (AUS) darstellt.

72% aller Teilnehmer hörten vom Wettbewerb über Schule/Lehrer, die bei 41% auch den Anstoß für die Texteinsendung gaben. Wenn auch dieser durchschnittliche Prozentanteil für die Gesamtgruppe recht hoch scheint, wird deutlich, dass Rolle und Einfluss von Lehrern mit zunehmendem Alter der Schreibenden sehr stark abnehmen. Gegenüber 61% in AG II, die den Anstoß durch Lehrer bekamen, sind es nur noch 8% in AG IV. Obwohl die meisten Schreiber (78 – 86%) aller AGs Spaß am schulischen Deutschunterricht hatten/haben, glauben mit wachsendem Alter erheblich weniger Schreiber, dass sie in der Schule Anregungen für ihr Schreiben bekämen. Von daher scheint kreatives Schreiben zumindest ab dem Jugendalter vorwiegend eine AUS zu sein.

Diese AUS mit der o.g. offensichtlichen Entwicklung (weg von der Schule) steht im Zusammenhang mit Inhalten, Zielen und Zwecken des kreativen Schreibens. Sie handelt mit steigendem Alter der Schreiber mehr und mehr von sehr persönlichen Dingen (bis zu 84% in AG IV) und dient als Instrument und Möglichkeit, alltägliche Probleme zu bewältigen (bis zu 59% in AG IV gegenüber 25% in AG II). In Entsprechung dazu spielt der Gedanke, andere mit seinen Texten zu erfreuen, eine immer geringere Rolle. Im Licht dieser Ergebnisse erscheint kreatives Schreiben älterer Schüler bzw. Jugendlicher als eine AUS oder Freizeitaktivität von hoher psycho-hygienischer Relevanz.

Bedeutung von Wettbewerb und möglicher Förderung

Die große Bedeutung und Wichtigkeit des Wettbewerbs für die Teilnehmer zeigen die Antworten zu den Items 3 und 4; nahezu alle (92 – 96%) halten den Wettbewerb für ziemlich oder sehr wichtig, 88% würden wahrscheinlich oder auf jeden Fall wieder mitmachen. Dabei scheint die Aussicht auf einen Preis nur für wenige eine besondere Motivation; für 66% macht es keinen Unterschied, ob sie einen Preis gewinnen oder nicht, bzw. ist überhaupt nicht wichtig. Viel wesentlicher ist das hier und auch in vielen Begleitbriefen deutlich werdende Bedürfnis, mit seinen Texten und in seinen Schreibebemühungen ernst genommen zu werden.

Das schlägt sich auch in den Ergebnissen der Items 6 und 7 zu Fragen von möglicher Förderung und Beratung nieder. 87% befürworten sehr stark den

Gedanken der Einrichtung von sog. “Schreibe-Clubs”, wo sie andere junge Schreiber treffen, sprechen, kooperativ miteinander lesen und schreiben könnten, und 85% hätten gerne die Möglichkeit, mit einem erwachsenen Experten über ihre Schreibwerke sprechen zu können.

Persönliche Bedeutung und Zweck des Schreibens

Trotz des sehr starken Interesses an Beratung und Förderung haben nur 39% aller Teilnehmer eine diesbezügliche Zukunftsperspektive bzw. den Wunsch, später beruflich etwas mit Schreiben zu tun zu haben (Item 32); allerdings wird dieser Wunsch mit zunehmendem Alter stärker (von 31% auf 59%). Ähnlich groß (zwischen 46% und 51%) ist der Anteil derjenigen, die mit ihren Texten berühmt werden möchten (Item 16). Neben der schon oben erwähnten Bedeutung des Schreibens für die Bewältigung alltäglicher Probleme ist ein anderer Zweck des Schreibens, anderen mit seinen Texten Freude zu bereiten. Während durchschnittlich nur 14% glauben, dass sie anderen keine Freude bereiten könnten, wird diese Skepsis mit dem Alter stärker (Item 13; von 7% auf 23%); dies trifft auch auf einen möglichen anderen Zweck von Schreiben zu, nämlich den Wunsch und die Möglichkeit, mit seinen Texten etwas verändern zu können. Allerdings stimmen dem Item 21 insgesamt doch 57% zu.

Die schon mehrfach angesprochene steigende Bedeutung des Schreibens für das psychische Wohlbefinden des Schreibenden findet auch seinen Ausdruck in dem mit dem Alter zunehmenden Gefühl, im/beim Schreiben frei zu sein; 70% der AG IV stimmen dem entsprechenden Item 14 zu.

Soziale Aspekte

Während auf der einen Seite etwas mehr als die Hälfte aller Schreiber glauben, anderen mit ihren Texten eine Freude machen zu können (s.o.), so gibt es auf der anderen Seite doch einen beträchtlichen Prozentsatz von Schreibern (36%), die ihre Texte nicht gerne anderen zeigen (Item 23) bzw. die eigentlich nur für sich schreiben (40% Item 27). Da gleichzeitig aber nur 8% kreatives Schreiben als einziges Hobby betreiben (Item 33), sehen sich die meisten der jungen Schreiber als sozial offen; 91% haben einen oder mehrere wirklich gute Freunde (Item 18) und 59% haben gern und oft viele Leute um sich.

Art und Methode des Schreibens

Fast die Hälfte der Befragten (43%) glaubt, dass man lernen könne, poetische Texte zu schreiben; interessanterweise mit fallender Tendenz (von 53%, AG II, auf 38%, AG IV). Entsprechend hoch ist der Prozentsatz derer, die glauben, dass man zum Dichten geboren sein müsse (39%; Item 26).

Die Mehrheit der Teilnehmer – je älter, je mehr – sagen, dass sie fast ununterbrochen neue Ideen haben (Item 22) und dass sie einen Text so schreiben, wie er ihnen in den Sinn kommt (86%; Item 19). Fast 40% aber tragen eine Idee lange mit sich herum, bevor sie sie als Text niederschreiben (Item 28). Von 55% wird dieser dann noch revidiert, während 38% nichts mehr ändern; vielleicht, weil der erwähnte "Bewältigungszweck" schon im/beim Schreiben erfüllt wurde.

Vergleich von Preisträgern und Nicht-Preisträgern

Ein wichtiger Interessenschwerpunkt der Studie lag in der Frage, ob sich die Teilnehmer, die einen Preis gewinnen (P), d.h. deren Leistungen von einer Jury als besser im Vergleich zu anderen eingeschätzt worden waren, sich in bestimmten Hinsichten von Nicht-Preisträgern (NP) unterscheiden. In der Tabelle X sind nur jene Items aufgelistet, bei denen eine Differenz von mindestens 6% zwischen den P- und den NP-Stichproben festzustellen waren. (Dabei wurden jeweils die Skalenstufen 1 und 2 und die Skalenstufen 3 bis 5 zusammengefasst). Für jedes Item wurde der Chi^2-Test für die jeweils zugehörige Vierfeldertafel berechnet, um die eventuelle Signifikanz der Unterschiede festzustellen.

Ohne genaue Bezugnahme auf die exakten Zahlen will ich hier eine kurze differentielle Skizze der Preisträger im Vergleich zu den nicht erfolgreichen Teilnehmern zeichnen. Preisträger sind in sehr viel höherem Maße autonom, selbstmotiviert und persönlich an und in ihrer Schreibetätigkeit engagiert; sie sind weniger oder in nur ganz geringem Ausmaße abhängig von externen Anregungen. Sie schreiben schon eine signifikant längere Zeit und arbeiten und feilen an ihren Texten sehr viel stärker.

Die Möglichkeit, einen Preis zu gewinnen (und berühmt zu werden) ist für sie eine sehr viel größere Motivation; in Bezug auf Textschreiben sind sie sehr viel stärker zukunftsorientiert. In Verbindung mit einem hohen Ausmaß an Selbstsicherheit scheinen sie etwas stärker ichbezogen und sozial weniger offen bzw. verfolgen weniger sozialbezogene Zwecke mit ihren Texten.

Ergebnisse der Persönlichkeitseinschätzungen

Die Selbsteinschätzung der Persönlichkeitseigenschaften gibt ein interessantes Bild von der Art und Weise, wie sich die Teilnehmer selber sehen (Tab. XI). Mit großem Abstand am häufigsten wurde das Merkmal "selbstkritisch" genannt; dieses hohe Maß an Selbstkritik aber führt offensichtlich nicht zu Zurückhaltung, Verschlossenheit, zu Rückzug oder Bescheidenheit (diese Eigenschaften haben die geringsten Häufigkeiten), sondern ist verbunden mit Selbstsicherheit, Heiterkeit, Spontaneität und Offenheit für Kommunikation sowie Anpassungsfähigkeit.

Obwohl die Korrelation für die Eigenschaftsrangreihen relativ hoch ist ($R = .74$; $p = .01$) unterscheidet sich das Gesamteigenschaftsbild der Preisträger doch im Detail von den Nicht-Preisträgern. Bei einem hohen Niveau von Selbstsicherheit betrachten sie sich selber als sehr viel weniger kommunikativ und spontan; dafür haben Nonkonformismus und Risikofreudigkeit ein stärkeres Gewicht, sie sehen sich als sehr viel stärker belastbar, ehrgeizig, tolerant, autonom und als Außenseiter, nicht aber unbedingt in einer negativen Weise.

Der Vergleich mit Preisträgern von "Jugend forscht (Jf)"

Die Korrelation der Eigenschaftsrangordnungen von jls-Preisträgern mit den Jf-Preisträgern ist nur niedrig (Tab. XII), aber doch gerade signifikant ($R = .57$; $p = .05$). Das Merkmal "selbstkritisch" erhielt bei beiden Gruppen die mit Abstand höchsten Nennungen; dann aber gibt es einige signifikante Differenzunterschiede. Die nächst wichtigste Eigenschaft bei Jf-Teilnehmern ist Anpassungsfähigkeit, die zusammen mit Zurückhaltung auf dem 2. Platz liegt. Jf-Teilnehmer sehen sich selber weniger energisch, spontan und selbstsicher, sondern eher vorsichtig, zurückhaltend und besonnen. Zusammengefasst und vereinfacht sehen sie sich eher als relativ schwache, introvertierte und angepasste Persönlichkeiten.

Zusammenfassung

Abgesehen von dem guten Echo des Wettbewerbs zeigte die Befragung, dass einer solchen Einrichtung eine große Bedeutung von den jungen Schreibern zugemessen wird. Sie wollen dabei nicht unbedingt einen Preis gewinnen, sondern ernst genommen werden und die Möglichkeit einer Förderung erhalten.

Kreatives Schreiben scheint mit steigendem Alter in zunehmendem Maße eine schulunabhängige Freizeittätigkeit zu sein; vom Zeitpunkt der Pubertät an ist nur noch ein sehr geringer Einfluss von Lehrern und Schule auf das freie Textschreiben zu beobachten. Ein wesentlicher Grund für diese Entwicklung scheint die wachsende Bedeutung kreativen Schreibens für die Bewältigung täglicher Probleme. Eine große Gruppe von Schreibern schreibt in der Tat nur für sich selber, sie schreiben ihre Texte nicht für andere oder um ihnen Freude zu machen, auch wenn sie sich um eine gute sprachliche Gestalt oder Form bemühen.

Auf der anderen Seite und gleichzeitig sind die meisten der jungen Schreiber aber sehr daran interessiert, Beratung und Förderung bei ihren Schreibeversuchen zu erhalten und mit anderen jungen Schreibern in Kontakt und Kommunikation zu treten.

Die älteren Teilnehmer 17 – 20 Jahre sehen sich selber als selbstkritisch, spontan, kommunikativ und selbstsicher; die Preisträger unter ihnen sind weniger offen und angepasst, sondern zeigen in einem höheren Maße Risikofreudigkeit und Belastbarkeit. Verglichen mit den in hohem Maße zurückhaltenden und angepassten naturwissenschaftlichen Preisträgern sehen sie sich selbst als starke Persönlichkeiten mit einem hohen Niveau von Selbstsicherheit.

Literatur

Institut für Jugendforschung (1978). *Die Landessieger des Wettbewerbs "Jugend forscht"*. München: IJF Institut für Jugendforschung.

Urban, Klaus K. (1985a). "junge leute schreiben" – Ein neuer, bundesweiter Schreibe-Wettbewerb. *Informationen. Jugendliteratur und Medien. Jugendschriften-Warte, 37,* Heft 2, 26-27

Urban, Klaus K. (1985b). (Hrsg.). *Glück. Ausgewählte Gedichte und Erzählungen vom Bundeswettbewerb "junge leute schreiben"*. Stuttgart: Burg-Verlag.

Urban, Klaus K. (1988a). Creative writing in children and adolescents – results of a questionnaire for participants in a writing competition with special consideration of the leisure time aspect. In K. A. Heller (Ed.). (1988), *Conference report. The First International Conference on Leisure Time Activities and Non-academic Accomplishments of Gifted Students, June* 30th *– July* $2^{nd''},^{1988}$(pp. 88-109). Munic: University of Munic, Inst. of Ed. Psychology.

Urban, K. K. (1988b). *Kreatives Schreiben bei Kindern und Jugendlichen. Ergebnisse einer Befragung*. Universität Hannover, Arbeitsstelle HEFE, Paper 13.

Gekürzte und veränderte Fassung von

Kreatives Schreiben bei Kindern und Jugendlichen. Ergebnisse einer Befragung von Teilnehmern des 1. bundesweiten Schreibewettbewerbs "junge leute schreiben".
Hannover: Arbeitsstelle HEFE, Paper 13 (1988), Universität Hannover.

bzw. von

Glück oder das Glück, sich schreibend ausdrücken zu können. In D. Eggert (Hrsg.). (1990), *Veränderte Kinder - andere Schule?* (S. 53-69).
Hannover: Universität, Fb Erziehungswissenschaften I.

Anhang 1

Tabelle I: Verteilung der Texte nach Altersgruppe und Textart

	Altersgruppe					
Text-Art	I	II	III	IV	Gesamt	in %
Poetischer Text	25	362	685	385	1457	54
Erzähltext	115	540	372	214	1241	46
Gesamt	140	902	1057	599	2698	

Tabelle II: Verteilung der Erzähl-Texte nach Altersgruppe, Geschlecht

	Altersgruppe					
Geschlecht	I	II	III	IV	Gesamt	in %
weiblich	66	331	270	121	788	63,5
männlich	49	209	102	93	453	36,5
Gesamt	115	540	372	214	1241	

Tabelle III: Verteilung der Gedicht-Texte nach Altersgruppe, Geschlecht

	Altersgruppe					
Geschlecht	I	II	III	IV	Gesamt	in %
weiblich	16	222	459	242	939	64,5
männlich	9	140	226	143	518	35,5
Gesamt	25	362	685	385	1457	

Tabelle IV: Verteilung der PreisträgerInnen in der Sparte Erzähltext nach Altersgruppe und Geschlecht

	Altersgruppe					
Geschlecht	I	II	III	IV	Gesamt	in %
weiblich	4	18	17	9	48	60,8
männlich	9	8	7	7	31	39,2
Gesamt	13	26	24	16	79	

Tabelle V: Verteilung der PreisträgerInnen in der Sparte Gedicht nach Altersgruppe und Geschlecht

	Altersgruppe					
Geschlecht	I	II	III	IV	Gesamt	in %
weiblich	4	15	18	24	61	52,1
männlich	5	9	17	25	56	47,9
Gesamt	9	24	35	49	117	

Tabelle VI: Verteilung der zurückgesandten Fragebögen nach Text- und Altersgruppe

	Altersgruppe			
Geschlecht	II	III	IV	Gesamt
Poet. Text (Gedicht)	235	377	185	797
Erzähltext (Geschichte)	367	184	59	610
Gedicht+Geschichte	13	69	83	165
Gesamt	615	630	327	1572

Tabelle VII: Alter der Teilnehmer (Prozentanteile je Altersgruppe)

	Altersgruppe		
Alter	II	III	IV
9	18		
10	25		
11	30		
12	27		
13		25	
14		21	
15		24	
16		30	
17			37
18			32
19			19
20			12

Tabelle VIII: Faktorenanalyse[1] für die Items 13 bis 33 (Gesamt; N = 1572)

	Faktoren					
Items	I	II	III	IV	V	VI
13 (Freude machen)			-.31			
14 (frei fühlen)	.56					
15 (schul. Anregung)					.32	
16 (berühmt werden)		.60				
17 (persönliche Dinge)	.49					
18 (gute Freunde)				.35		
19 (spontanes Schreiben)				.46		
20 (Deutschunter. Spaß)					.39	
21 (etwas verändern)	.39					
22 (neue Ideen)		.34				
23 (Texte anderen zeigen)			.53			
24 (Texte verändern)				.34		
25 (Leute um mich)				.46		
26 (geborener Dichter)						-.36
27 (nur für mich)			.67			
28 (lange Ideentrage)						
29 (gute Schulleistung)					.52	
30 (alltägl. Probleme)	.71					
31 (schreiben lernen)						.74
32 (berufl. schreiben)	.30	.62				
33 (einziges Hobby)		.30				

[1]Nur Ladungen $\geq$ .30 sind aufgeführt.

Tabelle IX: Faktorenanalyse[1] über die Persönlichkeitsmerkmale (Altersgruppe IV)

	Faktoren						
Items	I	II	III	IV	V	VI	VII
zurückhaltend	-.47					.34	
nervös			-.36				
selbstkritisch					.30		
risikofreudig	.34	.31					
belastbar							.52
Einzelgänger				-.57			
überzeugend							
bescheiden						.41	
spontan		.84					
selbstbewusst			.53.		-.42		
heiter				.42	-.35		
anpassungsfähig						.34	
wenig Ehrgeiz			-.41				
verschlossen				-.34			
ehrgeizig			.42		.51		
energisch			.33				
kontaktfreudig	.44			.35			
besonnen	-.47						

[1]Nur Ladungen $\geq$ .30 sind aufgeführt.

Tabelle X: Vergleich von Preisträgern (PT) und Nicht-Preisträgern (NPT) in Bezug auf die Zustimmung (völlig/mehr oder weniger) zu verschiedenen Items[1]

Item	NPT (%)	PT (%)	Chi[2]
(17) In meinen Texten kommen vor allem ganz persönliche Dinge "zur Sprache".	62	77	**
(32) Ich möchte später auch beruflich etwas mit Texte-Schreiben zu tun haben.	38	51	**
(5) Es ist wichtig für mich, einen Preis zu gewinnen.	33	47	**
(12) Ich schreibe Texte schon seit mindestens 3 Jahren.	43	55	*
(24) Einmal geschriebene Texte verändere ich nicht mehr.	38	27	**
(31) Poetische Texte zu schreiben, kann man lernen.	43	34	*[3]
(25) Ich habe gern und oft viele Leute um mich.	59	50	- (p=.07)
(21) Ich möchte mit meinen Texten etwas verändern können.	57	49	- (p=.08)
(16) Ich würde gerne mit meinen Texten einmal berühmt werden.	48	55	-
(13) Mit meinem Schreiben, meinen Texten kann ich anderen Freude machen.	65	59	-
(1) Vom Wettbewerb hörte ich durch Lehrer/ Schule.	73	58	***
(2) Der Anstoß, einen Text einzusenden, kam von mir selbst.	49	64	**

[1] Aufgeführt sind nur Items mit einer Mindestdifferenz von 6 %.

[2] Chi^2 für die zugehörige Vierfeldertafel; * = signifikant (p = .05); ** = sehr signifikant (p = .01), *** = höchst signifikant (p = .001).

[3] Ohne Berücksichtigung der Antwortalternative 3: "Weiß nicht; egal; weder noch".

Tabelle XI: Selbsteinschätzungen von Preisträgern und Teilnehmern (Altersgruppe IV, 17-20 Jahre) im Wettbewerb "junge leute schreiben" in Bezug auf verschiedene Persönlichkeitsmerkmale; Rangreihen und Prozentsätze

Preisträger (N=31)			Nicht-Preisträger (N=286)		
Rang	%	Eigenschaften	Eigenschaften	%	Rang
1	84	selbstkritisch	selbstkritisch	68	1
2	45	belastbar	spontan	44	2.5
3	42	selbstbewusst	kontaktfreudig	44	2.5
4	32	heiter	heiter	41	4
6.5	29	zurückhaltend	selbstbewusst	41	5
6.5	29	Einzelgänger	anpassungsfähig	37	6
6.5	29	spontan	zurückhaltend	35	7
6.5	29	risikofreudig	belastbar	31	8
9.5	26	ehrgeizig	ehrgeizig	31	9
9.5	26	kontaktfreudig	besonnen	25	10
11	23	energisch	Einzelgänger	23	11.5
13	19	anpassungsfähig	risikofreudig	23	11.5
13	19	besonnen	nervös	19	13
13	19	überzeugend	energisch	15	14
15	15	verschlossen	überzeugend	14	15
16.5	13	bescheiden	bescheiden	11	16
16.5	13	wenig Ehrgeiz	verschlossen	10	17.5
18	10	nervös	wenig Ehrgeiz	10	17.5

Tabelle XII: Selbsteinschätzungen von Preisträgern in den Wettbewerben "junge leute schreiben" (jls) und "Jugend forscht" (JF) in Bezug auf verschiedene Persönlichkeitsmerkmale; Rangreihen und Korrelation

jls		JF	
Rang	Eigenschaften	Eigenschaften	Rang
1	selbstkritisch	selbstkritisch	1
2	belastbar	zurückhaltend	2.5
3	selbstbewusst	anpassungsfähig	2.5
4	heiter	besonnen	4
6.5	zurückhaltend	ehrgeizig	5
6.5	Einzelgänger	heiter	6
6.5	spontan	belastbar	7.5
6.5	risikofreudig	selbstbewusst	7.5
9.5	ehrgeizig	Einzelgänger	9
9.5	kontaktfreudig	kontaktfreudig	10
11	energisch	spontan	11
13	anpassungsfähig	risikofreudig	12
13	besonnen	überzeugend	14
13	überzeugend	bescheiden	14
15	verschlossen	nervös	14
16.5	bescheiden	verschlossen	16
16.5	wenig Ehrgeiz	energisch	17.5
18	nervös	wenig Ehrgeiz	17.5

Anhang 2

Fragen (Items 1-12) und Statements (Items 13-33)

1. Wodurch hast Du zum ersten Mal von der Durchführung des Wettbewerbs erfahren?
2. Von wem kam der Anstoß, einen Text einzusenden?
3. Wie findest Du einen solchen Schreibewettbewerb für Kinder und Jugendliche?
4. Würdest du wieder mitmachen, wenn der Wettbewerb fortgesetzt werden könnte?
5. Ist es Dir wichtig, einen Preis zu gewinnen?
6. Es ist geplant, in vielen Städten so genannte "Schreibe-Clubs" zu gründen. Dort können sich junge Schreiber regelmäßig treffen, (vor)lesen, sprechen, zusammen schreiben, wenn sie wollen. Wie findest Du eine solche Möglichkeit, andere junge Schreiber zu treffen?
7. Besonders talentierte junge Schreiber sollen auch einzeln von einem erwachsenen Experten betreut werden (per Brief, Telefon oder persönliches Treffen). Diese Möglichkeit, mit einem erwachsenen Experten über meine Texte zu sprechen, fände ich... ?
8. Wie findest Du die Festlegung auf bestimmte Textarten in der Wettbewerbsausschreibung (z.B. Gedicht, Erzähltext o.a.)?
9. Wie findest Du die Begrenzung der Länge von Texten?
10. Wie findest Du die Vorgabe von Themen?
11. Bei Texteinsendungen, die dem Ausschreibungstext nicht (ganz) entsprachen (z.B. zu lang) oder Mängel aufwiesen (z.B. keine Altersangabe), ist der Teilnehmer benachrichtigt worden. Wie findest Du das?
12. Seit wann schreibst Du eigene Texte (außerhalb der Schule oder Schulaufgaben)?
13. Mit meinem Schreiben, meinen Texten kann ich anderen Freude machen.
14. Wenn ich schreibe, fühle ich mich frei.
15. Für mein Schreiben bekomme (bzw. bekam) ich in der Schule viele Anregungen.
16. Ich würde gerne mit meinen Texten einmal berühmt werden.
17. In meinen Texten kommen vor allem ganz persönliche Dinge "zur Sprache".
18. Ich habe einen oder mehrere wirklich gute Freunde/Freundinnen.
19. Ich schreibe so, wie es mir in den Sinn kommt.
20. Der Deutschunterricht macht mir Spaß (bzw. hat mir Spaß gemacht).
21. Ich möchte mit meinen Texten etwas verändern können.
22. Ich habe fast ununterbrochen neue Ideen.
23. Meine Texte zeige ich nicht gern anderen.
24. Einmal geschriebene Texte verändere ich nicht mehr.
25. Ich habe gern und oft viele Leute um mich.
26. Ich glaube, zum Dichten muss man geboren sein.
27. Ich schreibe eigentlich nur für mich.
28. Ich trage eine Idee lange mit mir herum, bevor ich sie als Text niederschreibe.
29. Meine Schulleistungen sind im Durchschnitt sehr gut oder gut.
30. Mit dem Schreiben bewältige ich meine alltäglichen Probleme.
31. Poetische Texte zu schreiben, kann man lernen.
32. Ich möchte später auch beruflich etwas mit Texte-Schreiben zu tun haben.
33. Gedichte oder andere Texte zu schreiben, ist mein einziges Hobby.

Verantwortung für (hochbegabte) Kinder heute und morgen – "Verantwortliche Kreatelligenz ®" als Zukunftskompetenz

Ich möchte hier keine Analyse von Kindheit heute und morgen durchführen, das wäre sicher ein ganzes Akademiethema. Ich möchte hier besonders auf eine spezielle und zugleich doch heterogene Gruppe von Kindern abheben, mit der ich mich seit vielen Jahren schwerpunkthaft befasse. Sie dürften für die Zukunft nicht ganz unwichtig sein. Da ich in der sonderpädagogischen Psychologie tätig bin, befasse ich mich in meiner Arbeit somit mit der gesamten Breite des Begabungsspektrums, insbesondere natürlich mit den Extremausprägungen. Ich will einige allgemeine Ausführungen zu hochbegabten Kindern machen, besonders unter sonderpädagogischer Sicht, einige persönliche Erfahrungen und Aspekte meiner Arbeit einbringen, schließlich aber doch auch auf Zukunft zu sprechen kommen, indem ich ein Grundkonzept für Zukunftskompetenz formuliere, für das wir, als heute Erwachsene, verantwortlich sind, damit diejenigen, die in der Zukunft Verantwortung werden tragen müssen, dies kompetent werden tun können.

Die pädagogische und psychologische Diskussion der letzten Jahre hat verstärkt auf die je individuelle Eigenart eines jeden Kindes hingewiesen, auf die Bedeutung der individuellen Lernstruktur und die Notwendigkeit der Entwicklung zu einer eigenständigen autonomen, aber sozial eingebundenen Persönlichkeit. Dabei kommt zunehmend auch eine (kleine) Gruppe von Kindern in den Blick, die oft (noch) nicht angemessene Berücksichtigung und Förderung erfahren, nämlich Kinder mit besonderen Begabungen und extrem hohen Lernfähigkeiten. Aber das auch ihnen zustehende Recht auf eine ihren Bedürfnissen, Möglichkeiten und Fähigkeiten angemessene Erziehung und Ausbildung ist anzuerkennen und in die Praxis umzusetzen.

Besonders Begabte oder Hochbegabte sind nicht eine besondere Spezies Mensch; begabt zu sein ist etwas normales. Gleichzeitig gilt, dass jeder Mensch einzigartig ist. Menschen mit besonderen Begabungen sind nicht nur je so unterschiedlich, wie es verschiedene Begabungen gibt, sondern auch in der Ausprägung und Besonderheit ihrer Begabungen verschieden.

Begabungen sind nicht festgelegte, fixierte Größen, sondern Entwicklungsprozessen in Interaktion mit Umweltbedingungen unterworfen. Der lebenslange Veränderungsprozess gilt so auch für die Variablen des *"Begabt-Seins"*, des *"Begabt-Werdens"* und des *"Begabend-Seins"*, die bei einer im Prinzip hochleistungsfähigen Person zusammenwirkenden. Dieses dynamische Beziehungsgefüge ist für die *Entwicklung, Erkennung, Förderung sowie Leistung, Produktion und Wirkung hochbefähigter Menschen* stets mit zu denken.

Besondere Fähigkeiten entwickeln sich im Verlaufe der (frühen) Kindheit bzw. im Schulalter oder erst in der Jugendzeit oder gar im Erwachsenenalter. Wichtig ist, dass Personen generell die Möglichkeit gegeben wird, besondere Begabungen auszubilden. Jedes normale Kind wird mit der allgemeinen Begabung, lernen zu können, geboren. Für die Weiterentwicklung spielen die Anregungen der materiellen und sozialen Umwelt eine wesentliche Rolle, insbesondere aber die Erwachsenen als Vermittler, als sog. Mediatoren des Lernens.

Besondere Begabungen aber können nur ausgebildet werden, wenn die allgemeinen Begabungen adäquat entwickelt werden. Damit also alle potentiell besonders begabten Kinder ihre besonderen Begabungen entwickeln können, ist es notwendig, dass alle Kinder eine qualitativ gute, angemessene Anregung, Förderung und Erziehung genießen. Nur auf dieser Grundlage ist die Förderung besonderer Begabungen und damit besonders Begabter pädagogisch, psychologisch - und auch in einem demokratischen Sinne - effizient und gerechtfertigt.

"Die Interaktion der Einzigartigkeit der Individuen mit der Einzigartigkeit ihrer Umwelten schafft Unterschiedlichkeiten, nicht Gleichheiten [clones]. Kinder zu erziehen bedeutet, sie in Exzellenz zu erziehen und ihnen gleiche Möglichkeiten zu geben, ihre individuellen Unterschiede in Entsprechung zu ihren vielfältigen Fähigkeiten zu realisieren. Diese Fähigkeiten sind viel zahlreicher und wichtiger als solche, die allein durch IQ-Tests identifiziert werden, und Erziehung macht sie noch zahlreicher und noch wichtiger. Die Gesellschaft hat Bedarf für sie alle, im Überfluss." (Young & Tyre, 1992, S. 113, Übers. v. K.K.U.).

Hochbegabte Kinder haben auf Grund ihres ungeheuer großen Wissensdurstes und ihrer hohen Lernfähigkeit, ihres kognitiven Entwicklungsvorsprungs einen besonderen pädagogischen Förderbedarf; wenn dem auf Dauer nicht entsprochen wird durch passende Lernangebote und -herausforderungen, dann bedeutet dies Lern-Behinderungen (von außen) und es kann durchaus zu problematischen Entwicklungen kommen. Da ich nun auch literarisch schreibe und Liedermacher bin, will ich diesen Aspekt jetzt hier nicht weiter wissenschaftlich vertiefen, sondern habe versucht, in dem Lied "Timmy" auszudrücken, was für Probleme es für hochbegabte Kinder und ihre Eltern geben kann.

TIMMY

du bohrst mit deiner riesenneugier
riesenlöcher in die dinge
du saugst alles in dich hinein
du fragst alles kurz und klein
dich interessiert alles, nicht genug, was ich dir gebe
und wenn du dann mal keine antwort kriegst
dann wird's bald mit der neugier
mit dem fragen – vorbei sein

eines tags, du warst grad vier jahre alt
du sagtest, du wolltest lesen lern'
ich lachte bloß, du bist noch viel zu klein
laß das sein
ich meinte es gut, denn ich habe dich gern
doch du gingst still und traurig fort
und lerntest es für dich
ganz allein

zu jedem spiel denkst du dir gleich neue regeln aus
die anders als die andern, manchmal besser sind
die andern kinder lachen, sagen, bleib doch zu haus
du bist vielleicht 'n doofes kind
ich weiß, du willst nicht ständig anders als die andern sein
doch oft bleibt dir keine wahl
und anders als die andern sein
beides wird dir oft zu qual
und dann bleibst du lieber wieder
für dich allein

Timmy, du schaust mich mit deinen großen augen an
versuch zu verstehn, daß ich dir nicht immer alles beantworten kann
denn deine fragen und probleme sind oft genug auch schwer für mich
laß es uns versuchen, ich laß dich nicht mehr im stich

Seit über zwanzig Jahren befasse ich mich nun mit dem Thema Hochbegabungsforschung/ Hochbegabtenförderung, seit fünfzehn Jahren zusätzlich mit dem eng damit zusammenhängenden Thema Kreativität. Zwischenzeitlich hat sich in Deutschland einiges getan, auch wenn die Entwicklungen sehr langsam vorangehen. Das hängt u.a.. sicher mit der föderalen Struktur zusammen. Eines haben wir, die wir schon 1980 die erste wissenschaftliche Tagung im deutschsprachigen Raum zu Hochbegabung in Hamburg durchgeführt haben, gelernt, nämlich dass man im Zusammenhang mit Begabtenförderung einen sehr langen Atem haben muss. Damals vor über 20 Jahren hat man es sich noch überlegt, wie offensiv man damit umgeht, dass man "in Hochbegabung macht". Schnell kam, mehr oder weniger offen, die überraschte Kollegenfrage "Was, Sie, das hätte ich nicht gedacht?", an einen gerichtet, von dem man wusste, dass er sich vorher in Gründungs- und Grundsatzfragen für eine Gesamtschule engagiert hatte und der nun auch noch im sonderpädagogischen Feld tätig war (und ist); das schien nun gar nicht zusammenzupassen. Und doch war und ist für mich, wie für andere, die Grundmotivation dieselbe, nämlich nicht eine Durchschnittspädagogik einheitlich über alle Kinder auszustreuen, sondern sich für die möglichst optimale Lern- und Persönlichkeitsentwicklung des je besonderen, einzelnen Individuums einzusetzen; wenn Sie so wollen, Normalpädagogik als besondere Pädagogik - oder umgekehrt - Sonderpädagogik als Normalpädagogik zu betrachten.

In der traditionellen deutschen Sonderpädagogik hatte und hat Hochbegabung keine Konjunktur, auch wenn interessanter Weise eine der ersten Veröffentlichungen in deutscher Sprache zur intellektuellen Hochbegabung in einem Lehrbuch der Sonderpädagogik zu finden war, und zwar schon 1971; allerdings handelte es sich um die deutsche Ausgabe des bekannten amerikanischen Lehrbuches von Samuel Kirk, in dem ganz selbstverständlich neben Kapiteln über Lernbehinderte oder Hörgeschädigte auch eines über "intellectually gifted" zu finden war. Das ist nur folgerichtig, wenn man wie im "Council for Exceptional Children (CEC)" mit "exceptionalities", mit "Außergewöhnlichkeiten" umgeht, die alle Formen außergewöhnlichen Verhaltens, Erlebens oder Lernens umfassen, oder sich wie in der Special Education um Kinder mit "special educational needs" kümmert. Dieser Gesichtspunkt der besonderen Bedürfnisse oder, wie der Terminus im deutschsprachigen Raum lautet, des sonderpädagogischen Förderbedarfs, wird in letzter Zeit doch schon gelegentlich auch auf hochbegabte Kinder angewandt. So ist es auch ein Zeichen für eine langsam sich verändernde Sichtweise und bemerkenswert, wenn ich vor einigen Jahren gefragt worden bin, ein kurzes Kapitel über Hochbegabung für ein neues Handwörterbuch der Behindertenpädagogik zu schreiben, das kürzlich erschienen ist (Urban, 2001).

Einen anderen Begriff aus der Sonderpädagogischen Psychologie hatte ich vor vielen Jahren in die Diskussion eingebracht, nämlich den der "Förderdiagnostik". Auf besonders Begabte, ihre Entwicklung und Identifikation bezogen, betrifft dies den scheinbar trivialen Gedanken, dass eine besondere Begabung erst dann erkannt und identifiziert werden kann, wenn diese Möglichkeiten hatte, sich zu besonderer Leistungsfähigkeit zu entwickeln. Andererseits kann erst dann gezielt gefördert werden, wenn eine entsprechende Diagnostik erfolgt ist. Diagnose setzt also Entwicklungsmöglichkeiten und Förderung voraus, ebenso wie umgekehrt Förderung Diagnose voraussetzt. Es ist also dieser "begabungs-förderdiagnostische" Zirkel, den wir immer bei der Diskussion um Begabtenerkennung und -förderung im Blick haben müssen.

Interdisziplinarität und Austausch sind wesentliche Bedingungen für eine erfolgreiche Arbeit in dem komplexen Feld der Hochbegabungsforschung und Hochbegabtenförderung; von daher sind die verschiedenen Organisationen und Vereinigungen von wesentlicher Bedeutung, seien es Selbsthilfegruppen oder Elternvereine auf regionaler oder nationaler Ebene, wie die "Deutsche Gesellschaft für das hochbegabt Kind", sei es im professionellen Bereich der "Arbeitskreis Begabungsforschung und Begabungsförderung (ABB)", auf europäischer Ebene der "European Council for High Ability (ECHA)" oder international weltweit der "World Council for Gifted and Talented Children" (siehe www.worldgifted.org).

Das Thema Hochbegabung musste sich seinen Stellenwert nicht nur im pädagogischen und wissenschaftlichen Feld mühsam erobern und festigen; das wird aus heutiger Sicht im Vergleich mit der Situation von vor zwanzig Jahren deutlich. Das damalige, anfängliche Außenseitertum, um nicht zu sagen "Exotentum", war wohl dadurch besser durchzustehen und letztlich konstruktiv umzusetzen, dass wir schnell auch Kontakte zu internationalen Kollegen und Organisationen herstellen konnten. So war es für mich sehr hilfreich, dass ich schon von der 3. Weltkonferenz über hochbegabte und talentierte Kinder, 1979 in Jerusalem, an, enge Kontakte zum World Council for Gifted and Talented Children pflegen konnte. Diese weltweite Kommunikation schlug sich bald nieder in Veröffentlichungen wie "Hochbegabte Kinder" (Urban, 1982), die erstmals internationale Experten für den deutschsprachigen Raum übersetzte, oder das vom damaligen Bundesministerium für Bildung und Wissenschaft herausgegebene Bändchen "Hochbegabtenerziehung weltweit" (Urban, 1984) oder das erste deutsch-deutsche Werk "Hochbegabtenförderung international", das ich Anfang 1989 zusammen mit dem ostdeutschen Kollegen Mehlhorn herausgab und das zuerst in einem DDR-Verlag, dann in einem westdeutschen Verlag erschien. Die in diesen Bänden versammelten Beiträge konnten sicher in der Anfangszeit nützliche Hinweise für die Arbeit im deutschsprachigen Raum bieten, wichtig war und ist dann aber die Auseinandersetzung mit spezifischen schul-strukturellen, bildungspolitischen und gesellschaftlichen Voraussetzungen in unseren Ländern. Die Grundprobleme, -fragen und -anliegen bleiben aber über alle Ländergrenzen hinweg die gleichen; deshalb sind solche internationalen Konferenzen, wie der World Council for Gifted and Talented Children sie alle zwei Jahre durchführt, gewinnbringend und notwendig (z.B. Hamburg 1985, ... Hongkong 1995, ... Barcelona 2001, Adelaide 2003, New Orleans 2005). Solche Konferenzen erfüllen zugleich wichtige Ziele und Zwecke, wie sie in der Constitution des World Council fest geschrieben sind. Ich nenne nur zwei davon:

Menschen aus der ganzen Welt zu versammeln, die an hochbegabten und talentierten Kindern interessiert sind, um Erfahrungen und Ideen auszutauschen.

Ein Klima der Akzeptanz und Anerkennung zu schaffen, das hochbegabte und talentierte Kinder als einen wertvollen globalen Schatz versteht, seien sie behindert oder nicht-behindert, aus begünstigten oder benachteiligten Umwelten, aus sich entwickelnden oder entwickelten Ländern.

Wenn hier von einem Schatz gesprochen wird, dann ist damit das in den Kindern verkörperte, positive Potential gemeint, das aber erst entwickelt werden muss. Angesichts des Globalisierungsdrucks im großen, angesichts von Kommerzialisierung, Digitalisierung, Konsumzwang, Entmaterialisierung, Entfremdung, Sekundär- und Tertiärwelten, Brutalisierung usw. (noch viele ungs" und -"keiten" wären zu nennen) wissen wir aber, wie gefährdet dieser Schatz, dieses Potential, ist, und wie groß unsere Verantwortung ist, die Kinder und Jugendlichen so zu erziehen und auszubilden, dass sie mit den Zukunftsaufgaben, für die sie dann die Verantwortung werden tragen müssen, nicht nur eben fertig werden, sondern dass sie in der Lage sind, kreativ-gestaltend die kulturelle Evolution in einer positiv humanen Richtung weiterzuentwickeln.

Im letzten Teil meines Beitrags will ich noch kurz ein Rahmenkonzept skizzieren, das den allgemeinen Hintergrund abgeben könnte für die Gestaltung solcher verantwortlicher, auf die Zukunft gerichteter Erziehungs- und Bildungsprozesse. Ausgehen möchte ich dabei von einem schon in vorigen Beiträgen erwähnten Komponentenmodell, das, ursprünglich als Kreativitätsmodell gedacht, ich immer mehr als generelles Modell kreativ-intellektueller Begabung verstehen möchte. Es beschreibt die beim produktiv-kreativen Denken und Handeln beteiligten Prozesskomponenten und damit zugleich auch die individuell-personalen Kompetenzen.

Das Komponentenmodell unterscheidet drei kognitive Komponenten und drei Persönlichkeitskomponenten, die miteinander in gegenseitigen Abhängigkeiten zusammenwirken:

– Divergentes Denken & Handeln

- allgemeine Wissens- & Denkfähigkeits-Basis (konvergente Informationsverarbeitung)
- spezifische Wissensbasis & spezifische Fertigkeiten
- Fokussierung & Anstrengungsbereitschaft
- Motivation & Motive
- Offenheit & Ambiguitätstoleranz

Innerhalb dieser Komponenten wirken diverse Subkomponenten, die ich jetzt im einzelnen nicht erklären möchte.

Dieses Konzept kreativ-intellektueller Begabung möchte ich nun in eine größere Modellstruktur einbauen, wie ich sie schon kürzlich in Peking bei der 6th Asia-Pacific-Conference on Giftedness (2000) vorgestellt habe und wie sie am Ende des Beitrages grafisch illustriert ist. Dieses umfassende Grundkonzept könnte, wie gesagt, eine Fundierung bieten für allgemeinere Überlegungen nicht nur in Hinsicht auf Kreativitätsförderung im engeren Sinne, sondern für pädagogische Entscheidungen und curriculare Planungen für eine differentielle Erziehung und Unterrichtung nicht nur hochbegabter und talentierter Kinder und Jugendlicher; eine Erziehung und Ausbildung von Menschen, die die zukünftigen Herausforderungen und Aufgaben der Zukunft meistern sollen, die über Zukunftskompetenz verfügen sollen, die verantwortlich sein werden für die kulturelle Evolution der Menschheit.

Das Komponentenmodell signalisierte schon den Grundgedanken einer zunehmenden Integration von früher eher getrennt betrachteten Konzepten der Intelligenz und der Kreativität. Dieser Sicht soll durch die Ergänzung und Unterstützung durch eine zweite Schicht von Komponenten noch stärker Rechnung getragen werden. Die sechs neuen Komponenten betreffen vor allem das intelligente, produktive Handeln, die Umsetzung von der Idee in die Handlung; es sind dies die Komponenten:

- Voraus- & Weitsicht
- Planen
- Strategisches Denken
- Flexible Adaptation
- Konstruktives Gestalten
- Entscheidungen treffen

In Verbindung mit den Kreativitätskomponenten sind dies notwendige Kompetenzen, die zu erfolgreicher, effektiver Innovation benötigt werden; insofern sind sie, wie die anderen Komponenten auch, zugleich wünschenswerte personale Fähigkeiten als auch Erziehungsziele sowie curricularer Inhalt. Voraus- und Weitsicht entspricht hier dem englischen "foresight" im Sinne von "outlook" im Unterschied zu "prediction" oder "forecast" im Sinne von Vorhersage. Basierend auf Expertise im Feld sowie gleichzeitig breitem allgemeinen Wissen identifiziert Voraus- & und Weitsicht zukünftige Trends und (erwünschte) Entwicklungen, macht Zukunftsfragen und -anforderungen klarer. Unter Bezugnahme auf solche erwünschten Entwicklungen findet Planen unter Berücksichtigung strategischen Denkens statt. Da aber Voraus- & Weitsicht keine Garantien geben kann, ist flexible Adaptation ebenso wie aktives und konstruktives Gestalten von Ideen, Trends und Handlungen nötig, die per getroffener Entscheidungen in Operationen und Produkte umgesetzt werden.

Diese Kombination und dieses Ineinandergreifen beider Komponentenebenen nenne ich "Kreatelligenz®". Für eine kulturelle Evolution mit einem positiven Fortschritt aber bedarf es mehr als bloßer "Kreatelligenz", wir brauchen "Verantwortliche Kreatelligenz®".

Solch verantwortliche, verantwortbare und verantwortete Kreatelligenz® muss auf individuell wie sozial-gesellschaftlich orientierten Bedingungen basieren, die personale Kompetenzen als auch gesellschaftlich akzeptierte und verortete Werte und Stärken repräsentieren. Ich nenne:

- Verantwortlichkeit
- Autonomie
- Kommunikation
- Führungsqualitäten
- Ko-operation
- Selbst-Bewusstheit

Diese personalen und gesellschaftlichen Merkmale, Kompetenzen und Konzepte erhalten schließlich Inhalt und Bedeutung durch grundlegende Haltungen, Einstellungen und Werte, ein Menschenbild letztlich, das die positiven Ergebnisse und Ziele der evolutionären, historischen Entwicklung der Menschheit widerspiegelt:

- Humanistische Grundhaltung
- Frieden(sfähigkeit)
- Moralische Stärke
- Demokratische Einstellung
- Freiheit(süberzeugung)
- Ethisches Bewusstsein

Diese vier beschriebenen Ebenen als interaktives System werden "gerahmt", gehalten und beeinflusst durch ein ökologisches Gerüst, die Umwelt im weitesten Sinne, die selbst natürlich wieder Ausgangspunkt und Ergebnis evolutionären Geschehens ist. Diese Umwelt beinhaltet zunächst den historischen und (kulturell) evolutionären Hintergrund, denn es gibt keine Zukunft ohne Vergangenheit. Dies, nebenbei, ist kein negativer, destruktiver oder pessimistischer Gedanke; sondern die Vergangenheit hat immer die Gelegenheit gegeben zu lernen, und wenn wir die Zukunft in einem Teil als Ergebnis dessen nehmen, was wir in und aus der Vergangenheit gelernt haben, dann haben wir eine direkte Verbindung von den Wurzeln zur Voraus- & Weitsicht. Zweitens beinhaltet das Gerüst die natürliche, soziale, kulturelle, politische Umwelt in einer Makro-, Meso- und Mikroperspektive. Das heißt, wir sind sowohl Kinder unserer Eltern als auch unserer (ethnischen) Gruppe und unserer Gesellschaft; und unsere kreativen Ideen und Produkte können nicht nur einen Einfluß auf unsere direkte Umwelt haben, sondern können Leben und Lebensbedingungen unserer Gruppe und Gesellschaft beeinflussen, ja sogar von historischer und globaler, wenn nicht gar universaler Bedeutung sein. Diese Umwelt ist in permanentem Wechsel begriffen, denn Menschen sind aktiv und kreativ; die große Aufgabe und Herausforderung ist es sicherzustellen, dass diese Veränderungen schließlich nicht schädlich für Mensch und Globus sind, sondern zu einem tatsächlich positiven Fortschritt führen, der eine bessere, glückliche und friedliche Zukunft für jedes Individuum, für Gesellschaften, für die Menschheit ermöglicht.

Bei der Erfüllung dieser Herausforderungen und Aufgaben liegt eine besondere Verantwortung bei den Hochbegabten und Talentierten wie auch bei ihren Erziehern und Lehrern, denn sie dürften bei dem Zukunftsgestaltungsprozess eine besondere Rolle spielen.

Nur mit einer solchen Grundlage im Hintergrund, mit solch internalisierten und aktualisierten Kompetenzen, Stärken und Werten, werden Individuen und Gruppen eine adäquate Zukunftskompetenz zur Verfügung haben: Verantwortliche Kreatelligenz®. Es scheint mir unabdingbar, Verantwortliche Kreatelligenz® als Zukunftskompetenz zu konzeptualisieren, und zwar eingebettet in ein solch komprimiertes, umfassendes Modell. Das soll verhindern, dass Kreativitätsförderung im speziellen und Erziehung im allgemeinen, für hochbegabte und talentierte wie auch für alle Kinder, verkümmert und begrenzt wird auf bloß technisches Training, oder dass sowohl wesentliche Persönlichkeitsaspekte als auch gesellschaftlich gebundene Bedingungen und Wirkvariablen vernachlässigt werden, die verantwortliches Denken und Handeln im Interesse einer lebbaren Zukunft mitbestimmen.

Literatur

Mehlhorn, H.G., & Urban, K. K. (Hrsg.). (1989). *Hochbegabtenförderung international*. Berlin, DDR: VEB Deutscher Verlag der Wissenschaften. Auch: Köln: Böhlau.

Urban, K. K. (Hrsg.). (1982). *Hochbegabte und talentierte Kinder. Psychologische, pädagogische, psychiatrische und soziologische Aspekte*. Heidelberg: Schindele.

Urban, K. K. (1984). *Hochbegabtenerziehung weltweit Ein internationaler Aus und Überblick über schulische und außerschulische Programme und Modelle*. Bad Honnef: Bock.

Urban, K. K. (2001). Hochbegabung. In G. Antor & Ulrich Bleidick (Hrsg.), *Handlexikon der Behindertenpädagogik. Schlüsselbegriffe aus Theorie und Praxis* (S. 248-249). Stuttgart: Kohlhammer.

Young, P., & Tyre, C. (1992). *Gifted or able? Realizing children's potential*. Buckingham: Open University Press.

Ursprünglich Vortrag beim InterLese 2000 Kolloquium, Magdeburg, 17. November 2000;

erschienen als

Verantwortung für (hochbegabte) Kinder heute und morgen - "Verantwortliche Kreatelligenz®" als Zukunftskompetenz.

In Friedrich-Bödeker-Kreis in Sachsen-Anhalt e.V. (Hrsg). (2000), *Kindsein im neuen Jahrtausend. InterLese 2000* (S. 8-13). Merseburg/Halle: Herausgeber.

Urbans Modell
der "Verantwortlichen Kreatelligenz"

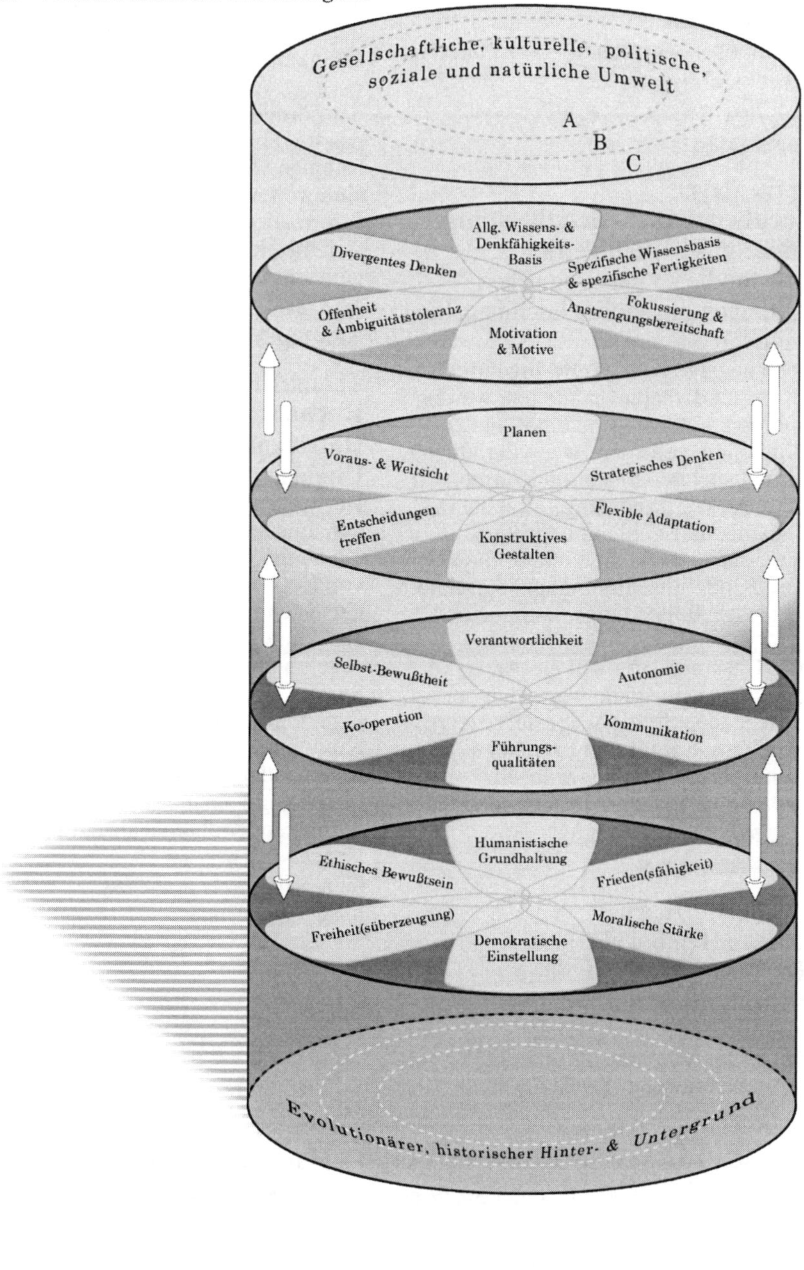